ANDREAS BRENDT

GANESHA MACHT DIE TÜRE ZU

INDIEN, SEX MIT SOCKEN
UND IMMER WIEDER STERBEN

2. Auflage
© Conbook Medien GmbH, Neuss 2019
Alle Rechte vorbehalten.

www.conbook-verlag.de

Einbandgestaltung: Weiß-Freiburg GmbH – Graphik & Buchgestaltung unter Verwendung der Motive von shutterstock.com/David Andrew Larsen, shutterstock.com/javarman, shutterstock.com/Katika und shutterstock.com/Baleika Tamara
Satz: Röser MEDIA, Karlsruhe
Druck und Verarbeitung: GGP Media, Pößneck

Printed in Germany

ISBN 978-3-95889-244-6

Die in diesem Buch dargestellten Zusammenhänge, Erlebnisse und Thesen entstammen den Erfahrungen und/oder der Fantasie des Autors und/oder geben seine Sicht der Ereignisse wieder. Etwaige Ähnlichkeiten mit lebenden Personen, Unternehmen oder Institutionen sowie deren Handlungen und Ansichten sind rein zufällig. Die genannten Fakten wurden mit größtmöglicher Sorgfalt recherchiert, eine Garantie für Richtigkeit und Vollständigkeit können aber weder der Verlag noch der Autor übernehmen. Lesermeinungen gerne an feedback@conbook.de

Folgen Sie uns!
Wir informieren Sie gerne und regelmäßig über Neuigkeiten aus der Welt des CONBOOK Verlags. Folgen Sie uns für News, Stories und Informationen zu unseren Büchern, Themen und Autoren.

 www.conbook-verlag.de/newsletter
 www.facebook.com/conbook
 www.instagram.com/conbook_verlag

INHALT

TEIL I

BARFUSS DURCH INDIEN 7

Arambol und die Verrückten 8

Das Tantra-Festival 37

Turnvater Jahn und Beethoven auf Indisch 65

In den Bauch Indiens: Hampi und Magie 77

Der Prozess und die Befreiung 103

    Etwas bewegt sich 103

    Etwas löst sich 124

Alchemy of Touch und die Schamanin 134

TEIL II

SEX MIT SOCKEN 159

Varanasi, die Stadt des Todes 160

Die Füße des Himalaya 192
   Der Keuschheitsgürtel und ob die Sozialisation
   zum Wesen passt, ist reines Glück. 195
   Sex mit Socken 203
   Männer in Unterhosen 211
Satsang 217

TEIL III

IMMER WIEDER STERBEN. 237

Die Reise nach der Reise *oder* Indien ist überall 238

¡Vas a morir! 258

Immer wieder leben 267

Danksagung 273

Über dieses Buch. 276

   Quellen 277

   Glossar 279

TEIL I

BARFUSS DURCH INDIEN

There is no formula for happiness,
That guarantees to work,
It all depends on how you treat your friends
And how much you've been hurt,
But it's a start
When you open up your heart.
Try not to hide, what you feel inside.

G. Wayne Thomas – *Open Up Your Heart*

ARAMBOL UND DIE VERRÜCKTEN

Alles ist schwarz.
Eine tiefe Dunkelheit füllt den Raum. Meine Augen könnten geöffnet sein oder geschlossen, das macht keinen Unterschied. Ich sehe Nichts. Wunderschönes, weites Nichts. Ich treibe, schwebe, bin leicht und schwerelos. Umgeben von Unendlichkeit.

Alles ist still.

Jeder Ton, jede Vibration, jede Bewegung ist verschwunden in den wundersamen Weiten der Finsternis. Frieden, Behaglichkeit, Leere. Ich fühle mich geheimnisvoll geborgen und gleite durch ein Meer aus Dunkelheit. Ohne Aufgabe, ohne Erinnerung, ohne Zeit ...

Aber dann.

Plötzlich.

Und.

Ohne.

Vorwarnung!

Ein Vorschlaghammer aus Stahl kracht mit brutaler Wucht auf meine Stirn. Zertrümmert meinen Schädel, vernichtet jede Ruhe und reißt mich mit einem grellen, silbernen Blitz aus der zarten Trance heraus in furchtbaren Schmerz. Ich kauere auf allen Vieren, mein Kopf klebt auf den vergilbten Badezimmerfliesen. Die Atmung scheucht mit kurzen, schnellen Stößen durch meine Brust. Was zur Höll...?

Mit letzter Kraft hebe ich mein Haupt ein paar Zentimeter an. Meine verklebten Augen versuchen etwas zu erkennen und sehen Blut. Mein Blut.

Ich stütze den rechten Arm auf, ächze, wische mit dem linken Unterarm über meine Stirn und glotze auf das in den Härchen verschmierte Rot. Scheiße! Unendliche Erschöpfung drückt mich zurück zu Boden, ein Sack aus Blei liegt auf meinen Schultern, ich will einfach liegen bleiben. Zurück in die Dunkelheit.

Erinnerungen blitzen auf, Zusammenhänge, Fragen, Unverständnis. Der Schädelschmerz ist überwältigend. Das kann alles nicht wahr sein. Ich liege irgendwo in Indien auf dem Fußboden, bin mit der Stirn knallhart auf den Fliesenboden gekracht. Habe vielleicht den Kopf gebrochen. Kacke. Meine Kniescheiben pochen, denn die sind zuerst aufgeschlagen, als der Körper zusammengesackt ist, und mein Schädel schreit um Hilfe. Aber hier ist niemand.

Eine dicke Kakerlake flitzt die matten Fugen entlang, bleibt stehen, ihre Fühler wackeln, sie krabbelt weiter und verschwindet im Abfluss in der Ecke.

Vor ein paar Stunden stand alles im Zeichen der wunderbaren letzten Nacht des Jahres. Goa-Wahnsinn, Vollmondparty, Elektrosound und Silvesterliebe. Dann wurde es komisch. Elend. Übelkeit drang in meinen Leib, und Böses erwachte. Innerhalb von Minuten wich das Leben aus meinem Körper. Hinsetzen, anlehnen, zusammensacken, die Kehle eng, die Augenlider schwer wie Blei. Mir wurde schlecht. Und schlechter. Also aufrappeln, bevor es zu spät war, bevor der heilige Gral (das Bett) unerreichbar würde. Der Weg zurück nahm kein Ende. Als ich den zitternden Schlüssel ins Schloss bugsiert und die Tür aufgestoßen hatte, hing ich direkt über der Schüssel. Gerade noch rechtzeitig. Um mir nicht nur die Eingeweide, sondern auch den letzten Rest meiner geschwächten Seele aus dem Leib zu reihern.

Dann meldete sich mein Darm. Und wie! Das Brodeln im Magen mutierte urplötzlich zu einem Überdruck, zu einem prall aufgeblasenen Luftballon im gesamten Unterleib, um dann in einer

Spritzkacke-Explosion die komplette Schüssel zu verwüsten. Die totale Entleerung. Mein gedemütigter Leib hing reglos auf den Oberschenkeln.
Als ich mich völlig erledigt und zitternd aufrichtete, wurde alles seltsam schwarz.
Und – für eine kleine Unendlichkeit – erlösend schön.
Bis es krachte.

Ich lege mich auf die Seite, bette den dröhnenden Kopf auf den Oberarm, betrachte die rissigen Fugen zwischen den Fliesen und bin dankbar, dass es vorüber ist.
Ich schließe die Augen. Liegen. Einfach nur liegen. Für immer. Trotzdem will ich nicht blutverschmiert zu Füßen einer dreckigen Toilette verrecken. Ich öffne die Augen, krieche auf allen Vieren zu meinem Bett, ziehe mich hoch, stöhne, verdränge die kurz aufkeimende sinnlose Idee, lebensgefährlich verletzt zu sein, und zwinge mich, obwohl die Wasserflasche zehn Kilo wiegt, zu einer Kopfschmerztablette. Ich sinke mit einem verzweifelten Gedanken auf das Kopfkissen:
Der 1. Januar 2015.
Das Jahr kann nur besser werden.

Meine Augen öffnen sich. Ich atme aus, betrachte den Raum. Sonnenstrahlen schimmern in der Luft, ich spüre das Meer in nicht allzu großer Ferne. Auf dem Kopfkissen kleben Blutflecken. Ole schlummert im Bett neben mir, er ist also zurück. Der Schädelschmerz pocht leise vor sich hin, aber kein Brechreiz bahnt sich an. Nicht mal Übelkeit, und das ist wichtig, denn Übelkeit ist das klassische Symptom der Gehirnerschütterung. Ohne ist ein Schädelbasisbruch unwahrscheinlich. Hoffnung. Ich seufze und spreche ein Gebet zum Universum, denn mit etwas Glück ist der gestrige Überfall auf meinen Verdauungstrakt bereits Geschichte. Alles raus. Mit voller

Wucht auch die letzten Scheißmikroorganismen aus dem System katapultiert.

Das wäre so schön!

Ich trinke einen Schluck Wasser. Mein Körper ist einverstanden, akzeptiert die rettende Flüssigkeit. Wie wenig es doch braucht. An manchen Tagen reicht es aus, wenn dir nicht kotzübel ist. Dann ist alles tippitoppi und die Welt der reinste Sonnenschein. Ich lese eine halbe Seite in meinem Buch, schlucke noch eine Schmerztablette und schlafe wieder ein.

Wir marschieren den kleinen, mit Palmen bewachsenen Hügel hinunter. Meine Beine zittern, schlagen sich aber ganz gut, denn Zucker und Koffein des eben eingenommen Notfallmedikaments stützen mich. Ich kenne kein wirksameres Mittel bei Kreislaufproblemen und Übelkeit, bin keinem Zaubertrank dankbarer. Ein flüssiges Gift, das den halben Planeten verführt und mit dem man Toiletten putzen kann, ist an manchen Tagen ein Geschenk des Himmels, um den angeschlagenen Menschen auf Trab zu bringen. Mein Kandidat für den Medizin-Nobelpreis: Coca-Cola.

Nach einer kurzen Weile betreten wir Oles Lieblingsrestaurant, und ich falle auf einen Stuhl an einem Tisch mit Blick auf den himmelblauen Ozean. Keine Wände, alles offen, ein paar Plastiktische unter einem Dach auf vier Säulen. Zarte Brise und Raum zum Atmen.

Einige Hundert Meter weiter das Meer entlang, um den kleinen Hügel herum, beginnt Arambol. Vielleicht der verrückteste Ort im vielleicht verrücktesten Bundesstaat (Goa) des vielleicht verrücktesten Lands (Indien) der Erde. Na gut, ob es wirklich so ist, kann ich nicht wissen. Es wäre aber schön. Und das herauszufinden, mag der Sinn dieser Reise sein. Die Durchschlagskraft der hiesigen Bakterien ist in jedem Fall verrückt. Ein Anfang.

»*Äppi nu year, mei frrend! Ju enjoiih a gud night party?*«, grinst Riski, während er die Speisekarten überreicht.

»*Happy new year*«, sagt Ole mit rauchiger Stimme und: »*Yes, it was wonderful*«, weil er sich wie zu Hause fühlt, obwohl er erst seit fünf Tagen hier ist. Immerhin viermal so lange wie ich.

»*Woot häppen?*«, fragt Riski in meine Richtung.

»*I failed.*«

Der kleine Kellner nickt. ›*I fainted*‹ wollte ich sagen, ›*failed*‹ passt aber genauso gut. Vielleicht sogar noch besser.

»*And happy new year*«, murmele ich.

»*Thank you, mistar*«, antwortet er, »*I kom back in a no taim*«, und wandert in die Küche zurück.

Ich lasse den Blick über das Wasser gleiten, als Riskis Worte wieder auftauchen: ›*I come back in no time.*‹ Klar, in Indien spricht sogar der Kellner weise Worte und erwähnt die Illusion der Zeit, bevor er davonspaziert, um die Spiegeleier zu wenden.

Ole studiert die Speisekarte und strahlt mehr Glück aus als zwei Lausbuben, die einen Sommer sturmfrei haben. Alles ist richtig, alles ist gut, der Lauf der Dinge auf unserer Seite.

Ein paar Schleierwolken schleppen sich über den Horizont. Mein Kopf wiegt eine Tonne.

Riski kehrt zurück, platziert Servietten, Besteck und eine kleine lila Blume auf unserem Tisch. Ich bestelle Brot, eine Banane und Tee. Riski schaukelt mit dem Kopf. Unfassbar, dass sich nach der demütigenden Dünnschisskotzerei vor ein paar Stunden so etwas wie Appetit einstellt. Bedenkt man allerdings die Intensität, mit der die Körperentleerung vonstattenging, ist es höchste Zeit etwas zu essen, bevor ich mich in Luft auflöse.

Wir reden über die letzte Nacht, die Partys am Strand, die nicht richtig in Schwung kommen wollten, und wie uns das Schicksal dann den Jackpot zugespielt hat. Zunächst nicht mehr als ein Gerückt. Eine grobe Richtung, eine Ungewissheit – aber ist es nicht da, wo meist das Glück zu finden ist?

Ein kleiner Weg schlängelte sich durch dunkle Bäume, irgendwo Lichter, dann Musik und plötzlich tätowierte Wilde, halbnackte Elfen, die Tanzwütigen voll im Flow. Ein Spektakel aus überschäumender Kraft und zarten Gefühlen, und wir auf einmal mittendrin. Umgeben von verliebten Schatten und durchdrungen von Raketen-Beats, die durch die klare Luft direkt in unsere Eingeweide wummsten. Schwarze Haare flogen durch die Nacht, Arme zum Himmel, Hüften taumelten in ausgefransten Jeanshotpants hin und her. Geschlossene Augen, die in ferne Sphären blickten, mit Mandalas bemalte Haut, schwebende Hände mit grünen, roten, blauen, gelben Fingernägeln, nackte Füße auf gesundem Waldboden. Der Rhythmus rauschte wie unsichtbare Energie in unsere Körper. Pochen, hüpfen, springen, springen, springen. Um uns zuckten Gestalten in ewiger Ekstase, alle in Trance, der Tanz frei und losgelöst. Meine ersten Stunden im gelobten Land.

Wie gut die Menschen waren. Das Zusammensein, die Lebendigkeit, die Musik, die Lichtblitze, die Fackeln und die Feuerstellen. Alkohol, Frieden, Joints, die ganze Suppe aus euphorischen Empfindungen und glücklichen Individuen, die sich an der richtigen Stelle versammelt haben, um gemeinsam zu diesem hemmungslosen Ereignis zu werden. Um das neue Jahr zu feiern. Und die Existenz.

»Ein schönes Fest.«

»Ja, so schön, so besonders. Bis um drei Uhr ...«

»Ich habe noch nach dir geschaut.«

»Als hätte mir jemand den Stecker gezogen.«

»Als du dich auf den Boden gelegt hast, sahst du noch passabel aus. Ich dachte: Jetlag, das wird gleich wieder.«

Tee und Kaffee werden auf einem silbernen Tablett serviert. Riski ist total konzentriert, quasi ›Zen und die Kunst des Tee-Servierens‹, und guckt dabei so süß.

»Ja, fast.« Ich trinke einen Schluck Tee.

»Als ich heute Morgen den Blutfleck in der Toilette entdeckt habe, kamen Fragen auf.«

Ole schmunzelt, hält inne, schaut mich an und ist begeistert:

»Alter, noch keine zwei Tage in Indien, und schon das dritte Auge geöffnet.« Er gießt sich einen Schluck Milch aus dem silbernen Kännchen in den Kaffee.

Das dritte Auge ist das Tor zur Weisheit. Die Blutkruste auf meiner Stirn sitzt haargenau dort, wo der gemeine Inder seinen roten Farbklecks platziert, das Bindi. Damit wird dem Universum Hingabe signalisiert: bereit für die Erleuchtung. Rote Farbe? Lächerlich! Es muss Blut sein. Mindestens.

»*Lasd night gud ixstatik party?*«

Der Rest der Bestellung wird von Shorti geliefert. Er trägt wie Riski ein rotes Hemd und lange Stoffhosen. Sein Oberlippenbart ist stolz, der glänzende Scheitel auf seinem Haupt versprüht ordentliche Gelassenheit. Das Beste an ihm ist dieser nach innen gerichtete Blick. Jedes Mal huscht, eine Sekunde bevor er etwas sagt, ein Schmunzeln über sein Gesicht. Eine freudige Erwartung dessen, was als nächstes geschieht, welche Wirkung seine Worte haben, welche Wendung sich das Leben ausdenkt. Jetzt gerade ist es die Neugierde auf die Ereignisse der letzten Nacht.

»*Ooohh.*« Seine großen Kulleraugen blicken auf mein drittes Auge.

Ole lacht und nickt mit vollem Mund.

Ich winke ab: »*I got sick.*«

Shorti versteht.

Wir fühlen uns gut aufgehoben bei diesen beiden jungen Indern. Shorti und Riski haben ihre Bestimmung gefunden. Es ist mehr, als hungrige Mäuler zu stopfen und den Lebensunterhalt zu erwirtschaften. In ihrem Schuppen treffen sie die Menschen aus der Welt. Sie hören Geschichten, begleiten den Besuch in ihrem Land, schließen

Freundschaften. Sie wissen, wie sehr wir sie vergöttern, auch wenn sie nicht verstehen, weshalb, und wir das nicht erklären können. Ist aber auch nicht nötig. Es ist, wie sie ihren Laden schmeißen, und das Vergnügen in den freundlichen Gesichtern, diese Zufriedenheit. Es ist das Einverstandensein mit dem, was ist. Vielleicht sind die beiden Heilige. Oder *wir* sind endlich offen, sind so neugierig, wie man meistens nur auf Reisen ist, dass wir das Besondere erkennen und das Gute sehen – egal mit welchem Auge.

Ole erzählt von der Party im Wald, Shorti freut sich, weil sein Land die Menschen begeistert. Dann schlendert er wieder in die Küche. Mein Schädel brummt, der Magen rumort.

»Das wird ein g.u.t.e.s Jahr!«

Ole ist so was von in seiner Mitte, stopft Ei und Schinken in seinen Rachen.

»Es kann nur besser werden.« Für mehr Optimismus fehlt mir die Kraft.

»Es passiert immer so viel. Und das geht jetzt alles erst richtig los. Alter, wir sind in Indien!«

»Stimmt, vorgestern bin ich noch durch den Schnee in Köln gestapft, gestern Wahnsinnsparty, Spirit total, um im Gegenzug dann Shiva kennenzulernen.«

»Der Gott der Zerstörung, der Bereiter eines jeden Neuanfangs.« Oles Freude über meinen Zusammenbruch tanzt in jeder Zelle.

»Den Jahreswechsel hätte ich auch ohne Magen-Darm-Erlösung hingekriegt.«

»Vielleicht ist so eine Darmreinigung ja gesund.« Ole grinst. »Da brauchst du keinen Einlauf mehr.«

Stimmt, aber noch bin ich nicht überzeugt von meinem Riesenglück.

»Die ganzen Gifte und der alte Dreck sind raus, der abgelagerte Morast ist entfernt, das System bereit für neue Taten.«

Gesundheitsfördernde Maßnahmen fühlen sich normalerweise anders an. Und: Man wird gefragt. Eine kleine Gemeinheit in meinem Hirn erinnert mich daran, Ole an seine Weisheiten zu erinnern, sollte es ihn erwischen.

»Und vergiss nicht deine magische Trance in der ewigen Dunkelheit.« Ole ist entzückt, der Kreislaufkollaps ein wichtiger Schritt hin zur Erleuchtung.

»Du meinst die Ohnmacht? Das war toll, nach offiziellen Schätzungen aber nur zwei oder drei Sekunden lang. Quasi im Sturzflug.«

»Zeit spielt keine Rolle. Die Intensität der Erfahrung ist das, was zählt.«

Genug davon, wir ordern die Rechnung, weil wir um den Hügel herum zum Strand wollen, um das neue Jahr mit einem Sonnenbad zu beginnen. Ich korrigiere, denn wir waren uns einig: um das neue Jahr mit einer Sonnenmeditation zu beginnen. Vermutlich gibt es keinen Unterschied, aber wir sind Spielkinder am Neujahrstag, und das ist schließlich Indien hier.

Während wir auf die Rechnung warten, zückt Ole sein Handy und versinkt darin. »Unfassbar ...«

»Was?«

»... mit der Stirn, einem sechs Millimeter dünnen Knochen, im freien Fall aus 1,70 Metern Höhe auf den Fliesen eingeschlagen – und nicht tot.«

»Gut gemacht, ne?«

»Ich hab's immer gesagt, wusste aber nicht, dass dir das mal das Leben rettet: Du bist ein Dickkopf.«

Ich lege mich noch mal hin. Eine Stunde später wandern wir den kleinen Pfad um die Klippe herum, schlängeln uns an den Shops und Verkaufsständen vorbei, die luftige, lange Stoffhosen, CDs, Tücher, Holzschnitzereien und alle möglichen Souvenirs anbieten. Räucherstäbchen verströmen ihren Duft, sanfte Sitar-Klänge schwirren aus kleinen Lautsprechern.

»*Today, I am the manager*«, sagt ein zehnjähriger Junge zu mir. Seine dunklen Augen leuchten. Er übernimmt heute die Schicht, weil seine Eltern zu einer kranken Tante fahren mussten.

Er hockt auf einen Schemel, springt auf, verschiebt einen Stapel T-Shirts, flitzt zurück. Er strahlt. Ich kaufe einen Sarong für drei Euro. Wir verabschieden uns mit »Namaste«. Gerne würde ich ihn drücken, aber kleine Manager drückt man nicht.

Die Großen in der Heimat leider auch nicht, aber das ist eine andere Geschichte. Gutes Gefühl, so weit davon entfernt zu sein. Vom Trott.

Eine Verkäuferin mit nur zwei Zähnen lächelt, ihre Bewegungen sind bedacht, Zufriedenheit umgibt ihr Wesen. Indien. Das Haar ist schwarz, die Menschen tragen Gewänder in allen Farben und einen roten Punkt auf der Stirn. Sie sind irgendwie wie Kinder. Aber auch wie stille Weise. Und hier an dieser Klippe gibt es weniger Verkaufsdrang, so ist Augenkontakt möglich, sogar ein unverbindlicher Blick auf die Waren, und immer wieder wünschen wir ein frohes neues Jahr und erhalten selige Glückwünsche.

Nach zehn Minuten endet der kleine Weg um die Klippe herum, und wir hüpfen in den Sand. Er ist fest, ein guter Untergrund, man sinkt kaum ein. Zu unserer Rechten das Meer. Vor uns liegt ein gigantischer, fast hundert Meter breiter Strand, der immer weiterläuft, vermutlich bis zum Nirwana. Gleichzeitig beginnt links von uns der legendäre Ort Arambol, das Auffangbecken für die Hippies, die sich in den Sechzigern durch den Nahen Osten in *ihr* gelobtes Land geschlagen haben.

Wir wandern das Meer entlang, bleiben nach einer kurzen Weile stehen, breiten die Handtücher aus. Kleine kristallblaue Wellen rollen heran. Sie verzaubern mich sofort. Seit über zwanzig Jahren reise ich kreuz und quer über den Planeten, weil die Liebe zu den Ozeanen zu meiner lebensbestimmenden Leidenschaft geworden ist. Surfen ist ein wunderbares Hobby. Nicht nur weil es mir die schönsten Momente im Wasser geschenkt hat, sondern auch weil ich auf der Suche nach der perfekten Welle durch so viele Länder und Kulturen streunen darf. Dabei kommt es zu Begegnung und Momenten, in denen alles stimmt. Wertvolle Sekunden, in denen das Subtile überwältigend ist. Magie. Es gibt nichts Schöneres, und es gibt nichts, was mir mehr Zuversicht schenkt.

Und jetzt Indien. Ein Kontinent, der die Wellenreiter nicht in Wallung bringt, und meine erste Reise seit zwanzig Jahren ohne Surfbretter. Neuland.

Aber Indien war immer klar. Vielleicht schon, seit ich mit 16 Jahren mein erstes Buch über Taoismus und Wu wei, die Kunst des Nichtstuns, gelesen habe. Die Impulse der fernöstlichen Philosophie haben mich bewegt und wurden zu einer zweiten treibenden Faszination. Sie nährten meinen Lebenshunger. Zunächst vorsichtig und dann mitten rein.

Genau wie beim Reisen: Pauschaltourist zu Schulzeiten, trieb es mich später in den vergessenen Dschungel einer entlegenen Insel. Oder beim Surfen: erst mit den kleinen Wellen spielen, und plötzlich Monster-Freakset auf die Fresse. Der Augenblick, wenn sich eine große Welle vor mir auftürmt, eine haushohe Wand aus Wasser in der nächsten Sekunde über mir zusammenbricht, mich unter Wasser drückt und durch die Gegend schleudert, bleibt für immer. Danach zittern die Knie, aber im Rückblick schmunzeln die Augen immer so schön. Es ist die Intensität, die mich aufwühlt. So ging es mit dem Reisen, so ging es mit dem Surfen, so geht es mit dem Blick nach innen. Von Büchern zu Workshops und Seminaren, zu stiller Meditation und wilder, zum Besuch bei Gurus und großen Lehrern, zu einzigartigen Momenten und natürlich gemeingefährlichen Rückschlägen.

Indien ist das Epizentrum. Hier tummeln sich die Weisen oder endgültig Verrückten. Buddha, Osho und Asketen. Yoga, Tantra, Hinduismus. Hängengebliebene Hippies, Erleuchtete, Propheten, Großmeister der Einbildung, Zufriedene mit kleinem Glück. Ein

Subkontinent, der von Suche und Offenheit durchdrungen ist. Vielleicht nicht nur ein Subkontinent – vielleicht ein Energiefeld. Eine Kraft. Sicher ein Ort, an dem viele bereit sind, ihre Komfortzone zu verlassen, sich Ungewöhnlichem zu stellen, neue Wege zu beschreiten, um etwas zu finden, von dem sie noch nichts wissen. Ein Schatz im Inneren. Es ist die aufopferungsvolle Suche nach etwas, das es vielleicht gar nicht gibt. Dazu braucht es Sehnsucht. Und einen Mount Everest an Vertrauen.

Trust!

Und die Menschen hier lachen viel. Das erinnert mich: Ich bin nach Indien gekommen, um etwas zu erleben, aber auch um etwas mitzunehmen. Etwas, das in mir wohnt, etwas, das mich aufrüttelt, weil mein Leben zu Hause farblos geworden ist. Absehbar und ohne Witz.

Ich lege mich hin und betrachte den Himmel. Ole ergreift die Wasserflasche, trinkt einen Schluck, bietet sie mir an, haut sich zurück aufs Handtuch. Minuten vergehen. In Rückenlage, der Planet Erde unter und Mama India über uns. Meeresrauschen in meinen Ohren, sanfte Brise auf meiner Haut. Der ewige Horizont über dem Ozean auf der einen und das gelobte Land auf der anderen Seite. Wir erheben uns gleichzeitig, setzen uns hin und richten die Wirbelsäulen auf. Wir grinsen, weil wir wie ein altes Ehepaar sind.

Jetzt wird meditiert. Ich verabschiede die Traumstrandkulisse, schließe die Augen, beobachte. Körperempfindungen: ein Kribbeln, Anspannung oder Bewegungsdrang. Mein Kopf brummt, der Magen ist mit dem Wiederaufbau beschäftigt. In den Handflächen ist immer was. Leere, Raum, Ausdehnung. Einbildung? Ich betrachte den Atem. Ein – aus – ein – aus – eher flach, kein Grund für Korrektur. Ich frage mich, ob die Wellen hier auch größer werden. Das sind meine Gedanken, denn die sind niemals still. Sie sind ein Teil von mir. Einfach vorbeiziehen lassen wie weiße Wolken. Einfach.

Nach den zehn Tagen Vipassana im Schweigekloster und den zwölf Stunden Meditation täglich dauerte die Gedankenlosigkeit

Minuten lang. Meisterlich. Leider habe ich zwei Monate später mit dem Meditieren aufgehört und alles verlernt. Es ist also wieder mal der Kopf, der das Zepter in meinem Wesen in den Händen hält.

Ein alter Bekannter meldete sich mit guten Fragen: ›Was bringen die spirituellen Übungen?‹

Die Meditation, die Disziplin, die Stille, die wilden Sachen, das Öffnen der Gefühlsventile.

Ich weiß es nicht.

Aber es ist schön, den Schutzpanzer abzustreifen. Das Herz zu öffnen. Neues zu erfahren. Für mich! Es ist ein Hobby. Mehr aber auch nicht. In den westlichen Leistungsgesellschaften hat man den Fokus auf Rationalität gelegt. Auf Verstand, Kontrolle, Sicherheit, Funktionieren. Auf Angestelltengehorsam und Gesellschaftskonformität. Und auf das Außen, auf materielle Dinge wie Wohlstand und Beruf. Auf Gemütlichkeit. Auch hier kann Wärmendes geschehen. Tiefe Freundschaften, ein behagliches Zuhause, Kinder und Familie zum Beispiel. Irgendwie geht es doch immer nur um Liebe.

Na gut, manchmal geht es auch um Benzinpreise, Umsatzsteuer und schlechtes Wetter.

Aber in mir schlummert ebenso die Sehnsucht, *unter* den Tellerrand zu gucken. Der Blick nach innen ist so abenteuerlich wie Reisen oder Surfen. Wenn man Lust drauf hat. Wer Angst, Traurigkeit, Wut, Scham und anderen Gefühlen begegnen *möchte*, für den wird es kunterbunt.

Und Indien ist in. Ein Trend. Wer unlösbare Probleme hat, der wird spirituell, der muss nach Indien. Wer keine hat, der findet sie. Es ist ein Spiel mit dem Feuer oder eine Humormutprobe.

Ich will ehrlich suchen, mich der Tiefe öffnen, aber auch staunen und den Kopf schütteln dürfen. Ich bin gespannt, welche Magie mir in diesem Land begegnen wird. Was es mit mir macht.

Mein Magen rumort, das Herz klopft, denn das wird alles kein Spaziergang. Alles ist möglich und am Ende hoffentlich gut. Also auch zu Hause, denn ich möchte mit einer Veränderung zurückkehren.

In den letzten paar Tausend Jahren wurden unfassbare Methoden entwickelt. Übungen mit Vulkankraft, Atemtechniken, die den Menschen in animalischen Wahnsinn katapultieren. Diese Übungen, allein, mit Partner, in Gruppen sind abgefahren. Manchmal schwierig oder verstörend. Aber es ist befreiend, wenn die Tränen fließen dürfen oder die Fäuste geballt werden, um loszubrüllen. Manchmal wird man mit Trance belohnt, dem Drogenrausch ohne Substanzen, manchmal mit wohltuender Leere.

Und wieder: Was soll das bringen?

UND: Was ist Einbildung und was real?

Zwei Fragen, die mich im Idealfall so sehr interessieren wie weiße Wolken. Manchmal muss man die Zweifel Zweifel sein lassen und trotzdem weiter gehen.

Ich höre das Meer rauschen, die Vögel zwitschern.

Vielleicht kann Indien mir eine Antwort schenken. Vielleicht wird dies eine spirituelle Rei...

»Du fragst dich doch die ganze Zeit, ob du hier noch surfen kannst!«

Ich öffne die Augen. Ole setzt eine Sonnenbrille auf. Er hat mich voll ertappt, der verdammte Gedankenleser.

»Was ist denn das für ein mieser Diss? Ich kontempliere!«

Meditatives Denken. Zuweilen bemerkenswert, weil Intuition und Bauchgefühl mit kühnen Vorschlägen überraschen. Jetzt eine gute Ausrede fürs Abgelenktsein, denn er hat mich erwischt.

»Okay«, beschließt Ole, »ich habe auch keinen Bock mehr zu meditieren. Lass uns ein bisschen durch den Ort spazieren.«

Wir verlassen den Strand und laufen an winzigen Läden, baufälligen Gebäuden, kleinen Geschäften, einem verstaubten Kopierladen und dubiosen Agenten vorbei.

Es gibt kleine Hotels und Restaurants sowie dreckige Hütten mit Plastiktischen und Speisekarten. Dazwischen Wohnhäuser aus Beton, selbsternannte Hostels, Internetcafés, eine Arztpraxis. Ich versuche, mich zu orientieren. Die Hauptstraße besteht aus festem Lehmboden und verläuft parallel zum Meer. Die meisten Gebäude trennen den Strand vom Inland und haben auf der Rückseite die Sonnenliegen für die russischen Pauschaltouristen, eine Strandbar für die Althippies oder Esstische mit Meerblick. Kein Elend, kein Leid, Indien zeigt sich hier in Arambol im leichten Gewand. Ich gehe weiter, blicke in die Shops, laufe an Männern mit hüftlangen Rastalocken vorbei, Pärchen mit Yogamatten unterm Arm und jungen, lauten, testosterongeschwängerten Israelis, denen ich auf der ganzen Welt begegne. Sie wollen nach dem Militärdienst die Welt entdecken und wieder leben. Und sich die Hörner abstoßen.

An einer gigantischen Laterne bleibe ich stehen. Mein Blick folgt ein paar schwarzen Kabeln in die Höhe und trifft auf einen gordischen Knoten von epischem Ausmaß. Das schwarze Knäuel, das sich dort über die Jahrzehnte entwickelt hat, müsste eigentlich auf der Stelle zu Boden krachen und die halbe Häuserwand mitreißen. Alles ist Hunderte Male über- und unter- und umeinander gewickelt. Dutzende Leitungen fliegen in alle Himmelsrichtungen, gehen auf die andere Straßenseite, andere kommen von dort, verschwinden in dem riesigen Wirrwarr, hängen an einem rostigen Nagel oder bieten weiterem Kabelsalat eine Tasse Tee und die Chance, mit dabei zu sein. Ein Unterhemd hat sich darin verfangen, baumelt vor sich hin, und ein Turnschuh hängt an einem Schnürsenkel, vermutlich um den Flugverkehr umzulenken. Das sieht so übertrieben und gleichzeitig nach unendlicher Freiheit aus. Ein Bild für das Bauordnungsamt, weil es vollkommen unmöglich ist, herauszufinden, wer hier wem den Strom klaut, welches Kabel welchen Ursprung hat oder wohin die ganze Sache führt. Wie das Leben.

»Ist das ein Fluxkompensator?«, fragt Ole.

»Möglich. Oder die CIA, denn hier laufen alle Strippen der Welt zusammen.«

Ole schießt ein Foto. Ich bin begeistert, denke wieder, wie wenig es manchmal braucht, während mein Blick die Laterne herabwandert und auf eine dort angeklebte, ähnliche konfuse Zettelwirtschaft trifft. Papierfetzen mit krakeligen Telefonnummern oder verblichene, laminierte Karten, die Angebote anpreisen: Massage, Ayurveda, Tantric Infusion, Geistheilung, Free to Die, Path of Love und immer wieder Yoga. Hatha, Yin, Vinyasa, Jivamukti, Kundalini, Ashtanga.

SUP-Yoga ist nicht dabei. Vielleicht ja eine Marktlücke.

»Das werden wir alles ausprobieren.«

»Singing Bowl Wisdom?« Klangschalen, die uns Weisheit in die Ohren flüstern?

»Ja. Und warte, es kommt noch mehr.«

›Es kommt noch mehr.‹ New Age und Esoterik. Welt der Wunder, Wahnsinn, Religionen. Yoga hat die Massen erobert. Hausfrauen, Manager, Jung und Alt stehen auf einem Bein, auf dem Kopf oder zerren an der verspannten Muskulatur. Was ist Yoga? Ursprünglich war Yoga ein Weg zur Erleuchtung durch innere Einkehr, und die Asanas, die Übungen, kamen erst später hinzu, um die intensiven Meditationen körperlich zu verkraften. Und heute? Entspannungsturnen oder eine hochspirituelle Angelegenheit. »*Up to you, my friend*«, sagte ein weiser Indonesier einmal zu mir. Die Yogakurse in den Städten könnten unterschiedlicher nicht sein. In manchen wird meditiert, das heilige Om gesungen, in anderen Sport getrieben. Ole war eine Weile bei einem Yogalehrer in Köln, der längere philosophische Exkurse hielt und immer neue Ideen mitbrachte. Irgendwann war es eine Magenreinigung, für die man eine Mullbinde Stück für Stück runterschlucken sollte, bis nur noch ein Zipfel aus dem Mund baumelte. Dann die ganze Sauerei wieder rauszuziehen. Ole hat es probiert …

Die extremen Yogis schneiden sich das Zungenbändchen durch, um mit der Zunge von innen die Nase zu penetrieren, und in den alten Schriften finden sich Abschnitte, die, um die Endlichkeit des

Körpers zu begreifen, den Verzehr von Leichenteilen empfehlen. Ich bleib dann mal beim Sonnengruß.

Und sonst: malen nach Zahlen, hyperventilieren, tanzen. Singen heißt jetzt Chanten. Fasten, schlafen auf dem Nagelbrett, ausflippen, einen Baum umarmen oder in Gebeten die Götter um ihre Gunst bemühen. Die ganze Welt ist unterwegs. Auf der Suche nach dem Glück. Mehr ist es ja nicht. Das verbindet uns, und es ist schön, dass die Wege so verschieden sind. Was heilig ist und was totaler Quatsch, ist eine persönliche Angelegenheit, denn eine Wahrheit gibt es nicht. Natürlich außer meiner, denn naturgegeben halte ich meine Perspektive häufig für die richtige. Dümmer kann ich gar nicht sein, aber es ist schwer, sich das abzugewöhnen. Mystik hilft mir dabei. Etwas, das sich nicht erklären lässt, kann eine schöne Demut schaffen, weil ich eigentlich gar nichts weiß. Nicht eigentlich. Deshalb soll Indien mich verzaubern. Mir Eindrücke verschaffen und Weltbilder zeigen, bis mir nichts mehr bleibt, als über mich zu lachen.

Wir ziehen weiter, Ole zeigt mir, wo es leckeres Curry gibt und wo den besten Obstsalat. Ich beäuge die Etablissements heute kritisch. Natürlich will ich nicht die halbe Welt verteufeln, wegen einer schlechten Erfahrung alles grau sehen und die Krankheitserreger in jeder Ecke – aber ich kann nicht anders.

Das Hirn warnt zu viel.

Vermutlich waren es die Eiswürfel in den Drinks am Strand. Wir hofften, dass der Alkohol die Mikroben zerstört, oder befanden uns in einer überheblichen Phase der Unverwundbarkeit, aber Vorsicht ist die Mutter von solidem Stuhlgang. Besonders in Indien. Der ungeübte westliche Körper steht den Monstern in den ersten Tagen mit weißer Flagge und freundlichen Friedensangeboten gegenüber. Die Biester haben ihren Spaß. Das Immunsystem wird überrannt, das menschliche Mutterschiff hat nix zu lachen. Wieso dreht sich heute alles nur ums Kacken?

Am Ende der Hauptstraße führt eine geteerte Straße aus dem Ort heraus.

»Da lang geht es zu den Geldautomaten.« Aufgrund der leichten Steigung nicke ich nur und bin für weiter geradeaus.

Es wird waldiger. Wir wandern durch ein kurzes Stück mit Palmen und Bäumen, die uns Schatten schenken.

Auch hier sind die Restaurants ausgestattet mit Sofas, Hängematten, Decks zum Yogamachen oder Barfußtanzen, für Meditation und was immer hier geschieht. Der Secret Garden, das Ecstatic Dance, The Old Tree, Yoga Delight, das Eden.

Dahinter wählt Ole den Weg zurück zum Strand, wo noch vereinzelt Bars und Restaurants zu finden sind. Das Highlight von Arambol steht bevor. Auf einer kleinen Anhebung im Sand thront ein großes Grundstück in der Mittagsglut. Drumherum ein hoher Zaun aus Bambus.

»Da sind wir.« Die Sonne blendet, aber Oles Augen leuchten heller.

»Das Love Center???«

»Love T-E-M-P-L-E!«, korrigiert Ole.

»Love Center ist lustiger. Eine Eso-Shopping-Mall und für jeden was dabei, in jedem siebten Ei.«

Ole verdreht die Augen: diese Respektlosigkeit. Dann grinst er.

»Love Center klingt nach Puff.«

»Auch gut. Dürfen wir da jetzt einfach reingehen?«

»Natürlich.«

Ole schreitet voran. Ein paar Holzstufen im Sand führen zu einem überdachten Bereich mit sofaähnlichen Sitzgelegenheiten zum Chillen, mit Tischen und Stühlen und zwei großen Kreidetafeln. Darauf das Programm. Heute ging es um sechs Uhr morgens los mit der dynamischen Meditation. Am Strand.

Die Dynamische Meditation wurde vom indischen Mystiker Osho entwickelt, um im Organismus unterdrückte Gefühle und innere Anspannung zu lösen.

Erste Phase: Chaotische Atemstöße, so schnell, heftig und unregelmäßig wie möglich.

Zweite Phase: Katharsis. Ausleben der geweckten Gefühle durch Schreien, Kreischen, Heulen, Lachen, Schütteln, Toben.

Dritte Phase: Mit erhobenen Armen bis zur totalen Erschöpfung auf der Stelle springen und tief aus dem Bauch »Huh Huh Huh« rufen.

Vierte Phase: Stopp! Verharren in der Stellung, in der man sich befindet, und nicht mehr bewegen.

Fünfte Phase: Integration der Erfahrungen und Ausklang der Meditation.

Kurz gesagt: Ausflippen 3000. In einem schalldichten, abgedunkelten Raum mit geschlossenen Augen beim ersten Mal sicher eine Überwindung. Hier am Strand im Sonnenaufgang ... oh Mann!

Es folgen bis in den frühen Abend jede Menge Kurse. Yoga, Om Chanting, holotropes Atmen, Rebirthing. Von manchem habe ich gehört, anderes sagt mir nichts, aber jeden Tag die freie Wahl und mit fünf Euro pro Kurseinheit supergünstig.

Ole schaut auf die Uhr:

»Gerade läuft Dark Silence.«

Wir gehen auf das Gelände.

Außen herum stehen kleine Hütten auf Stelzen im Sand. Die Wände sind aus Bambusmatten, die ein wenig Durchlüftung in der prallen Sonne bieten, aber nur bedingt Privatsphäre.

Dafür ist man mittendrin im Hexenkessel. Im Zentrum des Geländes wurden zwei etwa 200 Quadratmeter große Hallen errichtet, mit Holzböden und ähnlich luftigen Wandkonstruktionen, damit die Hitze ertragbar ist. Wir laufen um die erste Halle herum, die leer zu sein scheint. In der zweiten hören wir Stöhnen, Seufzen, wilde Atemstöße. Dark Silence ist eine Massenorgie.

»Haben die sich im Programm geirrt?«
Wie auf Kommando wird drinnen alles still.
»Hauptsache, es funktioniert«, flüstert Ole.
Wir drehen um und gehen zum Eingang zurück, wo Leute stehen, die sich miteinander unterhalten und Tee trinken. Eine kleine Gruppe hält sich bei den Händen, alle lachen, schauen sich an, summen, bevor sie sich kitzeln und umarmen. Vor meinem geistigen Auge blitzt eine Gewaltfantasie auf. Ich sehe Köpfe, die zusammen klatschen, mehr Komödie als Splatter, aber dieses esoterische Theater kann einem auch auf die Eier gehen. Gut, dass hier keiner Gedanken lesen kann. Also hoffentlich.
Ich werfe einen Blick auf die Tafeln mit den Gruppen und Übungen. Rechts davon hängt ein Flyer: Tantra-Festival. In zwei Tagen ...
Ich zucke zusammen, denn eine Sekten-Hand streichelt über meine Schulter.
It is going to be a-b-s-o-l-u-t-e-l-y amaaaaaaazing!!! Very deep! And life changing ...«
Eine Frau mit Blumen im Haar, riesigen Ohrringen, einer Unmenge Halsketten und großen Augen verfällt in eine theatralische Pose, nickt, dreht sich mit einer Pirouette um und verschwindet mit klimpernden Schritten, bevor ich irgendetwas sagen kann. Ich blicke ihr hinterher.
»Wir sind genau zum richtigen Zeitpunkt hier!« Ole weiß natürlich schon Bescheid. »Vier Tage lang finden statt dem Tagesprogramm Sessions bei den großen Gurus statt. Das Who's who der Tantra-Szene ist angereist, und wir sind so was von dabei.« Er ist im siebten Himmel.
Ich hoffe, ich bin bis dahin wieder fit.
»Was machen wir jetzt?«, fragt Ole. Er hat bis acht Uhr morgens getanzt und ist kein bisschen müde.
»Ich muss zurück. Bin superplatt.«

Als ich aufwache, höre ich das Meer rauschen. Ole schläft. Ich setze mich auf die kleine Terrasse. Mein Körper fühlt sich gut. Gesund. Das Blau des Ozeans schimmert durch die Palmen, die Ruhe des frühen Morgens trägt mich durch die Augenblicke. Ich lese ein paar Seiten, muss aber ständig den Blick von dieser Terrasse auf die Palmen und das Umland schweifen lassen. Also stehe ich auf, schleiche zwei Schritte, um dann einen Stuhl ›aus Versehen‹ so geräuschvoll zu verrücken, dass Ole aufwachen muss. Er dreht sich widerwillig zur Seite und öffnet die Augen. Er lächelt, und obwohl sein Körper schlummern möchte, vertreibt die Gelegenheit, etwas zu erleben, die Schläfrigkeit aus seinen Gliedern. Wir sind in Indien! Ole der Frühaufsteher. Es stimmt: Dieses Land hat Zauberkraft.

Wir wandern um die Klippe herum. Vereinzelte Gestalten laufen den Strand entlang, machen Yoga oder lassen sich vom Tagesbeginn verzaubern. Wir meditieren. Gemütliche Stille. Danach werfe ich alle Pläne über den Haufen, laufe zu einem Laden, den ich gestern entdeckt habe, und leihe mir ein Surfbrett aus. Meine erste Reise ohne Surfbretter – einen Tag lang. Die Wellen sind nur hüfthoch, aber wunderschön. Die ersten Paddelzüge aufs Meer hinaus sind voller Leichtigkeit, weil das lange Brett wie ein Ozeandampfer über das Wasser gleitet. Alles ist so mühelos. Diese großen Planken schweben ganz von selbst. Ich setze mich weiter draußen aufs Longboard und warte. Das volle tropische Grün schmiegt sich an den Strand, der weiter vorne im Wasser verschwindet, der Ozean ist tiefblau, außer mir ist weit und breit kein Surfer zu sehen. Dann kommt eine süße Welle auf mich zu. Sie erhebt sich langsam, ich bringe mich in Position, sie schiebt mich an, ich hüpfe auf die Füße. Das Brett gleitet behände los, ich steuere es an die steileren Stellen der kleinen Wasserwand und nehme Fahrt auf. Zscchhhh. Sanfter Wind rauscht um meine Ohren, ich fliege über das Wasser. Mein Körper lacht, ich laufe ein paar Schritte nach vorne, drehe mich um die eigene Achse, das Longboard wird zum Tanzparkett.

Dann verliere ich das Gleichgewicht und plumpse ins Wasser. Ich hebe den Kopf aus dem kühlen Nass, und Freude schwimmt durch mein Gemüt. Ich summe ein Lied, während ich mich auf das Brett hinaufziehe und wieder nach draußen paddele.

An jedem anderen Strand der Welt wäre das nichts Besonderes. Und jetzt: Euphorie, Herzrasen und der Wunsch nach Meer. In hüfthohen Wellen! Natürlich schön clean und mit etwas Druck, aber alles andere als Superwahnsinn. Keine massive, steile Wasserwand und nicht das, wofür ich seit über zwei Jahrzehnten all die Reisestrapazen auf mich nehme. Trotzdem ist heute alles perfekt, und ich weiß, dass das nicht an Indien liegt, sondern an mir. So entspannt, so erfrischend, so federleicht. Im Line-up angekommen, baut sich schon die nächste Welle auf. Ich paddele los, spüre das Gleiten, kann das alles nicht glauben und schieße davon.

Ich surfe eine gute Stunde und freue mich darauf, wenn ich im hohen Alter endlich Longboarder werde. Eine der schönsten Sessions, die ich je erlebt habe. Ausgerechnet in Miniwellen!

Nach dem Mittagessen gehe ich zu einer Yogastunde, die auf einem der zerknitterten Zettel angepriesen wurde, während Ole den Tag im Love Center verbringt (»Love Temple!!!«) und uns für das Tantra-Festival anmeldet. Anmelden ist einfach, Mitmachen dann die Krux.

Am späten Nachmittag treffen wir uns in unserer Hütte, um etwas später zurück nach Arambol zu latschen.

Der Sonnenuntergang steht bevor.

Der Strand sprüht vor Leben. Die Sonne senkt sich hinab zum Ozean, Lagerfeuer brennen, Funken hüpfen, tanzen, und Rauchschwaden klettern in die Luft.

Die russischen Pauschaltouristen gehören, so wie wir, zu den Zuschauern. Sie haben sich von ihren Liegen erhoben und zur Beach-

Bar geschleppt. Einige wanken bereits, andere führen bunte Shorts und Wohlstandsbauch spazieren, um frische Luft zu atmen oder das Spiel der Spirituellen zu betrachten. Überall ist jede Menge los, der Strand hat sich in ein geschäftiges Zirkus-, Zauber- und Zigeunergelände verwandelt.

Eine kleine Gruppe trifft sich für eine Yoga-Session. Die Matten werden in Herzform ausgerollt, in der Mitte flackert eine Kerze. Es riecht nach Marihuana, da sich die Israelis mit den Rasta-Jungs zusammengehockt haben, um einen Strandabschnitt mit Qualm und Ganja zu versorgen. Geschwollene Augen und vergilbte Finger, aber auch ein Freiheitsschmunzeln im Gesicht. Zehn Meter dahinter steht ein nackter, dürrer Mann mit schütterem blondem Haar, der konzentriert in die Sonne starrt. Beim Versuch, zu erblinden, reißt er in ruckartigen Bewegungen seine Arme in die Luft. An der Wasserkante steht ein Pärchen in inniger Umarmung. Wunderschön. Genauso wie die anmutig fließenden Bewegungen einer hundertjährigen Tai-Chi-Oma. Einige Schritte weiter sitzt eine Gruppe zusammen, die Augen geschlossen, die Münder zum Himmel gestreckt und weit geöffnet. Sie brummen das heilige Om. Zwei Freunde unterhalten sich im Kopfstand. Links von uns werden Tische aufgebaut, die mit Schmuck und heiligen Steinen, Chakren-reinigenden Kristallen und Muscheln und Ölen und Glücksbringern bestückt werden. Im Zentrum steht Ganesha. Ein ganzes Heer von Statuen, denn der Gott mit dem Elefantenkopf erfreut sich der allergrößten Beliebtheit. Er hilft, Hindernisse zu überwinden. Ein Freund der Suchenden. Ein Ganesha in Miniaturausführung baumelt um meinen Hals. Die Verkäufer sind Aussteiger mit sonnengegerbter Haut, die den Unerfahrenen total überteuerte Esoterikwaren andrehen, um über die Runden zu kommen. Männer mit breiten Schultern und offenen Holzfällerhemden über der behaarten Brust, Frauen mit wilden Tätowierungen auf den Armen und alle mit Verkaufshoffnung in den

Gesichtern. Aber auch Verzweiflung, denn der Versuch, der kühlen Eintönigkeit des heimischen Arbeitsalltags zu entkommen, lässt sie nun hinter diesen Ständen versauern. Ich verstehe sie, hab auch keine Lust, so viel zu knechten, möchte aber auch nicht tauschen.

Einer mit schwarzen Locken folgt meinem Blick: »*He is a picaro, a blessed dancer and limber lover.*« Er zieht die Augenbrauen hoch. Ich nicke. Ganesha ist ein munterer Begleiter. Weil kein Kaufinteresse besteht, wendet sich der Mann mit Unmut ab.

Indien ist das Eldorado ihrer Freiheit. Nur, was spielt sich hinter den glücklosen Augen der Systemrebellen ab? Sind da noch Träume, ist da Zufriedenheit, oder werden sie von einer phlegmatischen Gemütlichkeit beherrscht, die es unmöglich macht, in das System zurückzukehren oder das Leben in die Hand zu nehmen. Ich wünsche ihnen Glück, aber die anderen hier sind lustiger. Die, die irgendwas machen. Noch suchen, sich schütteln oder mit den Armen rudern.

»Sieh nur!«

Ole zieht an meiner Schulter. Der Strand bebt. Bekloppte Menschen, alle fliegen übers Kuckucksnest. Wie viel Leben, wie viel Kraft, wie viele Verrückte. Alle sind voll da! Wir mitten drin, Köln Lichtjahre entfernt. Eine Gruppe praktiziert heftige Hüftstöße. Immerhin haben sie Klamotten an. Die vier Herren und drei Damen hingegen, die im Kreis stehen, sich an den Händen halten und abwechselnd in die Runde kreischen, sind nackt. Labbrige Pobacken, Hausfrauenhaarschnitte und ellenlange Intimbehaarung. Will man nicht sehen, man kann aber auch nicht nicht hingucken.

Ein Mann mit Turban und langem grauem Bart – so einen müsste man hier haben – trägt ein unbeflecktes weißes Gewand. Er sitzt im Sand. Wie eine Säule. Natürlich Lotussitz. In Stille, umgeben von Kraft, von Aura, von tiefer Ruhe und Verbundenheit. Da würde jeder American-Football-Spieler beim Tackle-Versuch einfach abprallen oder zu Staub zerfallen.

Der kleine Kreis, der sich zum Acro-Yoga getroffen hat, zeigt wunderschöne Hebefiguren. Menschen schweben in vollkommener Körperspannung auf den zum Himmel gestreckten Füßen ihrer am Boden liegenden Partner. Da würde ich gerne mitmachen. Und sonst? Ein spontanes Didgeridoo-Konzert, Ölmassagen, die im Sand zu ungewolltem Peeling werden, Lachyoga. Ein selbsternannter Guru erklärt die Welt für eine Energiespende.

Es wird sich ausgetobt und ausprobiert. Alles ist erlaubt, Menschen, die sich fremdschämen, fallen auf der Stelle tot um.

Zwischen all diesen Gestalten und Ereignissen laufen ein paar Inder in Sandalen, mit langen Stoffhosen und schickem Hemd hin und her, um das Spektakel der Menschen, die aus fernen Ländern in ihre Heimat gereist sind, zu betrachten. Was die wohl denken? Also, was die wohl denken, was im Westen so getrieben wird, an einem Dienstagabend?

Hinter uns in der Ferne schallen dumpfe Trommelschläge.

»Endlich«, sagt Ole.

Es heißt, Tanzen und Umarmungen seien die wirksamsten Werkzeuge, um das Herz zu öffnen. Begegnung mit einem Menschen und Begegnung mit sich selbst. Und natürlich kenne ich die Sprüche: »Tanze, als würde dir niemand zusehen!« Aber das ist Theorie. Ich fürchte, dass meine Bewegungen nicht so geschmeidig und ästhetisch sind wie die der anderen. Dass ich blöd aussehe. Das erzeugt Schamgefühl, dagegen hilft Rum-Cola.

Aber mit den Jahren wage ich mich heran. Ich habe an meiner Unsicherheit gearbeitet, in Seminaren einen sicheren Raum gefunden, sodass ich meist mit geschlossenen Augen tanzen kann. Auch ohne zwei Promille. Trotzdem bleibt es eine Überwindung.

Thomas, ein Zimmernachbar auf einem Wochenendseminar, sagte mal zu mir und meiner Scheu:

»Angsthasen sind voll mit Liebe. Die Drübersteher und Belächler sind es, die Hilfe brauchen. Sie sind von Furcht zerfressen.«

Als die Sonne im Meer verschwunden ist, breitet sich eine geheimnisvolle Dämmerung über Arambol aus. Wir stapfen voran, den dumpfen Geräuschen entgegen. In der beginnenden Dunkelheit hat sich eine Menschenmenge gefunden, plötzlich stehen wir davor. Es sind sieben. Sie sitzen auf Hockern und auf Kisten. Muskulöse und drahtige Männer mit Rastalocken und schwarzem Haar. Vor ihnen im Sand die Bongos, die heiligen Werkzeuge. Mächtige Instrumente, groß wie Kübel, aus afrikanischem Holz und filigrane Klanggefäße mit straff gespannter heller Ochsenhaut, eingeklemmt zwischen den Oberschenkeln der Spieler, deren Hände darauf klopfen. Sie sind der Motor der Leidenschaft. Sie wecken den Rhythmus, befeuern die Energie, kraftvoll, unaufhaltsam. Der legendäre Drum-Zirkel von Arambol ist bereit abzuheben.

In der Mitte ein Hüne mit wildem Bart, der mit den Handballen einen klaren Basisbeat in die Nacht schmettert. Der Typ daneben balanciert einen Joint zwischen den Lippen, schwarze Locken fallen in sein Gesicht. Er steuert mit den Fingerspitzen Finesse bei. Seine Kreativität verschmilzt mit der stramm nach vorne marschierenden Führung. Sein Nachbar steigt ein, seine Beine wippen, er forciert Geschwindigkeit, streut Zwischenschläge ein, entfesselt neues Feuer. Das Zusammenspiel spontan, hitzig, aufbrausend. Und frei.

Mein Kopf will sich bewegen. Links und rechts von mir stehen Menschen, die auf die Performance starren, wippen, federn, schwingen. Die Luft pulsiert, Leidenschaft erwacht, Kraft schwärmt durch unsere Adern.

Mehr Leute drängeln sich heran, unbewegte Körperteile werden aufgeladen, wollen fliegen, toben, tanzen. Die Beats immer heißer, wilder, die Umstehenden stapfen mit den Füßen, der Raum vor den Meistern an den Trommeln ist leer. Noch. Ein Vakuum, umringt von zuckenden Gestalten, der Damm ist kurz davor, zu brechen. Dann springt einer nach vorne in den Kreis. Nichts kann ihn jetzt noch halten. Ein Zweiter steigt mit kraftvollen Schritten ein, vor und zurück, stolziert durch den Sand, der unter seinen Füßen durch die Gegend fliegt. Eine Frau lässt ihre Arme tanzen, Ole den Oberkörper kreisen, er taucht ab und wieder auf, lässt sich hineinziehen, erfassen, davontragen. Ich will auch, aber kann nicht. Unsichtbare Fesseln halten mich zurück. Ein Bärtiger springt vor, sinkt auf die Knie, reißt die Hände in die Luft. Ein Urschrei entfährt seiner Kehle. Weitere stoßen hinzu. Die Kraft der Tanzenden, das Fieber dieser Nacht, elektrisiert die Häuptlinge an den Bongos. Eine neue Welle schießt durch ihre trommelnden Leiber, heizt sie an, immer schneller, immer weiter, immer schneller. Plötzlich sind alle in Bewegung. Die Körper schwitzen, ihre Schatten wild wie Tiere, die Bewegungen hemmungslos und wunderschön.

Dann ist es da, in mir, ein Vulkan, er bricht los, zügellos, roh, euphorisch. Meine Augen sind geschlossen, ich springe, springe, springe, mein Kopf zuckt ruckartig durch die Gegend. Erlösung strömt durch meinen Körper, peitscht ihn an, immer mehr, immer weiter, immer höher ...

Schweißtropfen fliegen durch die Luft. Die glorreichen Sieben sind in Rage, wir sind ihre Energie, ihr Motor, ihre Raketenturbine. Wieder stürzt sich einer der Trommler auf den Beat, spielt mit, um plötzlich alles an sich zu reißen. Es geht hinauf, in die Höhe, eskaliert, immer weiter, weiter, weiter. Durch die Eingeweide, in die Schenkel, in die Arme. Das Blut in Wallung, die Freude grenzenlos. Jemand kreischt, ein Mann boxt durch die Luft, ein Junge taumelt, bebt, zersprengt die Ketten. Alles tobt, zuckt, springt, fetzt durch den Sand und wieder zurück. Eine Bauchtänzerin, die Füße fest im Boden, schüttelt ekstatisch ihre Hüfte, ein Mädchen mit Jeans und T-Shirt dreht sich, vibriert, leuchtet. Immer mehr Menschen stürmen nach vorne, die Meister an den Trommeln sind triefend nass, die Energie wächst und wächst und wächst. Sie glüht. Die Nacht ist schwarz; nur von den Handys der glotzenden Inder fällt das Licht wie ein Scheinwerfer auf die Verrückten, die sie filmen. Egal, die Ekstase ist lange schon nicht mehr aufzuhalten.

Pitschnass betreten wir ein Restaurant. Das Gute an einem Strand voller Verrückter: Man fällt nicht auf. Hinter uns liegt eine Stunde Superwahnsinn. Tanzen ohne Mut antrinken, meine Scheu wie weggeblasen, und dafür danke ich jetzt den Verrückten.

Ole bestellt im Vorbeigehen zwei Bier und guckt verdutzt, als ich mich für einen Liter Wasser entscheide. Wir setzen uns an einen Tisch unter tausend Sterne. Ein paar Tische sind besetzt, sanfte elektronische Musik begleitet die Gäste in die Nacht.

»Das Leben ist so schön!«, singt Ole.

»Das hat Megaspaß gemacht.« Es tut so gut, mal aus sich rauszugehen.

Wir ziehen die durchgeschwitzten T-Shirts aus, Schweißperlen glitzern auf der Haut.

Ole ist ein großer Tänzer. »Ich liebe es, wenn der Körper von allein macht. Wenn da keine Idee mehr ist, der Rhythmus das Steuer übernimmt, und die Jungs waren obergeil.«

»Unglaublich, wozu der Körper fähig ist. Ich bin gespannt, was meine Beine morgen zum Dauerspringen im weichen Sand sagen.«

»Ich könnte ein frisches T-Shirt brauchen.«

Als die Biere (beide für Ole) und das Wasser (für mich) geliefert werden, geben wir unsere Essensbestellung auf. Wir lehnen uns zurück und schauen uns an. Das Leben *ist* schön.

Es folgen die Instruktionen für das Tantra-Festival am morgigen Tag.

»Um neun Uhr geht's los. Es beginnt mit einer Vorstellung des Ablaufplans und der Gurus, und dann finden die Sessions statt. In beiden Hallen läuft parallel eine Veranstaltung am Vor- und eine am Nachmittag. Man kann sich aussuchen, woran man teilnehmen möchte. Das Programm steht auf den Tafeln. Dazwischen Mittagessen, und abends wird getanzt. Das wird so guuuut.«

Ich bin froh, dass ich wieder fit bin. Ich bin froh, dass ich jetzt in Indien angekommen bin.

»Da liefen eben schon so viele Leute rum. Und die Mädels! Wahnsinn!!!«

»Ach, es geht hier auch um niedere Interessen?«, frage ich.

»Gewiss, das Auge meditiert mit.« Ole trinkt einen großen Schluck Bier.

»Genau, dein drittes Auge hat die Frauen stets im Blick.«

Ich freue mich, fühle nervöse Neugierde, will aber einen Einblick in mein Inneres erhaschen und nicht den Frauen hinterherjagen. Für Ole lässt sich das wunderbar vereinbaren. Er ist genauso interessiert, gespannt und offen, aber auch für zarte Weiblichkeit bereit.

»Sollte mich eine der Schönheiten in ihr Gemach zerren, werde ich, wenn das Universum es so will, keine Gegenwehr leisten.«

»Ich bin neugierig auf andere Sachen.«

»Das ist absolut legitim«, sagt Ole.

»Aufs Love Center«, grinse ich.

»Temple! Diese Respektlosigkeit. Das ist der stille Revoluzzer in deiner Seele.« Ole greift nach seiner Flasche. »Auf Indien, mein Lieber.«

»Ich finde, es sollte lustig bleiben. Ohne erhobenen Zeigefinger, und zu ernst darf es niemals werden. Dieses Leben.«

»Gute Einstellung. Ich freu mich auf die Heiligen ... und die Mädels.«

Unser Essen kommt, ich habe Hunger. Trotzdem noch mal Sicherheit: Nudeln mit Tomatensauce. Ole isst Hühnchen.

Und einen Salat.

DAS TANTRA-FESTIVAL

Ich wache auf und bin sofort gespannt. Ole bleibt liegen. Er hat die ganze Nacht gekotzt. Mindestens zehnmal. Da unser Badezimmer keine Türe hat, noch nicht mal einen Vorhang, war ich live dabei.

»Oooh Gott«, stöhnt Ole. Seine Hautfarbe ist verschwunden, tiefschwarze Ringe zeichnen seine Augen.

»Kann ich irgendwas für dich tun? Wasser, Elektrolyte, willst du eine Banane oder Salzstangen?«

»Gott, geht's mir scheiße«, flüstert er.

»Vielleicht Cola?«

»Ne, nur liegen.« Seine Augen fallen zu.

»Viel Spaß«, haucht er mit einer sterbenden Handbewegung in meine Richtung.

Oh Mann. Aber vielleicht ist es besser, komplett kaputt zu sein, als jetzt mit sich zu ringen.

15 Minuten später bin ich unterwegs.

Auf der einen Seite ist es schade, dass Ole nicht dabei ist, auf der anderen ist es einfacher, bei den verrückten Übungen mitzumachen, wenn ich niemanden kenne.

Meine Nervosität ist wie die Prüfungsangst früher in der Schule. Aufregung in jeder Zelle, leichte Übelkeit, aber es gibt auch kein Zurück. Ich eile an den Ständen vorbei, sehe dunkle Augen und farbenfrohe Gewänder. Jeder Schritt auf diesem Subkontinent ist ein Erlebnis.

Heilige Kühe, Nagelbretter statt Matratzen, Götter mit Elefantenkopf. Indien macht es einem leicht, ein Kind zu sein. Ich will alles sehen, spüren, aufsaugen, berühren und berührt werden.

Und Tantra?

Wie bei den meisten Ideen, Philosophien und Lebenskünsten aus dem Großraum Indien, liegt auch der Ursprung von Tantra im Yoga. Ein Weg zur Erleuchtung.

Im Tantra ist alles Energie. Egal ob Wut auf den Chef, Traurigkeit, weil die Lieblingsoma verstorben ist, oder Sex. Alles ist Energie, wird eingeladen, gefühlt, gefeiert, gelebt. Tantra hat nichts mit Sexorgien zu tun. Die sexuelle Energie ist ein Phänomen unter vielen, ein Teilbereich, und wird auf andere Weisen geweckt, als durch Ficken oder das Massieren von Geschlechtsorganen. Die Atem- und Körperübungen, allein, zu zweit oder in einer Gruppe, sind unglaublich effektiv. Wenn die Yogaübungen den Körper geschmeidig machen und eine meditative Stille schaffen, dann liegt die Magie von Tantra darin, unbändige Energien zu entfesseln und unbekanntes Terrain zu betreten. Was dort im Inneren schlummert, ist gewaltig. Tantra ist ein mystisches Spiel. Ein Wagnis, eine offene Begegnung mit dem eigenen Wesen. Tantra ist alles und nichts, und genau das macht es so spannend. Was Tantra nicht ist, ist gemütlich. Und deshalb bin ich hier.

Um neun Uhr werden etwa 200 Teilnehmer zur großen Halle geführt, um einzutreten: Menschen, die entschieden haben, ihr Leben der Spiritualität zu widmen, andere wie ich, die Kurse oder Seminare belegen, Erfahrungen suchen, aber nicht so tief in die Szene eintauchen, und Neulinge, die irgendetwas hierhergeführt hat. Eine Sehnsucht, Fragen, Schmerz oder der Wunsch, etwas zu verändern.

Als wir eintreten, verliert all das seine Bedeutung. Egal woher wir kommen oder was wir sind, jeder bringt den Mut mit, auf (s)eine Reise zu gehen.

Mein Herz klopft, ich kenne niemanden. Um uns sphärische Musik. Der dumpfe Beat klingt wie der Puls dieser Gemeinschaft. Es riecht nach Energie, nach Aufbruch, nach Abenteuer. Männer, Frauen, Schüchterne und Starke. Königinnen, Mitstreiter, Tafelritter. Schwarze Augen und lange blonde Haare. Zarte und Harte. Tollkühne und Ängstliche. Hitze breitet sich aus.

Das Mädchen im gelben Bikini hat leuchtend grüne Augen. Sie wippt im Takt. Sie ist wunderschön. Ein indisches Mantra erklingt, ihr Kopf schwingt von rechts nach links. Weitere Krieger treten ein. Einige Lachen. Ein Muskelberg von einem Mann mit schwarzen Locken steht am Rand. In seinen Augen schwimmen Tränen.

Eine Gänsehaut rennt über meinen Rücken. Die Halle füllt sich. Mit Menschen, mit Gefühl, mit Lebensfreude, mit Unsicherheit, mit Furcht, mit Mut, mit Zuversicht. Von allen Seiten, von oben und unten und rechts und links schwirrt Emotion durch mich hindurch. Alle sind fremd, verschieden, auch gleich. Wie viel kann ich vor den anderen enthüllen? Was darf an die Oberfläche? Was will hier gesehen werden? Dürfen die Masken fallen, können wir uns offenbaren, uns zeigen, das, was wir zu Hause kontrollieren oder zurückhalten? Alles in mir ist durcheinander, schon jetzt, Neugierde, Magie, auch Traurigkeit und Ungewissheit. Das Gefühl wie vor einer großen Reise. Es ist mehr Aufregung als Vorfreude und vor allem Schiss.

Vorne reihen sich die Organisatoren auf, davor versammelt sich die Meute, die bereit ist, sich auszuliefern und gemeinsam ins Unbekannte zu ziehen. Jeder Einzelne ist wunderschön. Es berührt mich, diese Menschen zu betrachten. Dann treten die Lehrer ein. Ein alter Mann mit langem grauem Bart schließt für einen Moment die Augen, ein Kribbeln fliegt durch meine Magengegend. Zu ihm will ich gehen. Könnte Gandalf sein, auch wenn er mich mehr an Saruman erinnert.

Die Eröffnungszeremonie beginnt, der Ablauf wird erklärt, alles darf sein. Es geht um Liebe, die allem innewohnende Energie, die Essenz von Tantra. Unsere Gurus stehen nebeneinander und werden vorgestellt. Jeder verliert einen Satz zu dem, was uns erwartet. Ein drahtiger, hochgewachsener schwarzer Yogi ist zu Scherzen aufgelegt. Wir werden uns mit besonderen Frequenzen beschäftigen. Er zwinkert in die Runde. Hariprem, der Alte mit dem grauen Bart, ist genauso neugierig wie wir, da auch er noch nicht weiß, wie wir morgen Vormittag die Herzen öffnen werden. Viele lächeln, er ist hier nicht unbekannt.

Dann sollen wir durch den Raum gehen, die Mitstreiter der kommenden Tage sehen, fühlen, begrüßen. Augenkontakt, Verbindung aufnehmen und uns schließlich zu fünft zusammenfinden. Eine kleine Familie für die kommenden Tage des Tantra-Festivals. Bezugspersonen, eine Vereinigung, die ihr Inneres teilt, füreinander da ist. Und damit geht es los: Family Sharing. Fünf oder sechs Personen setzen sich in einen Kreis, um miteinander zu reden. Es wird geteilt, was jetzt gerade da ist. Jeder soll sich zeigen und gesehen werden. Es geht um das, was sich in uns abspielt. Alles darf sein. Die Sprache kann frei gewählt werden, denn die Geschichte ist zweitrangig. Es zählen das Wesen, die Gefühle, der Augenblick.

In meiner Familie sind vier Frauen und ein älterer Mann. Wir sind uns fremd, aber durch das Zusammensitzen und die gegenseitige Aufmerksamkeit entsteht Nähe. Der ältere Mann beginnt. Er wünscht sich Loslassen und Freundlichkeit. Er vermisst das Gefühl, dazuzugehören im Leben, und hofft, es hier zu finden. Oder nicht mehr suchen zu müssen. Sein Gesicht entspannt, meins genauso.

Die Mädels bringen unterschiedliche Themen weiblicher Natur mit. Da ist prickelnde Neugierde, Lebenslust, aber auch Angst, verzweifelter Trennungsschmerz und Experimentierfreude. Und Frau sein zu dürfen, sich anzulehnen und mal bedürftig zu zeigen. Jede ist einzigartig. Bei der Ängstlichen fühle ich Tränen hinter meinen Augen. Bei denen, die gehalten werden wollen und sich danach sehnen, nicht stark sein zu müssen, spüre ich eine bewegende Authentizität und Ehrlichkeit. Und Mut. Warum sind nicht alle Frauen so? Vermutlich wegen der Gleichberechtigung, die zwar total sinnvoll ist, aber auch immer mehr dazu führt, dass die Frauen in unserer Gesellschaft wie Männer werden. Stark, selbstsicher und kühl. Autark. Schade, wenn das alles ist. Denn wer soll die Welt retten? Sicher nicht die Männer! Oder: sicher nicht die Männer, die in ihrer herzlosen Männlichkeit gefangen sind. Was dieser materialistische, konsumgeile, plumpe Planet braucht, ist Weiblichkeit. Gefühl, Aufmerksamkeit, das Zarte, das Verletzliche, und ich will sie alle nur noch in die Arme schließen.

Als ich an der Reihe bin, fallen plötzlich deutsche Worte aus meinem Mund. Ohne Vorwarnung beschreibe ich meine Scheu, meine Ängste, nicht gut genug zu sein, und dass ich mich oft allein fühle. Traurigkeit steigt in mir auf, ein stilles Beben zwängt sich durch meine Brust. Eben noch Aufbruch, jetzt Einbruch. Aber so ist Tantra. Es passiert. Intensive Momente, während die anderen mir Raum schenken. Aufmerksamkeit, Anteilnahme, auch wenn sie die Bedeutung meiner Worte nicht verstehen. Vielleicht verstehen sie so sogar noch mehr. Ihre Nähe ist fühlbar. Alle verneigen sich, bedanken sich für meine Offenheit, und eine junge Frau sagt in kristallklarem Deutsch: »Das war schön! Ich danke dir.« Sie lächelt.

Ich bin verwirrt, aber es macht sowieso keinen Sinn, sich hinter Sprache zu verstecken. Oder irgendwas.

Wir fallen in eine Gruppenumarmung, sind bewegt von diesem unschuldigen, offenen Einfach-so-Sein. Es ist schön, dass es in der Riesengruppe nun ein paar Menschen gibt, die füreinander da sind. Familie. Nach einer Stunde ist die Eröffnungszeremonie abgeschlossen. In 15 Minuten finden die ersten Sessions in den beiden Hallen statt. Die klare Präsenz und meditative Aufmerksamkeit verwandelt sich in einen Hühnerhaufen. Alle wuseln durch die Gegend, zu ihren Sachen, trinken aus der Wasserflasche, drücken noch flott einen Bekannten, flitzen zur Toilette, gleich geht's los.

Ich entscheide mich für: Dauerorgasmus.

Wir versammeln uns in der vorderen Halle, der Lehrer betritt den Raum. Taozen ist ein schlanker, großer dunkelhäutiger Yogi mit wachen Augen. Sein kahl rasierter Schädel glänzt mit seinen Zähnen um die Wette. Er schaut in die Runde, richtet seine Wirbelsäule auf, schließt die Augen, lässt Stille geschehen, etwas breitet sich um uns, in uns aus. Aufmerksamkeit oder Klarheit oder subtile Energie oder irgendwas. Vielleicht nur Einbildung, aber meine Neugierde wächst. Jetzt und hier sind alle total bereit.

Er begrüßt uns mit einer kurzen theoretischen Einleitung. Der Höhepunkt wird nicht erreicht, er kommt von selbst. Eigentlich ist die Ekstase immer da, nur sind wir voll bis oben hin mit Blockaden, Kontrolle und Verspannung – die man lösen kann. Er lächelt. Der Orgasmus fällt über dich her, wenn du ihn lässt. Eine energetische Explosion oder eine nach der anderen, denn es gibt ein Rezept beziehungsweise vier Zutaten für den Orgasmus:

1. *Breath* (Atmung)
2. *Sound* (Geräusch)
3. *Movement* (Bewegung) und
4. *Sensation* (Empfindung).

Schön. Vier Schritte. Kein Hexenwerk, sondern ein einfaches Handbuch zum Dauerorgasmus. Meditation statt Blowjob, und Höhepunkt nicht nur in den Kissen, sondern auch beim Parkspaziergang. Vier Punkte, aufgelistet wie in einem »Brigitte«-Artikel. Mehr braucht es nicht. Er grinst. Die Halle ist mit über hundert Menschen gefüllt. Eine Pause entsteht, niemand rührt sich. Wir haben verstanden, aber wissen auch nicht, wovon er spricht.

Es folgt eine Übung, in der wir, jeder für sich, die vier Aspekte praktizieren. Taozen nimmt ein Mikrofon, leitet an, und hundert Menschen werden zu einer zunächst nur atmenden, dann stöhnenden, sich räkelnden, wilden Meute. Der Raum wird wach, Feuer entsteht, es prickelt in der Luft und in den Menschen. Die plötzliche Intensität ist überall, die Gruppe lechzt, alles ist heller, heißer, näher, vibriert. Nach zehn Minuten spricht er uns in eine Entspannungsphase, die sich nach der glühenden Raserei wie ein stiller Ozean in mir ausbreitet.

Taozen lächelt, während wir uns sammeln, den Schweiß von der Stirn reiben und wieder aufrecht hinsetzen. Wir haben noch gar nicht angefangen.

Er fragt nach einem Freiwilligen. Hände schießen in die Luft, eine junge Frau aus der dritten Reihe wird auserwählt. Sie ist etwa dreißig Jahre alt, hat schulterlange Locken, helle Haut, trägt ein dunkles Top und eine knielange schwarze Stoffhose.

»*What's your name?*«
»*Leila. From Poland.*«
»*Leila, are you ready for an orgasm?*«
Sie kichert. »*Yes.*«

Taozen zieht die Augenbrauen hoch: »*Then, come here and lay down ...*«

Sie legt sich auf den Rücken. Taozen kniet vor ihr, blickt in die Runde und erklärt die Rollen. Bei dieser Übung gibt es einen Giver und einen Receiver. Der Giver gibt. Sonst nichts. Er erfreut sich nicht, er genießt nicht, er ist nicht stolz auf die Effekte. Er dient, ohne zu empfangen. Respektvoll. Ohne Erwartung. Ohne Lohn. Er gibt. Ehrlich. Selbstlos.

Der Receiver entdeckt sich selbst. Seine Aufgabe besteht darin, nur zu nehmen. Hier wird nichts vorgetäuscht, damit sich der Giver besser fühlt, oder eine Reaktion vorgespielt. Der Receiver kümmert sich nur um sich. Er atmet, er bewegt sich, er macht Geräusche und nimmt *Sensations* wahr. Taozen schaut von einem regungslosen Gesicht zum nächsten. Es ist so weit. Er blickt vor sich: »*Ready?*«

Leila nickt.

Taozen badet in Aufmerksamkeit, betrachtet sie freundlich, flüstert zu ihr hinab: »*You are safe, please close your eyes.*«

Eine stille Minute dient der Entspannung, dem Finden der Ruhe, dem Vertrauen, dann spricht er für alle hör- und sichtbar laut und bestimmt zu ihr:

»*Relax and breathe. Move and make sensitive sound out of your hips. And explore all the sensations.*«

Die Probantin räkelt sich, seufzt und atmet.

»*Pleasure. Pain, pleasurable pain and painful pleasure. Open your mouth.*«

Leila folgt seinen Anweisungen, der Rest des Raums wagt keine Bewegung.

Taozen atmet langsam aus.

»*Okay, let's give it a go ...*«

Er hebt seine Hände vor seine Brust. Leilas Atmung wird sofort intensiver. Er führt seine Handflächen in einem Abstand von circa dreißig Zentimetern über ihren Körper, streicht durch die Luft, und plötzlich stöhnt sie auf, als hätte jemand den Startknopf gedrückt. Unglaublich.

Ein Youtube-Video schießt in meinen Kopf.[1] Fake. Garantiert. Ole war begeistert. Ein Typ umgarnt die Aura einer Frau, ohne sie zu berühren, und die flippt völlig aus. Ich hab's gesehen. Ich hab's nicht geglaubt. Fake! Auf j-e-d-e-n Fall.

Alle Blicke sind auf das Zentrum gerichtet. Leila schlägt die Beine übereinander, ihr Bauch verkrampft, sie spannt die Schultern an.

»*Breathe*«, befiehlt Taozen.

Leila atmet aus, und plötzlich wird sie erfasst.

---

[1] https://www.youtube.com/watch?v=UkrOecMoIWs

»Ah, Aahh, AAAahh, AAAAHHH.« Sie stöhnt laut und heftig. Taozen hält beide Hände im selben Abstand über ihrem Bauch, woraufhin ihr Magen zuckt und ihre Hüfte nach oben schießt. Taozen wirkt unbeteiligt, schaut uns an, spricht wieder: »*Move a little and feel the sensations!*«

Leila lässt los, reibt die Knie ineinander, genießt, windet sich zur Seite. Die Frau ist im Rausch, liegt taumelnd auf dem Boden, brennt. Das Schauspiel ist unfassbar. Man fühlt die Energie, das Unmögliche geschieht direkt vor unserer Nase. Einige drängeln, andere stehen auf, wollen keine Millisekunde verpassen, wollen jeden Zweifel an diesem Weltwunder zum Teufel schicken.

Taozen ist zentriert, voll da und wie ein Fels mit dem Boden verbunden. Leila ringt nach Luft, was ihn nicht sonderlich beeindruckt. Dann zieht er amüsiert die Augenbrauen hoch, hebt eine Hand, Leila fällt in einen kurzen Moment der Erholung, keucht. Taozen führt Zeige- und Mittelfinger zusammen, hebt sie wie ein Schwert an und lächelt: »*Now, watch this.*«

Er bewegt seine beiden Finger auf ihren Oberkörper zu und berührt ihren Solarplexus, ein paar Zentimeter unterhalb des Brustbeins. Im selben Moment jagt ein Stromstoß durch Leilas Leib. Sie reißt ihre Hüfte hoch und die Arme über den Kopf.

»OOOOHHHH.«

Ein Urschrei verlässt ihren Körper. Sie windet sich in kochendem Vergnügen, spannt Arme und Beine an, wölbt die Brust. Ein epileptischer Anfall ist nix dagegen.

»*MOVE!*«

»Aaaaaahhhhh.« Sie entspannt. Erleichterung ergießt sich über ihr Gesicht, meine Schultern sinken herab. Dann wird sie von der nächsten Welle erfasst. Sie fährt sich durch die Haare, zieht die Beine an, stöhnt versaut, reckt sich in ein Hohlkreuz, steht völlig unter Strom. Taozen betrachtet sie interessiert, aber nicht sonderlich überrascht, während wir auf das achte Weltwunder starren. Er schaut durch unsere Runde. Seine Finger drücken auf diesen unschuldigen, nichtssagenden Punkt. Vor ihm, wie auf Autopilot, windet und zuckt Leila, als wenn sie von einer magischen Geilheit elektrisiert wird, nein, der Schöpfer, die Existenz selbst sie mit reiner Energie penetriert.

Der Yogi wartet ein paar Augenblicke in Seelenruhe ab. Dann blickt er auf.

»There are more pressure points.«

Er hebt die Hand an und greift mit Daumen und Zeigefinger an ihren Hals, nahe der Halsschlagader. Im Moment der Berührung zuckt Leila zusammen und beginnt lauter und heftiger zu stöhnen. Und schneller. Etwas bäumt sich in ihr auf, plötzlich schreit sie, als würde sie von einem unsichtbaren göttlichen Schwanz durchdrungen. Die Frau ist in Ekstase. Der ganze Raum gehört ihr, sie ist absolut nicht mehr in dieser Welt.

Taozen derweil locker und entspannt. Herzlich willkommen in der Matrix.

Der nächste Punkt liegt an den Rippenbögen. Leilas Brust bäumt sich auf; sie kämpft, windet sich von rechts nach links, reißt die Unterarme an den Kopf. Ich habe keine Ahnung, ob ich mich für sie freuen soll oder einen Krankenwagen rufen.

»A! Aah!! Aah, AAAOOHH, AAAAAAAHHH!!!« Sie ringt nach Luft, schreit, stöhnt, wirft sich von links nach rechts und weiß schon lange nicht mehr, wohin.

Das unfassbare Schauspiel dauert an, geht weiter und weiter und weiter, wird noch krasser, Minute um Minute, die die schönsten und heftigsten Augenblicke in Leilas Leben zu sein scheinen. Die Intensität ist nicht zu fassen. Plötzlich reißt Leila den Kiefer auf und Taozen steckt ihr, weil ein weiterer Energiepunkt am Gaumen liegt, mit einer überraschenden Bewegung seinen Daumen in den Mund. Meiner steht sperrangelweit offen. Leila packt mit beiden Händen seinen Unterarm, krallt sich in seine Haut, wuchtet ihre Hüfte hoch, dann den Brustkorb, zuckt, reißt sich ins Hohlkreuz und wird von einer letzten Orgasmus-Explosion heimgesucht.

Stille.

Leila liegt schlaff auf dem Boden, atmet, zittert, keucht. Letzte Zuckungen streifen durch ihren Körper.

Taozen zieht seinen Finger aus ihr heraus, also aus dem Mund, und streichelt ihr sanft über den Kopf.

Langsam kehrt sie zurück, ihr Atem wird ruhiger. Taozen blickt sie an, gibt ihr Zeit. Sie versucht, sich zu bewegen, aufzurichten. Zart berührt er ihre Schultern, damit sie liegen bleibt. Sie entspannt. Er lächelt sie an.

»*How are you?*«

»*I love you!*«

Taozen blickt in die Runde, zieht die Augenbrauen hoch. Er ist der King.

Wir sinken zurück, sind sprach-, nein, fassungslos. Dann erklärt er, dass dies eine energetische Katharsis war. Eine Reinigung. Fragen können gestellt werden. Niemand weiß irgendwas.

»*And you?*«, er schaut Leila an.

»*This was the greatest orgasm I ever had!*«

»*WITHOUT SEX!*«, ruft Taozen begeistert in die Runde.

Leila versucht zu erklären. Sie kann es nicht. Es war wie Sex, aber auch wieder nicht. Die Energie war überall, in allen Ecken, in den Lenden, gewaltig, beängstigend, unbeschreiblich. Hell wie Feuer, mächtig wie ein Vulkan. Und alles voller Liebe.

Taozen blickt in die Augen der anwesenden Damenwelt:

»*Who wants next?*«

Tausend Arme fliegen in die Luft.

Im Anschluss spricht Taozen über Yoga und Tantra und 3.000 Jahre alte neueste Erkenntnisse im System Mensch.

Einer der Männer fragt: »*So, was this a positve result?*«
Taozen runzelt die Stirn.
»*You mean, if I go home now and say to myself, ›well done‹?*« Er schmunzelt. »*Well, yes!*«
Alle lachen.

Beim Mittagessen kommen alle zusammen, reden durcheinander. Es wird gescherzt, geflirtet, sich ausgetauscht. Kennenlernen, alle im Flow und auf der Suche nach Chakren, Energie und Pipapo. Erfahrungsberichte, Socializing, und natürlich muss immer hervorgehoben werden, wie viele und welche Seminare man erlebt, welche großen Meister man getroffen hat. Ich mag dieses Aufplustern nicht und mache einen Strandspaziergang. Allein.

Am Nachmittag suche ich mir Tantra-Connection aus. Als ich mit der Gruppe zur Halle wandere, fühle ich mich wie ein blinder Passagier, wie ein Fremdkörper, und das liegt sicher auch daran, dass ich in der Mittagspause keine Kontakte geknüpft habe. Leider ist niemand von meiner *family* dabei. Niemand, den ich kenne. Es ist unklar, was in den kommenden zwei Stunden passieren wird. Die Luft ist heiß, ich schwitze. Nicht nur wegen dieser Mittagshitze. Ich setze mich in die letzte Reihe. Ein Mädchen mit roten Haaren nickt mir zu, und ein unsicherer Typ hockt sich neben mich. Dann geht's los.
  Eine Frau mittleren Alters in dunkelgrünen Hosen und schwarzem Top schnappt sich das Mikrofon. Sie erzählt mit ruhiger Stimme. Diese zweite Session ist mehr eine Vorlesung als ein Erlebnis. Sie ist interessant, aber beinhaltet auch nichts Neues. Es geht um Bewusstsein. Das Loslassen von Vergangenheit und Zukunft, um die Befreiung im Moment zu finden. Im Hier und Jetzt gibt es keine Sorgen, keine Ängste und keine Erwartungen. Was bleibt, ist nichts. Pures Sein.

In der zweiten Stunde folgen die Übungen. Wir starten mit fünfzig zusammenhängenden Atemzügen. Das bedeutet, dass keine Pause zwischen Ein- und Ausatmung entsteht. Danach Stille. Fünf Minuten, in denen wir fühlen, was sich in unserem Körper abspielt. Dank der Vorübung und der unbemerkten Überdosis Sauerstoff, ist da jede Menge. Ein Kribbeln, ein Glucksen, als ob sich kleine Bläschen lösen. Alle verharren in Aufmerksamkeit und Konzentration, eine entspannte Stille ergreift Besitz von mir.

Dann sucht sich jeder einen Partner. Beim Eye Gazing schaut man einer fremden Person zehn Minuten in die Augen, umarmt sie abschließend und findet eine neue Person. Insgesamt viermal. Der Klang der Zimbel läutet den Partnerwechsel ein.

Eye Gazing kenne ich. Jede Begegnung ist anders. Begegnungen mit Männern sind anders als mit Frauen. Jeder Mensch hat eine Eigenart. Mal schießt ein Schwall Trauer durch meine Seele, weil ich den Schmerz meines Gegenübers sehen kann, mal keimt verspielte Erotik auf und manchmal Geschwisterliebe. Manchmal wird es unheimlich, weil Gesichter auftauchen und das Gegenüber plötzlich wie eine alte Frau oder ein Indianer aussieht. Ich habe keine Ahnung, was diese Optik zu bedeuten hat, was im Unterbewusstsein diese Bilder fabriziert, aber es fasziniert mich.

Manchmal fühle ich Erwartungsdruck, weil ein großer Zauber passieren muss. Das ist schließlich Tantra hier. Ich will das Ereignis mehr für den anderen als für mich. Ich will gut genug sein, nicht seine Zeit stehlen, einen heiligen Moment mit ihm erschaffen. Und ja, ich wüsste so gerne, was mein Gegenüber sieht, in mir, mit mir, aber hier lässt sich nichts erzwingen. Es ist besser, zu entspannen. Ziellos zu sein. Dann beginnen irgendwann die Phänomene.

Ich liebe den etwas ungelenken blonden Jungen, der vor mir sitzt. Er ist Mitte 20, wirkt verunsichert, aber ist damit total authentisch. Schön. Furcht liegt in der Luft. Bei ihm, bei mir, ich weiß es nicht, aber jetzt haben wir die Connection. Wir lassen sie da sein, wir versinken darin, umarmen uns nach den zehn Minuten, wir Brüder.

Bei der Frau danach ist es Spielerei, ein Zwinkern, ein Lächeln, mit dem ich nichts anfangen kann. Sie scherzt, zeigt eine Maske anstatt ihr Inneres. Wohin wird diese Reise gehen? Sie lenkt ab – steige ich darauf ein, oder ist da noch mehr? Ich starre in ihre dunkelblauen Augen, ihr Gesicht verschwimmt, plötzlich taucht eine Unsicherheit darin auf. Etwas geschieht. Etwas Gutes! Vielleicht Wahrheit, denn wir finden uns. Natürlich wacht hinter der bröckelnden Fassade auch die Angst, nicht zu gefallen. Entlarvt zu werden, denn der Blick in die Augen ist das Tor zur Seele. ›Gesehen zu werden‹ ist ein Wagnis, denn es ist uns peinlich, wenn der andere die Muster erkennt, bevor wir selbst sie realisieren. Zuerst habe ich ihre Spielerei erkannt, sie ertappt, nun sehe ich ihre Unsicherheit. Was sieht sie? Was fühlt sie? Ohne Maske spielt das keine Rolle, denn jetzt spüre ich ihr Wesen. Oder meins. Ich verstehe ihre Unsicherheit, weil sie meiner so ähnlich ist. Und das sieht sie. Sie entspannt, kann sein, muss sich für gar nichts schämen oder irgendetwas anzetteln, weil es reicht, dass wir hier voreinander sitzen und uns begegnen.

Die Unsicherheit wird zu Freundschaft, wird Geborgenheit. Ihr Vertrauen in mich schenkt mir Zuversicht. Unsere Verbindung ist jetzt zart und schön, eine subtile Weite taucht auf. Die fremde Frau ist offen wie ein Tagebuch, nah, ich selbst auch. Und plötzlich ist da etwas. Wie ein Lächeln, das zwischen uns durch die Luft segelt. Als nach zehn Minuten plötzlich die Zimbel erklingt, grinsen wir und schütteln mit dem Kopf. Die Umarmung ist sanft und innig, der abschließende gemeinsame Moment unglaublich intensiv. Wir werden belohnt, weil wir uns eingelassen haben.

Ich habe das Gefühl, dass ich meine vier Partner, aufgrund der Erfahrungen in der letzten Stunde, seit Ewigkeiten kenne. Das tut gut. Vor allem auf diesem Festival. Dabei ist Eye Gazing ein Werkzeug. Die offene Begegnung, die Nähe zu einem Menschen, ist ein Weg, um voll und ganz und so was von da zu sein. Mehr zu spüren, weniger die Vergangenheit zu erinnern oder an die Zukunft zu denken und so im Augenblick anzukommen.

Deshalb, erklärt die Gruppenleiterin, ist Spüren und Empfindung wichtig.

Bewusstsein mit allen Antennen. Die Gnostiker zum Beispiel beschreiben nicht nur fünf Sinne, sondern zwölf. Zwölf Antennen.[2] Wie viele natürliche Antennen, wie viel Gespür verkümmert, weil sich der Mensch auf Technik verlässt, weil er der Rationalität die Totalgewalt über das Leben lässt. Dann wird alles im Leben von dem Geplapper in unserem Kopf bestimmt.

Stille entsteht. Ihre Worte hallen nach.

Wir sitzen im großen Kreis. Einige habe ich im intensiven Augenkontakt kennengelernt, und die anderen gehören dazu. Oder ich gehöre zu den anderen. Auf einmal sind wir eine Gemeinschaft. Wir betrachten uns, schließen nochmals die Augen, spüren, was da ist. Zwischen uns, um uns. Ist menschliches Bewusstsein oder Emotion oder Zuneigung messbar? Oder sind diese subtilen Aspekte der Existenz nur mit den geheimen menschlichen Antennen zu empfangen. Die Gruppenleiterin hält die Präsenz noch eine Weile, bevor wir die Halle verlassen werden. Sie gibt uns eine Hausaufgabe: Bleibt in dieser Aufmerksamkeit. Verfallt nicht in die Spiele und Muster, sondern spürt den Augenblick. Er ist alles, was es gibt.

In der Zeit nach dem Abendessen bis zur abschließenden Tanz-Session nehme ich an einer Männerrunde teil. Ein junger Skandinavier lädt ein. Er heißt Oscar, ist 34 Jahre alt, trägt einen gut gestylten Fünf-Tage-Bart und eine Lederweste. Wir sitzen zusammen im Sand.

---

2 Dazu gehören die fünf bekannten Sinne: Sehen, Hören, Fühlen (Tastsinn), Schmecken, Riechen und darüber hinaus: Intuition, Hellseherei, Telepathie, Hellhörigkeit, Polividenz, Erinnerung an vergangene Leben und Astralreisen.

Es ist etwas besonderes, wenn Männer in einem geschützten Raum zusammenkommen. Wenn Offenheit da ist, Verbundenheit entsteht und wir statt zu Konkurrenten zu Brüdern werden. Es tut gut, sich nicht zu verstecken mit den Qualitäten des männlichen Wesens, die häufig kleingehalten werden. Eigenschaften, die nichts in einer kultivierten Gesellschaft zu suchen haben, die roh sind, die bedrohlich aussehen, die zu viel sind. In einer unterstützenden Gemeinschaft sein zu dürfen, was Mann ist, ist wie Befreiung. Es ist Ehrlichkeit gegenüber unserer Natur.

Diese Runde allerdings ist an Peinlichkeit kaum zu überbieten. Oscar, der Gruppenleiter, erzählt uns stolz davon, wie sich sein Leben verändert hat, seit er keine Pornos mehr guckt, und wie man Frauen anspricht. Er nennt seine besten Sätze. Der Typ neben mir macht sich Notizen. Großartig: auswendig gelernte Parolen, die Frauen von unserer Spontanität und Echtheit überzeugen. Dann doch lieber stottern.

Als wir uns gegenüber aufstellen sollen, will ich nur noch weglaufen, denn die eine Hälfte spielt jetzt die Damen, die andere die Casanovas, die dem anderen Geschlecht entgegentreten.

Hier geht es nicht um Männlichkeit oder um das, was wir in modernen Gesellschaften unterdrücken sollen. Die wilde Natur. Die Lust. Das Ungezügelte. Die Kraft, aber auch die Verletzlichkeit. Jeder Mann ist voll davon. Das ist seine Schönheit. Hier jedoch geht es um das Aufführen einer komischen Rolle, um den Damen zu gefallen. Um ihnen siegesgewiss gegenüberzutreten, um spirituelles Eis am Stiel, um Proben, ums Verbessern von Erfolgsaussichten, und sicher gibt es auch dafür eine Berechtigung, aber ich bin froh, als ich diesen peinlichen Zirkus inklusive Homo-Anbagger-Rollenspiel nach schier endlosen fünfzig Minuten hinter mir habe. Oscar rät zum Schluss, die erlernten Techniken gleich heute Abend anzuwenden. Morgen werden wir uns darüber austauschen. Er blickt auf seine Truppe, klopft seinem Nebenmann auf die Schulter. Ich hoffe nur, dass mich niemand mit ihm sieht oder in Verbindung bringt.

Zum Abschluss des ersten Tages strömen die Teilnehmer des Tantra-Festivals in die große Halle zur Buddha-Disco. Wilder Tanz, alle lassen sich gehen, jubeln, feiern Bewegung, den Tag, die Musik. Da meine Beine vom gestrigen Drum-Zirkel schwer sind, laufe ich um die erste Halle herum zur zweiten. Der Love Room öffnet seine Pforten. Kerzen, Kissen, sanfte Musik, Zeit zum Alleinsein, Zeit für Zweisamkeit, zum Atmen, Meditieren, Kuscheln oder Schmusen. Wie immer ist alles erlaubt. Nichts muss, alles darf passieren. Vorstellungen und Konzepte werden am Eingang abgegeben. Vertrauen, fühlen, geschehen lassen.

Eine Gruppe hält im Love Room ihr Family Meeting ab. Sechs Personen. Sie teilen Erfahrungen des Tages, Gefühle, Widerstände. Damaokaia ist ein Typ Anfang zwanzig, mit tief dunkler Stimme und einer großen Wikingertätowierung auf der Brust. Seine Freundin hat dunkles, wildes Haar. Sie sind ein unfassbar lebendiges Paar, wir haben vorhin zusammen gegessen. Sie liefern sich dem spirituellen Weg total aus und scheuen keinen Schmerz. Sie wollen sich ihren Dämonen stellen, ihre Eifersucht und ihr sexuelles Verlangen akzeptieren, schwach sein dürfen. Ihr Mut, sich allem zu öffnen, ist inspirierend. Das gegenseitige Vertrauen wird immer wieder auf die Probe gestellt und bekommt so die Gelegenheit, über sich hinauszuwachsen. Die Intensität ist manchmal zermürbend, aber sich fallen lassen zu können ist für die beiden das größte Geschenk: ein anderes, ein offenes Beziehungskonzept. Dennoch frage ich mich, ob die beiden von ihrem Umfeld und ihren Ansichten dazu gezwungen werden, weil eine normale Beziehung, in der es Kompromisse gibt und Genügsamkeit, ihnen nicht spirituell genug ist. Die vier anderen kenne ich nicht, aber die Gruppe wirkt wunderbar vertraut.

Außer der Sechsergruppe liegt in einem kleinen Berg aus Kissen noch Katarina, eine hübsche, sehr weibliche Russin, der ich vormittags am Eingang zu Taozens Session über den Weg gelaufen bin.

Ich setze mich ein wenig abseits in den Love Room, weil ich weder das Meeting noch Katarinas Entspannung stören möchte, und sehne mich nach Zärtlichkeit. Nach Vertrautheit. Typisch Tantra, denn es wird etwas genährt, das sich nach Nähe sehnt.

Katarina ruht in ihrer Mitte. Ihr Kopf liegt auf einem Meer aus kleinen, quirligen Locken, ihr Brustkorb hebt und senkt sich wie in Zeitlupe. Ihre Gesichtszüge sind gelöst, süß, doch sofort kommt mir ein Gedanke, der mich häufig aufsucht:

Ich möchte ihr nicht zu nahe treten, ihr den Raum lassen, den sie braucht.

Oder würde sie sich freuen?

In meinem Bauch waltet eine verrückte Sorge. Vielleicht fürchte ich auch die Zurückweisung. Aber wenn nicht auf einem Tantra-Festival die Komfortzone verlassen und etwas wagen, wo dann? Es geht nicht nur um ihre Privatsphäre, das ist vielleicht sogar nur ein Vorwand in *meinem* Kopf. Es geht darum, mich meinen Ängsten und Widerständen zu stellen, denn eins ist klar: Ich hab Schiss.

Nach einer Weile verlässt die Gruppe den Raum. Wir sind allein.

Do one thing every day that scares you!

Ich erhebe mich, schleiche zu Katarina herüber. Auf halbem Weg wundere ich mich, weil ich gar nicht mitbekommen habe, irgendeine Entscheidung gefällt zu haben. Ich setze mich zu ihr. Sie schaut auf, lächelt mich glücklich an und schließt ihre Augen. Ich lege meinen Arm um sie, wir meditieren zusammen.

Nach einer Weile öffne ich die Augen. Katarina ist voll da, aber auch irgendwo weit weg. Sie wirkt wach und präsent.

Während die Ereignisse des Tages vor meinem geistigen Auge vorbeiziehen, streichele ich über ihren Kopf. Sie schmiegt sich in meine Hand, genießt die Zärtlichkeit. Ich bin der Giver.

Nach ein paar Minuten hebe ich meine Hand in die Luft und fahre ihre Aura entlang. Sie räkelt sich voller Genuss. Ohne jeden Körperkontakt. Ich schmunzele: Alle verrückt in diesem Land. Dann reibt sie ihre Oberschenkel aneinander, ihr Atem rauscht. Sie öffnet den Mund, atmet, macht ein Geräusch, bewegt sich, die Augen sind geschlossen. Ich fühle den Raum zwischen meiner Hand und ihrem Körper, gleite mit dreißig Zentimetern Abstand über ihre Scham, zu den Oberschenkeln, den Knien und wieder hinauf zum Bauch. Ein Keuchen verlässt Katarinas Lungen. Ich spüre ihren Brustkorb, ihren Kopf, ohne ihn zu berühren, dann lege ich Zeige- und Mittelfinger auf ihren Solarplexus. Im Moment der Berührung beginnt ihr Körper zu zittern. Sie keucht, ihre Hüfte zuckt, ihr Atem strömt stoßweise durch den Mund. Der Kontaktpunkt ist minimal, total subtil, aber er geht tief, wird warm, ist unzertrennlich. Als wenn Strom durch meine Finger in sie hineinfließt. Ich beobachte, was mit Katarina geschieht, und das ist nur unmöglich. Direkt vor meiner Nase, einfach nur unmöglich. Großartig. Es zuckt in ihr, die Intensität wächst, wird gewaltig. Als ich meine Hand löse, ergießt sich ein Hauch Entspannung über sie, und sie zerfließt in gleichmäßige Erregung. Sinnliche Geräusche entschwinden ihrem Mund. Ich bin bereit für den nächsten Schritt, bin wohl jetzt ein Sex-Guru. Ich habe aufgepasst, also lege ich Daumen und Zeigefinger an ihren Hals ...

»AAAHHAAHHHH!!!«

Zum Glück sind wir allein, denn sie stöhnt so heftig, als würde wild gefickt. Die nächste Welle bricht über sie hinein. Sie bebt, vibriert, keucht, windet sich. Ich kann das alles gar nicht glauben und blicke mich um. Niemand hier. Ich muss das Ole erzählen. Aber erst mal will ich wissen, wo das jetzt alles hinführt!!!

Als ich nachts in unserer Hütte ankomme, ist Ole noch wach. Er liest, ist nicht mehr ganz so blass und sieht eigentlich ganz brauchbar aus. Gut, denn es gibt einiges zu besprechen. Das glaubt mir doch keiner! Ole ist wahrscheinlich der Einzige im ganzen Universum. Eine Tasse Tee dampft auf seinem Nachttisch, neben einer Packung Salzstangen und einem Glas, in dem ein letzter Rest Coca-Cola schwimmt.

Ich berichte, er fragt nach allen Einzelheiten, ist morgen mit dabei. Mit tausend Grad Fieber oder Übelkeit, ganz egal. Nach zehn Minuten bin ich durch und schnaufe. Packe das alles nicht.

Ole blickt mich mit großen Augen an: »Und dann seid ihr zu ihr und habt richtig guten Sex gehabt?«

»Leider nein. Wir sind Hand in Hand am Strand entlanggelaufen, sie hat mir erzählt, wie sich die Energie angefühlt hat, wie intensiv, wie geil, wie die Energie durch mich hindurch in sie hineingeströmt ist. Sie konnte meinen Energiekörper sehen, war begeistert von meinen, na ja, außergewöhnlichen energetischen Fähigkeiten. Sie arbeitet wohl viel mit Energie. Und sie konnte nicht glauben, dass ich gar nix davon mitbekommen habe, was da geschehen ist.«

»Du warst der Giver. Wie ging's weiter?«

»Als wir bei ihrer Unterkunft angekommen sind, war irgendwie klar, dass da nix läuft. Wir haben uns umarmt, wie Freunde, wie spirituelle Liebhaber. Dann ist sie glücklich schlafen gegangen. Ohne mich.«

»Immerhin bist du jetzt ein Guru. Und du musst mir unbedingt beibringen, wie das geht.«

Ich wache auf, drehe mich zur Seite, sehe die Dämmerung, höre Stille und den frühen Morgen. Es ist noch Zeit. Alles an diesem Tag ist ungewiss, aber das hat eine schöne Seite. Eine knappe Stunde später summt der Wecker. Wir machen uns fertig, Ole geht es passabel. Nach dem Frühstück laufen wir zum Love Center.

»Love Temple!!!«

Natürlich gehen wir zu Hariprem. Die Halle ist zum Bersten gefüllt. Ein paar bekannte Gesichter, alle nicht mehr ganz so fremd. Ich atme aus. Ole erkämpft sich einen Platz mit bester Sicht. Ich bleibe am Rand. Die Leute sitzen dicht gedrängt auf dem Boden, quatschen, dehnen sich oder sitzen in Stille. Um neun Uhr betritt Hariprem mit seiner Frau Kaulika, einer heiligen Peruanerin, die

Halle und schreitet nach vorn. Er ist groß, hat sehr helle Haut, trägt ein weißes Gewand, der graue Bart schwebt über seiner Brust. Sie nehmen Platz, er schaut durch die Reihen, fühlt den Augenblick. Etwas umgibt ihn, eine Ruhe, eine Gewissheit, die das Geschnatter im Raum erlöschen lässt. Seine Präsenz ist fühlbar. Neben ihm seine Frau, sie legt ihre Hand auf seine Oberschenkel, er legt seine auf ihre. Er blickt sie mit großen Augen an, als wenn er sie noch nie gesehen hätte. Sie sind in diesem Moment die einzigen Menschen in dieser Halle. Nein, auf dem Planeten. Er verehrt sie wie eine Königin. Sie schauen sich an, verliebt wie Teenager. Er schmunzelt und richtet, als ob er sich erinnert: Da war noch was!, den Blick zurück zu uns. Seine Bewegungen sind langsam, sie schweben. Er erlebt jeden Millimeter. Total. Jemand reicht ihm ein Mikrofon. Eine kindliche Neugierde wohnt in seinen Augen. Und Vertrauen. Er wartet darauf, dass etwas passiert. Er wartet, ohne zu warten. Ohne Eile. Ohne Idee. Dann entstehen Worte, die durch seinen Mund über das Mikrofon zu uns gelangen.

»Wir sind umgeben von den Elementen. Sie spielen mit uns. Es sind vier, aber jedes Element ist auch die Liebe.«

Er beschwört die Elemente herauf.

»Feuer.« Ein Schmunzeln huscht über sein Gesicht.

»Erde.« Sein Körper ist vollkommen aufgerichtet und verwurzelt.

»Wasser.« Sein Atem fließt, die Arme in sanfter Bewegung.

»Luft ...«, eine Entscheidung ergreift von ihm Besitz, »... aber heute ist es Wasser!«

»Feuer ist wild, ungezügelt, es brennt. Erde ist unverrückbar. Sie ist unser Fundament. Luft ist leicht, sie schwebt, sie wandert mit uns in ungeahnte Sphären, aber wir werden heute das Eis in unseren Herzen mit Wasser schmelzen lassen.«

Eine süße Traurigkeit wandert aus meiner Brust in meine Augen. Eine Träne kullert über meine Wange. Wo kommt das denn her? Wieso werde ich traurig, nur weil ein Typ mit langem weißem Bart ein paar abstrakte Sätze spricht? Wie lange habe ich nicht mehr geweint? Und jetzt: keine schlechte Nachricht wie der Tod eines Familienmitglieds oder das Ende einer Liebe, nichts, was Kummer bringt. Vielleicht sind es die Worte, vielleicht dieses subtile Unbeschreibliche in dieser Halle. Aber etwas in mir löst sich. Ich blicke wieder nach vorne. Dieser Mann strahlt so viel Frieden aus.

Wir sollen uns bequem und aufrecht hinsetzen. Äääh, was denn jetzt: bequem oder aufrecht? Na ja, jetzt keine Haare spalten, also schließe ich die Augen, denn Hariprem wird uns in eine Meditation geleiten.

»Lasst den Atem wie das Wasser fließen. Wasser läuft den Berg hinab, so wie ihr ausatmet, und strömt wie ein starker Fluss, wenn der Atem den Körper füllt. Fühlt die Kraft des Elements. Nichts kann das Wasser aufhalten. Lasst es fließen, lasst es wie einen Wasserfall in die Tiefe stürzen und lebendig sprudeln, während es seinen Weg beschreitet.«

Alle beginnen zu atmen, einige seufzen, andere stöhnen. Ich fühle, wie meine Brust sich wölbt und senkt, fühle die unbändige Kraft der Atmung.

»Intensiviert den Fluss! Wasser ist die Quelle des Lebens. Sprudelt!«

Seine Worte treffen mich. Unmittelbar. Im Körper. Der Raum um mich herum bebt, die Menschen werden größer. Alles ist nah. Dann wird die Halle zu einem brausenden Sturm. Hariprem peitscht uns an. Es wird laut, bis alle durch einen wilden Rausch in eine hyperventilierende Ekstase gespült werden.

Nach dem chaotischen Aufbau der Energie kehrt Ruhe ein. Jeder schaut in sich hinein. Atmet ein in das erste Chakra, schließt den Kanal, in dem die Beckenbodenmuskulatur angespannt wird, und zieht die Atmung hinauf ins Herz. Mit dem Ausatmen loslassen und die Energie an die Erde abgeben. Dann wieder von vorne. So öffnen wir unsere Herzen.

Was ein Quatsch! Aber die Empfindungen in mir sind unbeschreiblich. Ich fühle Wasser, ich fühle Kraft, ich fühle etwas, das an Liebe erinnert.

Wir kommen zur Ruhe, die Partnerübung kann beginnen.

Die Shivas, also die Männer, bilden einen großen Kreis, in dessen Mitte sich die Shaktis, die Frauen, stellen. Die weibliche Energie im Zentrum, das Männliche darum. Wir stehen uns gegenüber und haben unsere Partner gefunden. Vor mir steht eine bildhübsche Italienerin mit dunkelroten Lippen. Ihr Lächeln ist genauso unsicher wie meins. Das verbindet, schafft Nähe. Wir werden das Kind schon schaukeln.

Hariprem leitet an. Wir stehen stabil, mit gutem Kontakt zum Boden etwa einen Meter auseinander, und blicken uns in die Augen. Ihre Augen sind dunkel wie Ebenholz. Ich versinke darin, lange bevor es losgeht. Durch das Mikrofon wird das Vorgehen erklärt: Wir atmen entgegengesetzt. Während ich sexuelle Energie aus dem ersten Chakra ausatme, nimmt Shakti, also die Italienerin, diese mit der Einatmung in sich auf. Sie leitet meine Energie aus dem Beckenboden nach oben und verwandelt sie in Herzenergie. Mit der Ausatmung breitet sie die Arme in meine Richtung aus, und ich nehme, während ich einatme, ihre Liebe in mein Herz auf. Von dort wandert diese Energie hinunter. Ich atme aus und schiebe sexuelle Energie in ihr Beckenboden-Chakra. Dabei drücke ich meine geöffneten Handflächen in Ihre Richtung und unterstütze den Fluss, indem ich mein Becken nach vorne schiebe. Sie empfängt in ihren Lenden mit der Einatmung, nimmt die Energie in ihrem Sex-Chakra auf und transformiert sie auf dem Weg nach oben in Herzenergie, um diese mit dem Ausatmen wieder zu mir zu lenken. Bei dem so entstehenden Kreislauf blicken wir uns tief in die Augen.

Okay. Nix mit »Hallo, ich bin Andi aus Köln, guten Tag, was machst du so?«, dafür das Becken wie beim Sex vor und zurückschieben und Sexenergie in Herzenergie umwandeln. Logisch. Penisenergie in Vagina, dann zur Mitte, zur Titte, zum Sack, zack, zack. Das spreche ich so aber nicht aus. Konzentration! Hier und jetzt: Andi, die Traumfrau und heilige Tantra-Magie.

Ich stelle mich aufrecht hin, bin ›bereit‹, also habe keinen Plan, aber es kann losgehen. Sie lächelt verlegen. Dann wollen wir mal.

Ich atme ein und schiebe mit der Ausatmung mein Becken vor. Dabei denke ich an sexuelle Energie, ohne zu wissen, was genau das ist (es wird ja keine unheilige Geilheit sein). Sie nimmt diese mit einer tiefen Einatmung in ihre Hüfte auf, und plötzlich sind wir im Fluss. Ich nehme ihre Liebe auf, schicke ihr Sex, und während wir uns in die Augen schauen, ist dieser Kreislauf auf einmal ganz natürlich und überhaupt nicht mehr bekloppt. Es fließt.

Jede Runde ist voller Hingabe, mit jeder Runde intensiviert sich die Verbundenheit. Die Energie ist nicht mehr subtil oder unkonkret, sondern kraftvoll und lebendig. Gefühle tauchen auf. Erotik, Traurigkeit, Freude, Schüchternheit, Verlangen und immer wieder Liebe. Wir nehmen alles in unseren Kreislauf auf und lassen uns davontragen.

Nach dreißig Minuten ist die Übung zu Ende. Ich setze mich in den Schneidersitz, und meine Partnerin hockt sich auf meinen Schoß und schlingt ihre Beine um meinen Rücken. Eine innige Umarmung, sie legt ihren Kopf an meinen Hals – Gott, fühlt sich diese Frau gut an. Und leicht bekleidet. Unanständige Gedanken sind unvermeidlich. Vor allem, da ich gerade dreißig Minuten in die Luft gebumst habe. Ich verurteile mich dafür, aber nur ein bisschen, denn bei Tantra ist ja alles erlaubt, und damit kann ich die schweinische Ablenkung ziehen lassen. Lust darf sein, Lust kann weiterziehen. Es wird zärtlich und nah. Wir könnten ewig nur so sitzen bleiben.

Irgendwann verschwindet der Zauber. Ich kehre zurück, werde unaufmerksam, beginne zu denken: Was für eine Frau! Sie fühlt sich so sanft an. Und was für eine Übung! Eine wunderbare Sache für Paare. Um dem Alltag zu entfliehen, Präsenz zu erleben, Verbundenheit zu spüren. Am besten zweimal in der Woche. Außer wenn alles hektisch und die Zeit knapp ist, dann viermal in der Woche. Diese Übung in dieser Halle mit diesem Meister ist besonders, weil das Subtile plötzlich überwältigend ist. Oder liegt es an ihr? An dieser wunderschönen schüchternen Italienerin? Oder an mir? An diesem Tag?

Natürlich ist es schwierig, diesen Zauber im heimischen Wohnzimmer entstehen zu lassen. Dazu braucht es Indien. Oder Hariprem. Oder: wenig Erwartung und ein kleines bisschen Übung.

Ich versuche wieder in das Fühlen zu gelangen, aber der Klang der Zimbel beendet die Übung. Die Meditation ist zu Ende. Ich verneige mich vor der Italienerin. Sie sieht glücklich aus.

Es bleiben ein paar Minuten, um Fragen zu stellen. Ich schaue mich um. Die Gesichter der anderen sind gelöst und j-e-d-e-r E-i-n-z-e-l-n-e ist unfassbar schön!!! Ich weiß nicht, was mit meinen Augen passiert ist, aber die Hariprem-Brille ist phänomenal.

Eine junge Frau meldet sich und erzählt, dass ihr Lebenspartner, ein Yogalehrer, nichts von Tantra wissen will. Hariprem antwortet, dass es nur Liebe gibt. Und wenn dich jemand verändern möchte, dann ist das auch Liebe. Das ist seine Art der Liebe. Damit muss man umgehen. Mit offenem Herzen!

Eine groß gewachsene Blondine in einem gestreiften Shirt meldet sich energisch. Sie mag es nicht, wenn die Männer ihr zu nahe kommen. Sie wollen nur Sex! Sex! Sex!

Empörung schwirrt durch die Reihen. Welcher sexbesessene Schuft hat unsere heilige Übung falsch verstanden? Oder ausgenutzt!

Hariprem flüstert in das Mikrofon: »Es gibt kein Nein. Nein ist Ego. Wenn die Männer wie dumme Jungs nur ficken wollen, hilft die Liebe.« Er schaut die Blondine an. »Aggression kann man nicht mit Krieg heilen. Oder Plumpheit mit Entrüstung. Dem Blinden muss man einen Blindenstock anbieten. Ihm den Weg zeigen.«

Sie lächelt.
Hier in dieser Halle soll die Liebe alles richten. Aber geht das auch draußen? Braucht es nicht manchmal ein starkes Nein, um nicht in die Enge getrieben zu werden?
Es wäre so schön, und Hariprem verkörpert den Weg der Liebe.
»Wer soll den Shivas denn die Liebe zeigen, wenn nicht die unendliche Weisheit der Shaktis? Nein, dieser Mann mit seiner Lust ist ein verirrtes Kind. Sie soll ihn die Liebe lehren. Nicht Hass, nicht Abneigung. Damit er wachsen kann.«
Alle Spannung verlässt das Gesicht der Frau im gestreiften Shirt. Alle Abwehrhaltung ist verschwunden. Sie ist berührt, als wenn sie ihren Platz in dieser Welt erkannt hätte.
Stille breitet sich in der Halle aus, denn unsere Empörung, unsere Ablehnung war Ego. Natürlich soll sie nicht mit dem Aufdringlichen ins Bett springen. Aber anstatt aggressiv zu reagieren, können wir mit unserem Herzen verstehen. Der Frieden in seiner Botschaft ist kein Mitgefühl, seine Botschaft ist nicht tolerant, nicht selbstlos, diese Botschaft ist bedingungslose Liebe. Auch das Schwierige, das Ungewohnte, das Hässliche kann geliebt werden. Wir müssen nur die Herzen öffnen.

Am Nachmittag geht Ole zu Energetic Breath, ist aber enttäuscht, weil jeder bei sich bleibt. Zwei Stunden einsam, mit geschlossenen Augen atmen. Präsenz fühlen, den Raum, da sein und alles, was kommt, vorbeiziehen lassen. Die Leere annehmen, in der Leere versinken.
In meiner Session, in der anderen Halle, geht es um unsere Ahnen, um Heilige, um Tiere, die Anbetung der Sadhus. Sie sind unsere Vergangenheit, ein Teil von uns, von dem wir uns nicht abspalten dürfen. Ein leidenschaftlicher Monolog. Der Inder spricht und spricht und spricht. Er will uns aufwecken, will Ehrfurcht schulen, will uns unterweisen. Ich aber mag lieber fühlen. Zum Schluss dann

endlich Aktivität. Wir tanzen, stapfen auf dem Boden, brüllen Tiergeräusche.

Ich treffe Ole vor dem Abendessen. Wir müssen entscheiden, wie es weitergeht. Das Thema des dritten Tages ist Erden und Zentrieren. Es gibt Yogastunden, Bauchtanz und andere Angebote, die uns nicht vom Hocker hauen. Wir lieben die Begegnung und belassen es bei den zwei Tagen, weil der Spaß auch ziemlich teuer ist. Derweil gibt es in Arambol anderes zu erleben. Außerdem bleibt Hariprem und wird nach dem Festival ein paar Wochen lang jeden Tag eine Session abhalten. Für fünf Euro – Liebe und Heiligkeit im Sonderangebot.

Mit der untergehenden Sonne wird es kühler und der Strand lebendig. Ich schlage Ole das Kabarett der Männergruppe vor, vielleicht findet er es ja witzig, aber er winkt ab. Ich laufe über den Strand, genieße das bunte Schauspiel, die Menschen, die Leidenschaft. Ole wirft einen Blick in den Love Room, nur bleibt der heute leer.

Gegen neun Uhr findet in der Buddha Hall Ecstatic Explosion statt. Tantra-Disco. Möge der Rausch mit uns sein. Teilnehmer, Organisatoren, Lehrer, Gurus, Assistenten kommen zusammen. Eine große Familie, in der jeder sein darf, wie er ist. Ich entdecke Taozen, der im Takt um die Frauen herumschwirrt. Hariprem und Kaulika sind hundert Jahre zu alt für diesen Disco-Quatsch, aber schweben frei und verliebt im Raum. Die elektronische Musik geht mir in die Eingeweide. Viele springen, mein ›Ahnen-Inder‹ stapft auf der Stelle und schüttelt sein Haupt. Manche tanzen allein, andere hüpfen zusammen. Bewegung ohne Scheu. Wunderschöne Frauen winden sich, Männer explodieren. Katarina steht plötzlich hinter mir. Sie küsst meinen Hals, drückt mich und verschwindet dann mit einem Israeli. Schade. Ich schließe die Augen und fühle den Bass, die Klänge der Sitar, den hypnotisierenden Rhythmus. Es geschieht. Oder es darf geschehen. Meine Scham verflüchtigt sich, die Zwangsjacke geht auf, Bewegung fließt durch meine Hüften. Alles kann sein. Auch ich. Die Musik peitscht voran, die Beats fliegen uns um die Ohren, sie sind die Luft zum Atmen. Mittendrin eine qualvolle Pause, in der nur die Harfe zupft und wir, die bassabhängigen Wilden, auf eine schmerzhafte Folter gespannt werden. Die zerreißenden Momente werden in eine furchtbare Länge gezogen, bis das Wiedereinsetzen des Hammerbeats uns Erlösung schenkt und das Spektakel durch die Gegend katapultiert. Der Raum brennt. Ole geht ab, schwitzt, aber sein erschöpfter Körper will mehr. Er tanzt und tanzt und tanzt, und so beenden wir das Tantra-Festival, zwei schöne Tage, mit einzigartigen meditativen Momenten und tantrischen Begegnungen und wunderschönen Menschen, in einem großen ausgelassenen Miteinander aus Freiheit und Musik.

TURNVATER JAHN UND BEETHOVEN AUF INDISCH

Indien ist das Land des Yoga. Jeder darf sich bedienen, so viel Hokuspokus integrieren, wie er möchte, und mein Bewegungsapparat schreit nach dem vielen Sitzen, Tanzen und Springen nach Pflege.

Yoga macht mir nicht besonders viel Spaß, aber ich fühle mich gut danach. Die Kombination aus bewusster Aufmerksamkeit und Turnvater Jahn ist für mich eine Herausforderung. Pumpen, Muskeltraining und »voll drauflos« fällt mir leicht, im Yoga aber ist alles gefragt: Konzentration, Kraft, Kontrolle, Langsamkeit, Balance, die Welt der Schmerzen, die Frage, wie weit es gehen kann. Das Wichtigste ist der Atem! Er muss fließen! Er steuert den Körper, er versorgt uns mit Energie. Die Atmung ist der Schlüssel.

Auch beim Yoga bevorzuge ich, statt Büchern oder Youtube-Videos, um allein zu üben, die angeleitete Stunde, weil ein tragender Raum entstehen kann. In Köln gibt es tolle Lehrer, aber Indien ist Ursprungsland des heiligen Mattensports und für wahre Meister bekannt.

Meine erste Yogastunde in Arambol findet in einem mehrstöckigen, noch nicht fertig gebauten Haus statt. Ein paar staubige Stufen führen auf eine Etage mit Betonboden und dünnen Stahlträgern, die das Gebäude stabilisieren. Mitten in dieser Baustelle rollen ein paar Übende ihre Matten aus. Der Lehrer sitzt im Zentrum.

Kaan trägt eine blaue Jogginghose und ein weißes Unterhemd, hat dunkle Locken und für einen Inder helle Haut. Seine Augen sind wach. Nichts entgeht ihm, er nickt mir zu und bedeutet mir eine Stelle, um mich zu platzieren. Der etwa 35 Jahre alte, wuchtige Schrank von einem Mann ist trotz seiner massigen Erscheinung dehnbar wie ein Gummiband. Er begrüßt die ankommenden Schüler im Lotussitz mit hinter dem Rücken verschränkten Armen und wechselt zu Beginn der Stunde in den Spagat.

Kaan spricht ein paar heilige Sätze über Yoga, dann ein stilles Gebet, bevor wir mit der Praxis beginnen. Alle bringen Grundkenntnisse mit, aber als wir die ersten drei Sonnengrüße praktiziert haben, unterbricht er die Stunde mit einem Kopfschütteln. Der heraufschauende Hund geht so nicht. Er drückt sich aus dem Spagat in den Handstand, rollt ab, erhebt sich, spaziert mit großen Schritten in die Mitte, legt sich auf den Bauch, stützt die Arme auf und drückt den Oberkörper in die Höhe. Dabei presst er die Lippen zusammen und hält die Luft an, um den Oberkörper tatsächlich in einen 90-Grad-Winkel zu den Beinen nach hinten oben zu biegen. Ich bete zum Himmel, dass er jetzt nicht zerbricht. Kaan hat die Augen aufgerissen, sein Kopf ist hochrot, Adern treten hervor, er verweilt stolz und ohne Regung in unserer Mitte. Alle schweigen. Ich habe noch nie eine Yoga-Asana gesehen, bei der der Atem angehalten wird. Luft anhalten kann er! Ich schaue zur Seite, damit niemand hier mein Kichern bemerkt.

»*Now you do it ... this is yoga!*«, sagt er, und damit geht es weiter.

Na gut, dann lassen wir es mal krachen.

Fünf Minuten später ruft er:

»*Ssstopp. Ju and ju come fohward!!!*«

Er zeigt auf mich, dann auf John, einen blonden Typen aus Kanada, den ich nach dem Weg gefragt hatte, und wir werden aufgefordert, die Kriegerposition vor der Gruppe zu präsentieren.

»*Who of dhis twu is doing e-v-e-r-y-t-h-i-n-g WRONG???*«

Wir schauen uns an: Wer ist hier der Bösewicht? In meinem Bauch schon wieder dieses Kichern – da zeigt Kaan mit dem Finger auf John und bemängelt sieben brutale Fehler in seiner Ausführung.
»Continju prāctis!«
Kurz darauf Entsetzen: *»Ssttooppp!!!!«*
Irgendetwas Schlimmes ist geschehen. Wieder zeigt er auf mich, offenbar plötzlich Galionsfigur der Yogizunft. Wieder muss ich nach vorne, um diesmal neben einem Mädchen das Dreieck aufzuführen.
»Who of dhis twu is doing everything wrong???«
Sie schluckt. Ich schmunzele, bin ein bisschen siegesgewiss, aber fürchte auch, dass sie in Tränen ausbricht. Wir atmen tief, richten unsere Rücken auf, und meine Gebete werden erhört, denn diesmal ist *meine* Ausführung unter aller Schweinekacke, und niemals wurde je diese heilige Pose so verunstaltet.
»Go bäck, continju.«
So geht das weiter.

Nach neunzig Minuten laufen alle mit gesenktem Blick auseinander, und ich bin froh, als ich endlich an der frischen Luft stehe und lachen darf. Zwei Mädels regen sich auf, aber grinsen dann. Vielleicht kommt ja doch noch die versteckte Kamera aus dem Versteck. Der Unterhaltungswert war großartig, und Kaan muss sich keine Sorgen machen, dass allzu viele Schüler morgen wiederkommen. Masochisten und diejenigen, die es genießen, vor versammelter Mannschaft niedergemacht zu werden, hätten bei ihm ganz sicher ihre helle Freude.

Der nächste Werbezettel an einer Laterne preist einen Großmeister an. In Arambol klebt an jeder Ecke irgendwas, wir wollen alles sehen. Diese Stunde findet auf einer Dachterrasse am Strand statt. Das Dach ist mit Teppichen ausgelegt, und Statuen stehen an der Seite. Bunte gespannte Tücher spenden Schatten, die Sonne verneigt sich vor dem Himmel, der Ozean ruht davor. Wir sind zu viert. Leider ist der Guru nicht da, sodass Simon übernimmt, ein Deutscher Ende zwanzig. Also wieder kein grauer Bart, kein Pai Mei à la *Kill Bill*, keine indische Ikone. Aber Simon führt uns durch eine wunderbare Stunde Vinyasa Flow. Herrliches Panorama, eine angenehme Brise und deutsche Qualität. Es muss nicht immer Indien sein.

Ich gehe ein paarmal zu ihm, genieße die Stunden, fühle mich leicht und erfrischt danach, aber die Suche nach der indischen Koryphäe ist noch nicht zu Ende. Weil so eine Suche Spaß macht, der Weg das Ziel ist und so.

Ich entdecke das Dreamland. In diesem westlich orientierten Mini-Café mit höheren Preisen, frischem Gebäck, Wi-Fi und italienischer Bohne treffen sich die Reisenden auf zwei Etagen. Hauptgesprächsthema ist Yoga. Unauffällig geselle ich mich dazu, lausche, recherchiere und erfahre von Balu. Nicht der Bär, aber ein charismatischer wie demütiger junger Mann, der eine so außergewöhnliche Ashtanga-Yogalehrerausbildung macht, dass sich drei Mädels überglücklich schätzen, weil sie einen der heiß umkämpften Plätze ergattert haben. Seine Stunden sind legendär. Ich frage nach der Location, sie nennen den Ort und weisen darauf hin, zeitig zu erscheinen. Um acht Uhr morgens geht's los. Wir verabschieden uns mit »Namaste«.

Das schöne bei Ashtanga-Yoga ist, dass jedes Mal dieselbe Übungsabfolge durchexerziert wird. Aber auf Zack. Die erste Serie ist anstrengend, schweißtreibend, dynamisch, kraftvoll und extrem herausfordernd auf jedem Yogalevel. Das ist wie Golf, weil Profis und Frischlinge nebeneinander auf die Matte können, wobei die Unterschiede in der korrekten Ausführung derselben Asana liegen.

Die Perfektion dieser ersten Serie erfordert diszipliniertes, hartes Üben. Etwa zehn Jahre lang. Oder Jahrzehnte. Die zweite Serie wird nur von einer kleinen Elite Extremsportler, die dritte Serie nur noch von Verrückten durchgeführt.

Ich komme um zwanzig nach sieben Uhr an. Der kahle Raum ist bis auf die Übenden leer, Boden und Wände sind gekachelt, von fernöstlicher Romantik fehlt jede Spur. In einer Ecke liegt ein Berg Yogamatten, die auf den weißen Fließen ausgerollt werden können.

Gut dreißig Minuten vor Stundenbeginn sitzen bereits ein paar Westler auf ihren Matten auf dem Boden, führen Lockerungsübungen durch oder verharren in meditativer Stille. Zehn Minuten später ist es proppenvoll, und immer mehr Leute erscheinen, um sich noch irgendwo dazwischenzuquetschen. Fünfzehn Minuten vor Beginn bitten die Assistentinnen Besucher, die keinen Platz mehr gefunden haben, morgen wiederzukommen. Die Abgewiesenen schlurfen mit gesenktem Kopf nach Hause.

Balu ist ein muskulöser, unauffälliger, aufrechter Inder in einem ordentlichen orangenen Leinenanzug ohne Knöpfe oder Reißverschluss. Er betritt die Shala, stellt sich an den Anfang seiner Matte, murmelt ein paar heilige Worte, woraufhin die Übenden im Chor eine Antwort auf Sanskrit durch den Raum schmettern. Dann Stille. Dreißig Sekunden später donnert Balus klare Stimme in unsere Eingeweide. Wir werden durch den Sonnengruß gejagt, Schweißperlen rinnen meinen Körper herunter, unaufhaltsam folgen wir der straffen Übungsabfolge. Die Anweisungen sind schnörkellos, seine Assistenten gehen durch den Raum, um die Übenden zu unterstützen, in Position zu schieben und zu korrigieren. Balu führt vor und geht, sobald eine Übung länger gehalten wird, auch selbst herum, um die Ausführung der Jünger zu justieren. Seine freundliche Stimme treibt uns weiter, während er in einer Ecke den Oberkörper eines jungen Manns umfasst und ihn mit schaukelnden Bewegungen in eine Drehung verhilft. Bei anderen wird gedrückt, gestützt, und als er bei mir ankommt, greift er von hinten über meine linke Schulter und von rechts um den Bauch herum. Er umarmt mich, und sofort spüre ich, dass er meinen Körper wie den seinen kennt.

In größtem Vertrauen schwingt er meinen Körper vor und zurück, stellt ein Bein gegen meinen unteren Rücken, und als wir wie ein Knoten verschmolzen sind, führt er mich, während ich ausatme, sanft in eine Pose, die ich allein niemals hätte einnehmen können. Das Gefühl ist überwältigend. Kraft und Entspannung, und es ist ein Wunder, in welche Windungen mein Körper gelangen kann, ohne Höllenschmerzen auszusenden. Bevor ich mich bedanken kann, sitzt Balu schon wieder auf seiner Matte, nein, jetzt steht der Verrückte im Handstand, und leitet die nächste Sequenz ein.

Es ist eng, heiß, der spartanische Atem der etwa fünfzig Übenden rauscht, strömt, erfüllt die Atmosphäre, sodass die gemeinsame Anstrengung die Kraft jedes Einzelnen stärkt. Als wir aus der Krähe in den Liegestütz springen sollen, gibt es einen Aufschrei. In der Ecke ist ein Mann mit vollem Schwung rückwärts direkt in das Gesicht der dort noch in der Krähe befindlichen Frau gesprungen. Balu nickt, eine Assistentin eilt herbei, um nötigenfalls Blut zu wischen oder Zähne aufzusammeln. Bevor Sorge, Aufregung oder Schmunzeln aufkeimen können, bebt Balus Stimme: Der komplette Raum folgt mit unnachgiebiger Vehemenz in die nächste Position. Es gibt kein Zurück, kein Anhalten, nichts, was die Serie, die Energie, unsere Yogapraxis aufhalten kann.

Die neunzig Minuten sind superhart, vergehen aber wie im Fluge. Das erhebende Gefühl danach ist Zufriedenheit in jeder Zelle. Eine ruhige Klarheit fließt durch den Tag. Zunächst, als wir am Ende in Shavasana, der Entspannungs- oder meditativen Phase, loslassen dürfen. Danach, weil der Körper stark ist und müde, flexibel und glücklich, während die Gedanken weniger aufgeregt sind. Auch sie verweilen in einer Pause. Ohne Anleitung ist die Serie eine zähe Aufgabe. Mit Balu ist es eine intensive, vielleicht sogar spirituelle Reise.

Wieder kein Yogi mit grauem Bart, aber das Ende meiner Yogalehrersuche. Von heute an stehe ich jeden Morgen um halb acht auf der Matte.

Ole hat Marihuana aufgetrieben, um die Erlebnisse zu intensivieren. »Bewusstseinserweiterung und Trancevitamine.« Er lockt und neckt mich, aber ich bevorzuge Klarheit. Ich möchte die kostbaren Sekunden voll erleben. Einfach sein und den Rausch entdecken, der in mir schlummert. Für Ole lässt sich das problemlos kombinieren. Wenn ich benebelt bin, ist das lustig, kreativ, aber ich spüre das Subtile, die Tiefe, die gedankenfreie Präsenz nicht mehr. Die Droge verwirrt mich. Das macht Spaß und bringt witzige Ideen ins Spiel, aber sie stört auch meine Aufmerksamkeit. Mit Sportzigarette oder ohne, beide Wege führen nach Rom. Oder egal wohin. Irgendwann zum Tod. Das gilt für uns alle. Hier in Indien möchte ich wach und klar sein, denn das Wunder kann jederzeit geschehen.

Nachdem die Sonne blutrot im Meer versunken ist, laufen wir ins Arcan, ein großes Restaurant unter freiem Himmel, in dem ein sensationelles Sitar-Konzert stattfindet.

Hindol Deb ist zu Besuch, der seit Jahrzehnten zu den wenigen wahren Großmeistern seiner Zunft zählt: Ihn zu erleben kann das Leben verändern.

Die Sitar ist das legendäre Zupfinstrument des alten Indiens. Sie sieht aus wie eine merkwürdige überdimensionale Gitarre mit langem Hals, hat 19 Saiten und ist extrem schwierig zu spielen. Sie erzählt von der Geschichte des Lebens und der ewigen Weisheit der Veden (der heiligen Sanskritschriften des Hinduismus). Ein Meister der Sitar spielt keine Lieder oder Kompositionen. Er improvisiert. Nein! Er versinkt im Moment, erlebt spontane Gefühlsausbrüche und offenbart den Zuschauern seine Seele. Was geschieht, ist kein Konzert. Es ist eine intime Begegnung.

Und sonst? Sitar-Musik stärkt das Immunsystem, bringt Prana in den feinsten Energiekanälen des Körpers zum Fließen und löst Blockaden in der Wirbelsäule. Es gibt nicht wenige Berichte, die von Wunderheilungen schwärmen. Spontane Gesundungen langwieriger Krankheiten sind keine Seltenheit.

Ein unscheinbarer Mann spaziert an den Tischen vorbei, setzt sich vorne neben den Bongospieler auf die kleine schlichte Bühne, verschränkt die Beine untereinander in einen Schneidersitz. Er greift sein Instrument, der solide Klangkörper ruht neben ihm auf seinem linken Fuß, während der Hals vor ihm wie ein Segelmast emporragt. Als er aufblickt, verebbt das Restaurantgemurmel, die Kellner halten inne, der sanfte Abendwind verstummt.

Hindol Deb atmet in die Nacht, er betrachtet uns, schließt die Augen, fühlt den Augenblick, öffnet sie wieder. Etwas umgibt ihn, er ist heiter, entschieden, klar. Seine Begrüßung ist einfach, aber seine Worte finden uns. Er berührt uns, indem er dort sitzt.

»Die Existenz kennt Stille und Frieden. Stille und Frieden sind wie die Weite des tiefen Ozeans. Meistens aber sind wir gar nicht still. Stille kann sich zeigen, sie kann sich auf unserem Weg einstellen, der Frieden folgt am Ende. Im Tod. Wir werden mit friedlicher Musik beginnen, mit stiller Freude. Frieden und Stille werden uns schmelzen lassen. Und dann ...« Eine Pause entsteht. »... und dann kommt etwas anderes hinzu.«

Er lächelt, diese Andeutung, was nach der Stille und dem Frieden geschehen wird, erregt ihn, weil etwas Willkürliches, etwas Unkontrollierbares auf ihn und auch auf uns wartet. Er verneigt sich vor seinem Instrument. Seine Augen schließen sich.

Ein zarter Klang tanzt in den Orbit, weitere folgen. Ich spüre, wie Ballast von meinen Schultern weicht. Klare, wunderschöne Töne schweben in die Nacht, sie ist vom ersten Moment verzaubert. Die Entspannung ist nah, ein Augenblick wird zum nächsten, ich fühle mich wie auf einem sanft schaukelnden Boot auf ruhiger See, voller Frieden im Fluss der Zeit. Ein leiser Windhauch bewegt sanft die Wellen, und friedliches Geplätscher ist Ausdruck großer Gelassenheit. Ich sinke in den Stuhl zurück. Sorglosigkeit löst alles auf. Antrieb versiebt, die letzten Fragen verschwinden, ich bin wach, klar, eigentlich gar nicht mehr da. Die wunderschönen Klänge sind wie

Loslassen. Endlich. Alles loslassen. Alles zerfließt in zarten Morgentau. Nichts ist wichtig, und diese Freiheit ist alles. Das Ende des Weges. Jeder Aufbruch ist eine Farce, kein Idiot in der Welt käme auf die Idee, diese Geborgenheit aufzugeben. Diese Gelassenheit ist vollkommen. Mehr als Glück. Das süße, leise Klimpern ist zart, und während ich in dieser weichen Trance vergehe, hüpft ein Ton dazwischen. Zerfleddert die Harmonie. Nur *ein* Tropfen in der Ruhe des weiten Ozeans. Trotzdem ist er da. Verspielt, fröhlich, frisch und natürlich: Er stört.

Die Kellner nehmen Bestellungen entgegen, ich blicke zu Ole, er nippt an seinem Bier. Ich schaue zur Bühne, eine kleine Welle warmer Lebendigkeit schwärmt von dort zurück. Momente wechseln sich ab, werden zu Ereignissen, Neuigkeiten, die Zeit bewegt sich wieder. Hindols Hände wandern den Mast hinauf und hinunter, seine Finger wieseln, jeder Griff ein Volltreffer. Die Geschwindigkeit nimmt zu. Und plötzlich wird es virtuos. Ungläubig starre ich auf seine Hände. Surreal. Wie im Zeitraffer. Sein Körper ist regungslos, seine Hände rasen, schießen, flitzen, können unmöglich in so schneller Abfolge diese glasklaren Töne treffen. Das ganze Restaurant wird von einer Welle aus Energie erfasst. Bildschöne Musik, die durch unsere Körper tanzt, sie elektrisiert. Feuer und Wind, ein Fest für die Ohren, ein Erdbeben für unsere Seele. Alles ist Aufbruch, Enthusiasmus und nicht mehr zu halten.

Mein Puls hämmert, die Freude in meiner Brust ist riesengroß, die Gelegenheit zu leben ein Geschenk. Hier zu sein ist eine Ehre, der Augenblick voller Wucht. Euphorie schwirrt hinauf und herab, losgelöst, entfesselt, fröhlich, frei und nicht zu bremsen. Dieses Feuerwerk ist ein Wunder. Das Leben! Bewegung, Veränderung, Ekstase. Es prickelt, dreht sich im Kreis, umarmt sich selbst, einzigartig, sinnlos. Neben der Freude, wie ein Zwillingsbruder: der Krampf und die Verzweiflung. Sie schreien. An manchen Tagen ist Menschsein ein Gefängnis. Folter, ein Spiel mit Schmerz und Wut und Suche und

Haltlosigkeit. Auch Zorn. Und Traurigkeit. Die Musik reißt mich fort in eine Geschichte, die die meinige sein könnte. Nein, ist. Die Klänge sind nicht angenehm, doch sie schmecken köstlich.

Ich lasse mich kitzeln, überraschen, fühle darin die Erfahrungen, die Kämpfe, die mich zu einem verzweifelten Kind im Sturm des Lebens machten. Ich schwimme mit Tränen in den Ohren in einem herrlichen Feld aus Abenteuer und Unsicherheit, spüre, wie wunderbar das Verlassen der friedvollen Stille ist und wie die aufbrausende Existenz mit mir durch die Lüfte schwebt.

Nach gut einer Stunde bricht ein Schwall aus fassungsloser Begeisterung durch die Reihen. Der Meister hat die Geschichte des Menschseins offenbart. Stiller Friede und wilde Existenz. Vielleicht die beiden Seiten des Bewusstseins: Yin und Yang, Leben und Tod, Liebe und Bedeutungslosigkeit. Oder Aufbruch und Geborgenheit. Unglaublich, was dieses Konzert in mir angestellt hat. Ole grinst über beide Ohren.

Hindol Deb verneigt sich. Seine Musik ist brillant, seine Fähigkeiten, das Tempo und die Perfektion seines Handwerks sind virtuos. Ich laufe ein paar Schritte vor, um mich zu bedanken. Er hält ein Glas Wein in der Hand, ist umringt von Menschen und genießt das Bad in der begeisterten Menge. Ein hochgewachsener Mann schwärmt von seiner Fingertechnik, dieser unfassbaren Geschwindigkeit der exakten Griffe.

Hindol bedankt sich mit einer kleinen Verbeugung und fügt hinzu: »Die Sitar spielt man nicht mit den Händen. Man spielt mit dem Herzen.«

Am Abend darauf findet im Magic Park Contact Improvisation statt. Der Mond scheint durch die Palmen auf eine ebene Holzfläche. Wir sind dreißig Personen. Es gibt eine kurze Einweisung für die Neulinge, die alten Hasen nicken. Es wird frei getanzt, nicht miteinander, keiner führt, aber trotzdem verbunden. Der Kontaktpunkt kann das Zentrum sein, um das man sich bewegt, oder eine Erscheinung am Rande.

Elektronische Musik schallt aus den Boxen, mein Oberkörper schwingt von rechts nach links. Der Abend ist frisch und klar. Eine Hand legt sich auf meine Schulter, sie fühlt sich dort zu Hause. Die Beats schütteln meine Beine, ich schwinge die Hüfte, dann tauche ich ab, während das Mädchen meine Körperflanke entlangstreicht. Sie dreht die Füße und lehnt mit ihrem Rücken an meinem. Ich gehe in die Knie, stütze sie, beuge meinen Oberkörper nach vorne, sie liegt mit Bauch und Gesicht zum Himmel und rollt im Rhythmus auf mir herum wie auf einem großen Kissen, bis mich ihr Gewicht langsam zu Boden sinken lässt. Dort angekommen, geht es weiter. Wir winden uns auf dem glatten Holz, die Beine übereinander, dann nebeneinander, aber die Musik ist zu berauschend, sodass wir uns wieder emporarbeiten. Der Tanz ist wundervoll, die Berührung manchmal voll da, manchmal auch kaum zu spüren. Ein gemeinsames Entdecken, getragen von Musik und Leichtigkeit. Wir improvisieren, folgen der Neugierde, umarmen die Überraschung, verfallen den Rhythmen, die uns in eine heilige Präsenz eintauchen lassen. Die Partner werden gewechselt, manche fliegen, wackeln, schütteln, andere schweben, kreisen, schwingen. Die Begegnungen finden auf einer fremden Ebene statt. Ohne Vorstellung. Ohne Geschichte. Kein Name, kein Wohnort, kein Lieblingsessen, keine persönlichen Ansichten. Ich kenne ihre Augenfarbe nicht, und auch das Gesicht bleibt eine Randerscheinung. Alles findet in der Bewegung statt. Von einem Moment zum nächsten. Alles ist neu, alles ist offen, alles fließt.

Jeder Moment kann ausgemalt werden mit einer Farbe aus der unendlichen Palette der Möglichkeiten. Er kann wie immer dahin fließen oder bunt und neu und anders und ungewohnt leuchten.

Es ist die Neugierde, die eine Richtung erwachen lässt, und die Unvoreingenommenheit lockt die Überraschungen an. Der Beginn unserer Reise durch das gelobte Land beschenkt die Spielkinder, die in uns wohnen, mit lustigen, mit albernen, mit fantastischen, mit unglaublich starken und berührend zarten Momenten. Für mich bedeutet er auch Überwindung.

Anstatt Tempel anzuschauen oder Touristenattraktionen, besuchen wir die Suchenden.

Natürlich hat Indien viele Gesichter. Indien ist eine Atommacht, die drittgrößte Volkswirtschaft der Welt, das Land von Bollywood, gesegnet mit einzigartiger Flora und Fauna und die größte Exportnation von Gewürzen. Uns aber interessiert die Seele dieses Landes. Der Zauber. 300.000 Götter, unzählige Aschrams, Yoga, Tantra, Gurus, die Sannyasins, Rituale und Zeremonien. Viele Tausend Jahre ist dieses Land schon unterwegs.

Die Sterne schauen zu uns herab, während wir auf unserem kleinen Balkon sitzen und Pläne schmieden. Dankbarkeit liegt in der vom Mond erhellten Dunkelheit. Wir dürfen Gäste sein in diesem Wunderland, dürfen eintauchen in die Suche. In Arambol ist sie ungezügelt und kämpferisch. Rambazamba, durchgedreht, abgefahren, manchmal ein bisschen drüber, aber wir danken den Verrückten. Danke, Lunapark Arambol.

Dennoch ist uns klar, dass dies nicht alles ist. Dieser Mikrokosmos ist nur ein kleiner Ausschnitt der Suche und Sehnsucht auf diesem Kontinent. Es ist die Vorfreude auf das Unbekannte, die unsere Entscheidung erleichtert:

Nach drei Wochen lassen wir Arambol hinter uns.

Wir möchten Indien sehen.

IN DEN BAUCH INDIENS: HAMPI UND MAGIE

Jule, eine Freundin aus Köln, hat uns erzählt, dass Hampi für sie ein magischer Ort ist. Sie blieb vage, wusste nicht warum, aber hat die schönsten Tage ihrer Indienreise dort verbracht.

Ich glaube, dass Magie überall entstehen kann. Natur kann sie beflügeln oder Menschen. Im Dschungel, in der Wüste, in den Bergen, auf einem einsamen Wanderweg, in einer großen Halle mit Verrückten oder in einem kleinen Hostel, in dem ein paar Individuen gemeinsam an einem Tisch sitzen. Plötzlich macht es Klick. Die zarten Themen drängen an die Oberfläche, die Ohren sind so offen wie die Herzen. Magie. Oder einer steht auf, um den versteckten Rum aus dem Eisfach zu zaubern, weil man so jung nicht mehr zusammenkommt. Die Folge ist Magie (mit Kopfschmerzen). Es ist schwer zu sagen, wo man ihr begegnet, was ihre Zutaten sind. Vielleicht Offenheit, vielleicht Flausen im Kopf, vielleicht Hingabe, Bauchgefühl und Rock'n'Roll. Aber es gibt einen Weg, um sie zu finden.

Man muss nur suchen.

Ich bin verliebt. Alles an diesem Fahrzeug ist rund. Wir packen unsere Taschen in den kleinen Kofferraum des weißen Ambassador, den zu beschreiben unmöglich ist. Ein hinduistischer Trabant, mit so viel antikem Charme und Orient, dass ich gar nicht einsteigen will. Spitzenklasse. Wir beginnen den Trip in einer alten charakterstarken Filmrequisite.

Der dazugehörige Inder im hellen, feinen Zwirn wischt mit einem grauen Tuch Staub von seinem stolzen Autodach. Er öffnet mir die

Tür. Ich nicke, werfe einen letzten Blick auf die Karosserie, denke »traumhafte Kurven« und bewundere im Inneren ein Museum aus buntem Kitsch, umgarnt von indischer Musik aus dudelnden Boxen. Ganesha in der Mitte, Shiva, Hanuman und die anderen darum. Dieser Wagen ist ein Tempel. Gesegnet mit Glück und voll mit Heiterkeit.

Wir düsen los, lassen Arambol zurück, schweben vorbei an Goas Palmen, entdecken einfache Häuser am Straßenrand, Kinder, die in Pfützen spielen, kleine Läden mit Kreidetafeln davor oder Karren, auf denen Kokosnüsse liegen. Nach dreißig Minuten durch ländliche Gegenden erreichen wir eine größere Stadt mit chaotischem Verkehr, um dort am Abend einen Sleeper-Bus zu erwischen.

Die vor uns liegende Reise geht von der Küstenregion etwa zehn Stunden nach Osten. Immer weiter in die Mitte des großen, weiten Landes. Voll rein. In den Bauch Indiens.

Der Bus soll an einem riesigen Kreisverkehr abfahren. Vor uns befinden sich ein paar Läden mit Alltagsartikeln, Buden zum Essen und eine öffentliche Toilette, die Tapferkeit erfordert und aus Kindern echte Männer macht.

Da keine Menschen aus dem Westen zu sehen sind, breitet sich das angenehme Gefühl der Fremde in mir aus. Eine Welle der Zuversicht strömt durch meine Adern, alles wird leicht, das Leben klar. Vielleicht weil man in diesen Momenten das Alte abschütteln kann. Nichts liegt mehr auf meinen Schultern, die Vergangenheit ist ferne Geschichte, die Person spielt keine Rolle. Ich bin neu. Das erste Mal an dieser Stelle, niemand kennt mich, meine Muster, meinen Charakter. Meine Eigenschaften tun nichts zu Sache. Die Begegnung mit der Welt ist unvoreingenommen, Indien schließt mich in seine Arme. Mein Körper ist wach, der Atem fließt. Das ist Lebensfreude. Neugierige, offene Lebensfreude, denn alles um mich herum ist genau richtig.

Wir kaufen eine Kleinigkeit zu essen, ich setze mich auf einen Stein, futtere und beobachte den gewaltigen Kreisverkehr vor meiner Nase.

Autos eilen vorbei, die Mopeds hupen, während die Motorradrikschas auch noch irgendwo dazwischen passen. Waghalsige Manöver, keine Zeit, voran, voran, lieber tot als stehen bleiben. Das große Ganze ist nicht zu stoppen. Am Rand steht eine Kuh. Ich habe irgendwo gelesen, dass eine Kuh im Nordosten Indiens einen Ausweis mit Foto besitzen muss.

Diese hier mampft ein paar Büschel Gras, wandert dann gemächlich auf die Straße, um in der Mitte stehenzubleiben, den Schwanz zu schwenken und zu Boden zu blicken. Autos bremsen, versuchen auszuweichen, Tuk Tuks gehen in die Eisen oder suchen einen Ausweg über den Bürgersteig. Das Verkehrschaos schwillt innerhalb weniger Sekunden zu einem riesigen Durcheinander und wilden Gehupe an. Die Kuh schnüffelt.

Für das Tier keine große Sache. Sie steht voll im Weg, rührt sich keinen Millimeter, aber niemand kommt auf die Idee, sie zu verscheuchen oder aus dem Weg zu schieben. Die Kuh ist heilig, und das jetzt so zu betrachten zaubert Freude in mein Gemüt. Was ein Anblick! Das Leben ist so unterschiedlich in der Welt. Richtig und falsch, vernünftig oder bekloppt sind willkürliche Kategorien. Wie die Mensch-ärgere-dich-nicht-Regeln. Man kann so spielen oder anders.

Vom Universum aus betrachtet, gibt es keine Vorgaben. Gesellschaftliche Konvention ist eine Fata Morgana. Vermutlich soll sie uns ein Gefühl von Sicherheit und Orientierung geben. Manchmal, wenn ich gesellschaftliche Muster und Gewohnheiten erkenne, auch bei mir selbst, bemerke ich, wie groß und bunt die Welt dahinter ist. Da ist so viel Freiheit. Und feiner Humor. Mal ist der Priester heilig, mal die Kuh. Die einen beten Popstars an, die anderen Statuen aus altem Fels, wieder andere die großen Philosophen. Jetzt und hier zeigt diese Kuh mir eine Menge. Ich kann so viel Unsinn machen, wie ich will.

Ich glaube, Konvention ist nicht böse gemeint, und ihr zu folgen kann in der komplexen Welt ein kluges Werkzeug sein. Ich will nur

nicht vergessen, dass Lebenskonzepte auch manipulativ sind und uns in eine Richtung drängen.
Du musst sparen für die Rente!
Treibe Sport!
Leben nur im Hier und Jetzt!
Reise um die Welt!
Meditiere!
Geh surfen!
Bau ein Haus und pflanze einen Baum!
Die Liste ist länger als der Ottokatalog.
Viele gute Sachen. Für Hinz dies, für Kunz das, für Andi jenes. Die Liste ist Inspiration, wenn die Wahl freiwillig passiert. Wenn da eine Verliebtheit ist oder etwas in unserer Mitte, einverstanden. Wie Andi und die Wellen. Das harmoniert. Natürlich können Lebenskonzepte auch ein Fluch sein. Wenn sie einengen, mit starkem Druck auf mich einwirken, mit Angst oder Einschüchterung regieren oder getarnt als sympathische Vernunft daherspazieren. Ein freundschaftlicher Rat – mit 15 Ausrufezeichen!!!

Es ist schwierig geworden, auf die innere Stimme zu hören, weil uns viel eingetrichtert wird. Das ständige Geplapper von außen, die sozialen Netzwerke, die Mutti und der Papa, die Lehrer, die Spirituellen, die Vorgesetzten, die guten Ratschläge, die Werbung, der Traum vom schnellen Auto und großen Geld, Freunde, unsere lieben Großeltern: Die ganze Umwelt bläst mit langem Atem die Trompeten der letzten Wahrheit. Natürlich liefert das Orientierung, aber ich möchte *meine* innere Stimme nicht verlieren. Sie hat genauso viel Berechtigung. Mindestens.

Ole wagt es und erhebt sich. Mir wird klar, dass ich beim Blick auf die Kuh ein wenig abgedriftet bin, denn hier und jetzt steht knallharte Realität auf dem Programm: Er geht aufs Klo.

Ich wünsche ihm Glück, vielleicht wurde ja gerade noch geputzt.

Eine Gruppe von acht Jungs rast mit ihren blauen Rollern vorbei, niemand trägt einen Helm oder hält sich an Verkehrsregeln. Sie winken. Ein alter Mann in Lumpen zieht einen schweren Karren hinter sich her, auf dem Bananen liegen. Ich kaufe eine Staude, an der sechs kleine gelbe Exemplare baumeln, und zahle siebzig Cent. Der Mann ist auf dem Weg zurück nach Hause. Wie viel er wohl verdient hat? Ob dieses beschwerliche Leben erfüllender ist, als acht Stunden im Büro zu ackern, vor den Bildschirmen zu versauern, Umsatzvorgaben zu realisieren? Was ist schlimmer für den Rücken? Für einen Moment bin ich traurig und enttäuscht, weil mein Leben so einfach aussieht. Ich habe so viel, eine warme Dusche, ein festes Gehalt, und kriege auch noch Weihnachtsgeschenke. Ich bin von Wahlmöglichkeiten umringt und unglaublich privilegiert – und trotzdem manchmal unzufrieden. Weil ich immer etwas finde, was mir fehlt: eine liebevolle Freundin, meine Bücher auf der »Spiegel«-Bestsellerliste, ... Aber jetzt ist mal Ruhe im Karton, denn diese Begegnung genügt. Sie ist menschlich. Da ist etwas, und das ist wunderschön. Ich klopfe dem alten Mann zum Abschied auf die Schulter, er lächelt und sieht glücklich aus. Das tut uns beiden gut. Plötzlich dringt ein wildes Hupkonzert in mein Gehirn. Vor mir stehen die Jungs mit ihren blauen Rollern. Sie grinsen. Ich grinse zurück. Der Moment ist voll da. Erst Freundschaftsblickkontaktduell, dann Lachen. Sie zücken ihre Handys, und wir schießen ein paar Fotos. Die Jungs schwimmen im jugendlichen Weltentdeckerspirit. Eine andere Begegnung als die mit dem Bananenverkäufer. Jeder, den ich treffe, schenkt mir etwas. Aber bevor das Gedankengeschwafel jetzt von vorn losgeht, ist erst mal High five angesagt, und wir sind Super-Buddies. Sie wollen wissen, woher ich komme und wohin es geht. Ich erzähle, während sie lässig auf ihren Maschinen hängen, eine Kippe rauchen, nicken.

»*Gärmeny, fudboll fudboll und Bayern Mjunick.*« Auch Hitler, Ballack und Merkel werden in die Runde geworfen. Alles derselbe Verein.

Dann werfen sie den Motor an, heizen weiter, ihnen gehört die Stadt. Meine schweren Gedanken sind verflogen. Die Jungs haben sie eingepackt und mitgenommen.

Dann rollt er vor meine Nase. Der Sleeper-Bus. Ein Reisebus, in dem es statt Sitzplätzen für die Passagiere kleine Schlafkojen gibt.
Süße Kindheitserinnerungen toben in meinem Kopf. Ich habe die ruckelnden Liegewagenabteile, mit denen wir in die Schweiz gereist sind, so gemocht. Die halbe Nacht blieb ich wach und spähte durch einen Schlitz unter den Rollläden hinaus in die vorbeirauschende dunkle Welt hinter der Scheibe. Wenn der Zug langsamer wurde oder anhielt, um ein paar Reisende einzuladen, gab es, während Mama, Papa und meine Geschwister selig träumten, unendlich viel zu entdecken. Neonlicht und ausgestorbene Bahnsteige, über die ein paar Verirrte eilten. Plastiktüten, die im Wind tanzten, Tafeln mit Namen von Orten, die ich noch nie gehört habe, und Schaffner in Uniformen, die mit einem langen Pfiff aus ihren kleinen Trillerpfeifen die Weiterfahrt signalisierten. Die Lok zog, der Zug ächzte, und plötzlich bewegten sich die Bahnhofsschilder. Sie schwebten, blieben zurück, und ich hoffte nur, der Schaffner springt noch auf, um mit uns weiter durch die Welt zu tuckern.
Und jetzt rein ins Vergnügen. Ole hat seine Expedition überlebt, und ich händige dem Inder am Steuer unsere Tickets aus. Wir streifen durch den Gang nach hinten zu unserer Doppelnische in der letzten Reihe. Eine 1,20 Meter mal 1,80 Meter große Matratze. Platz für zwei. Unser Reich ist abgetrennt durch einen Vorhang. Die Idee ist super: Man steigt ein, träumt schön und steigt am Zielort wieder aus.

Natürlich ist an Schlaf nicht zu denken. Wir schießen Fotos, schauen aus dem Fenster, ziehen es auf, stecken den Kopf in die Nacht hinaus. Dann geht's los. Das Gaspedal brummt, der Blecheimer rollt und beschleunigt ohne Angst obwohl wir uns noch im Stadtgebiet befinden. Nach zehn Minuten halten wir, um für den langen Trip zu tanken. Ich springe auf, eile nach vorne und aus dem Bus und renne um eine Ecke. Ole bleibt verwirrt zurück. Nach zwei Minuten bin ich zurück und präsentiere eine leere Plastikflasche.

»Damit werden wir ein Gerät herstellen, um unbemerkt in diesem Bus Marihuana zu rauchen.«

Ole jubelt, kramt unverzüglich in seinem Rucksack und packt alles aus, was der Fabrikation dienlich sein könnte. Der Bauplan für meinen ersten Joint in Indien ist längst erdacht, seit ich das erste Mal mein Haupt nach draußen gehalten und frischen Fahrtwind geschnuppert habe. Ich schneide den Boden der Flasche heraus, Ole dreht einen Joint und umwickelt das Mundstück mit Toilettenpapier, sodass es luftdicht in die Trinköffnung passt. Der Bus rollt auf eine Landstraße, die Geschwindigkeit nimmt zu, wir schieben das Fenster auf und halten die angefertigte Windschutzvorrichtung nach draußen.

Bei jedem Zug glimmt nicht nur die Tüte in der Plastikflasche, sondern auch der Spaß in unseren Augen. Deutsche Ingenieurskunst, die Synapsen hüpfen. Der Rauch wird durch den Fensterschlitz nur einen Meter über dem Auspuff heimlich in die indische Nacht gepustet. Wir schießen Fotos von dem verbotenen Akt hinter dem Vorhang, unser Hirn ist voll mit Schabernack. Sind wir noch unentdeckt, wie viel bekommen die anderen mit von dem Gekicher in der letzten Reihe? Wird plötzlich ein Ordnungshüter den Vorhang zur Seite reißen? Jemand den Verrat wittern, die Welt retten, die Unwürdigen in Ketten legen?

Vielleicht, aber jeder Tag kann der Letzte sein, und deshalb darf es nie zu ernst werden, dieses Leben, und jetzt und hier wird nur gelacht, denn schon der Weg nach Hampi schmeckt nur nach Magie.

Unser Gefährt steuert auf eine gut ausgebaute Landstraße, der Schabernack macht Platz für Müdigkeit, wir legen uns hin, um auszuruhen und zu schlafen. Das scheint dem Wahnsinnigen am Steuer zu gefallen. Denn plötzlich jagt er das bullige Blechgeschoss mit lebensgefährlichen Manövern so über den Asphalt, dass die Wirkung auf die Schwerkraft in unserer Kammer, nun ja, bemerkenswert wird. Der Motor röhrt, heult auf wie ein Drache, und das übergroße Lenkrad in der Fahrerkabine wird zur Seite gerissen. Wir schleudern von rechts nach links und wieder zurück und lachen uns hirnlos schlapp. Schlafen wird hier niemand, aber der Spaß ist nicht zu fassen.

Gegen zwölf Uhr wird das Hin- und Hergepurzel *etwas* sanfter, und da man sich an alles gewöhnt, fallen mir sogar in dieser suizidalen Achterbahn irgendwann die Augen zu.

Ich klopfe dem Fahrer auf die Schulter, er nickt, ich steige aus dem Bus. Mitreisende schlurfen in verschiedene Richtungen davon, Tau liegt auf den Blättern des frühen Morgen. Müdigkeit lähmt meine Knochen, der Verstand steht auf Stand-by, wir schleppen unser Gepäck einen kleinen beschwerlichen Weg entlang.

Es tauchen Unterkünfte auf, die aber alle noch zu schlafen scheinen. Zartes Tageslicht kämpft sich hervor. An einem Tor steht ein Mann in weißem Gewand, der mit einem alten Holzbesen seine Einfahrt kehrt. Er nickt, wir fragen nach einem Zimmer. Er schwenkt den Kopf. Wunderbar, denn diese ungeheuer geniale landestypische Kommunikationsfloskel bedeutet Ja oder Nein. Eine Geste mit Weltruhm, eine famose Kultureigenart. Ich bin gleich wacher, Ole umarmt den Mann mit den Augen. So stehen wir zu dritt in dieser Einfahrt und überbrücken die Zeit mit Grinsen. Dann stellt er den Besen an die Seite, um uns eine kleine Hütte zu zeigen, die wie durch ein Wunder gestern frei geworden ist.

»*Juuh häving vähry bik lack todai.*«

Wir stimmen zu, werfen unser Gepäck aufs Bett, schlüpfen in frische Klamotten und wollen nur schlafen, als es klopft, weil zwei dampfende Tassen mit süßem Tee vor unserer Türe auf uns warten. Wir sind in Hampi! Also erst ein gemütlicher Schluck in trauter

Zweisamkeit auf dem Bänkchen vor unserer Hütte, um dann mit langsamen Schritten durch den verzauberten Garten zu spazieren, in dem nun die ersten Gestalten auftauchen, die zum Frühstücksbereich schlendern.

Schwere Bambusstämme tragen ein weites Dach, unter dem sich der offene Frühstücksbereich befindet. Zarte Musik lädt ein, näher zu kommen. Wir stellen unsere Flipflops in die Reihe zu den anderen. Der Boden ist mit weichen Orientteppichen ausgelegt, damit man bequem an den niedrigen, vierzig Zentimeter hohen Tischen Platz nehmen kann. Gemütliche Kissen und Decken, Lehnen, bunte Tücher und kleine Kerzenlichter machen es leicht, sich niederzulassen. Wir gleiten sanft zu Boden, schieben unsere Beine unter einen Tisch, auf dem ein kleiner Buddha steht. In unserem Rücken, nur ein paar Zentimeter entfernt, liegt ein stiller Fluss. Seerosen baden darin, ein betagter Kahn schwimmt vor dem Ufer, wo ihn nur eine Leine hält. Reisfelder träumen in der Ferne, Blumen säumen unsere Oase, und ein paar Bienen summen darin. Dahinter erheben sich kleine Hügel, auf denen die Tempel thronen. Uralte Steingemäuer, in denen Heilige lebten. Aus den Boxen klingen Querflöten, Klangschalen und die dunklen hallenden Stimmen eines betenden Chors. Sie verzaubern die frühen Stunden mit den wahrhaftigen Worten »*Om mani padme hum*«, »Oh du Juwel in der Lotusblüte«, dem universellen Mantra der Liebe und des Mitgefühls. Nebelschwaden wandern vorüber, spielen mit den ersten Sonnenstrahlen. Die klaren, ehrlichen Farben spiegeln sich im Wasser und harmonieren mit der Musik, die uns in Dauerschleife sanft wie Schneeflocken und unschuldig wie ein Kinderlachen berieselt, berieselt, berieselt.

Jemand seufzt vor Glück. Am Nebentisch klimpern die Teetassen, und es duftet nach Kaffee. Die Gespräche sind gedämpft, es gibt keine Worte, die diesen traumhaften Ort zu dieser besonderen Stunde beschreiben, aber wann immer ich irgendwo die süße Melodie des

Mantras »*Om mani padme hum*« vernehme, katapultiert es mich zurück nach Hampi und an diesen Sommermärchenmorgen.

Die köstlichen Speisen und Getränke wecken unsere Geister. Das Frühstückswunder wird real, wir wollen ewig sitzen bleiben. Ole lacht, die Gemütlichkeit ist nicht zu fassen. Auf diesen achtzig Quadratmetern Zufriedenheit ist die Welt in Ordnung. Ist es die Aussicht, die Musik, der Teppichboden und die Kissen, die schmackhaften Speisen, die netten Jungs, die sich um die Gäste kümmern, oder die Magie, von der Jule sprach? Sind wir es, die die Schönheit wahrnehmen? Ist es das Außen oder das Innen? Sind es Mantras, oder ist es die Gunst der Götter? Die Fragen sind müßig, denn was mich jetzt durchdringt ist Dankbarkeit. Eine schöne Qualität. Und da diese auch beleben kann, erheben wir uns, denn wir möchten die Ruinen der sagenumwobenen Tempel besuchen.

Wir schlendern einen Weg entlang zum Fluss. Dort warten Einheimische, um ans andere Ufer des Tungabhadra übergesetzt zu werden. Wir stellen uns an. Immer wieder gesellen sich weitere Inder dazu. Hinter uns, vor uns, neben uns, oder wo gerade Platz ist, um dann mit einem geschickten Manöver von der Seite plötzlich *vor* uns aufzutauchen. Da wir Fremde in diesem Land sind, sind wir höflich. Die Sonne scheint, wir sind umgeben von echter südindischer Hitze und freuen uns, mit echten Menschen in einer echten südindischen Schlange auf den landestypischen Transport zu warten. Echt. Ohne Falsch. Wir sind Gäste voller Dankbarkeit. Eine halbe Stunde lang. Dann steige ich in das Gerangel ein, da wir sonst im Leben keinen Millimeter vorwärts kommen. Es gibt keine Angst vor Schweiß, Körperkontakt oder dem Erstickungstod.

Ich presche voran, strahle freundlichstes Schwiegersohn-Sonnenschein-Lächeln in die Welt, während Ellbogen und Schultern bereit sind für den Dritten Weltkrieg. Ole klebt an mir wie Tapetenkleister. Ich drängele, schiebe und drücke wie in den Schlangen vor den Skiliften meiner Kindheit, nur dass dies hier niemanden überrascht oder gar erbost. Keiner packt den Rotzlöffel bei den Ohren, alle sind bester Laune, Teil des Spiels, und nach einer Viertelstunde Freiluftringen dürfen wir ein Boot besteigen. Die Überfahrt dauert zehn Minuten, das Wasser plätschert, und zu allem Überfluss können die siegreichen Passagiere plötzlich wieder atmen.

Hampi ist ein beschauliches Dorf mit gut 2.000 Einwohnern. Das war nicht immer so. Einst ging von hier eine Dynastie aus, denn Hampi kontrollierte vor gut 600 Jahren fast ganz Südindien und war das letzte große Hindu-Reich.

Südlich liegt es am Tungabhadra. Auf der anderen Seite ist die ehemalige Herrscherstadt umgeben von schwer zu durchquerendem Land, auf das der Legende nach die Affengötter Bali und Sugriva und deren Botschafter Hanuman Felsen regnen ließen. Das Ergebnis sieht aus wie bei den Geröllheimers, denn ein Meer aus zwei bis fünf Meter großen Felsblöcken durchzieht das weite Land.

Die Ruinen der einst über 200.000 Menschen beheimatenden Stadt liegen verteilt über 26 Quadratkilometer. Im Jahr 1564 wurde die Siedlung von muslimischen Heeren niedergemetzelt. Die Tempel aus hartem Granit haben Kriege und Zerstörung überstanden und wurden zur Pilgerstätte. Der Ort ist nicht nur in eine außergewöhnliche Felslandschaft eingebettet, sondern auch von fruchtbaren Bananenplantagen und Reisfeldern umgeben, die durch den Tungabhadra bewässert werden.

Als wir anlegen, thront vor uns der Virupaksha-Tempel in den Himmel. Von dort führt die Hampi-Bazaar-Straße zu den Cafés und den Unterkünften für die Reisenden sowie den Behausungen der Einheimischen. Wir lassen den quirligen Ort hinter uns, laufen an Scharen von Buden vorbei, die vorbereitet werden, und wandern in die weitläufige einsame Ruinenlandschaft. Wir erklimmen einen kleinen Hügel, oben sind wir umgeben von einer einzigartigen Mondlandschaft, einer Wüste, die mit Tausenden von Felsblöcken übersät ist und in die sich grüne Oasen wie Farbkleckse verirrt haben. Natürlich sind sie durch Menschenhand und ein ausgeklügeltes Bewässerungssystem entstanden, aber das Bild einer erhabenen Mondlandschaft, gespickt mit wundersamen Oasen, zeitlosen Tempeln und außerirdischen Steinbrocken gefällt meinen Augen besser als die geschichtlichen Hintergründe oder archäologischen Erkenntnisse.

Der Nachmittag plätschert dahin, schönster Sonnenschein triumphiert vom Himmel herab. Wir meditieren auf einem eckigen Felsen und treffen auf eine indische Großfamilie bei ihrem Ausflug. Die Kleinen staunen, die Jugendlichen und ihre Eltern suchen das Gespräch, wollen etwas erfahren, genießen den Austausch, interessieren sich für das Leben in der Welt, die Alten betrachten die Begegnung. Jede Herangehensweise macht ihren Sinn.

»*Oooh, Gärmeny, gud cauntrri, weri modern, no chaos and guud laif.*«

Ich erzähle, auch Deutschland ist voller Wahnsinn, verweise auf den Bierkonsum, die Schlösser aus dem Mittelalter, samt Foto von Neuschwanstein, und die Autobahnen, auf denen man über 200 Kilometer pro Stunde fahren darf.

Meine Gesprächspartner verteufeln das Verkehrschaos und die Korruption in Indien und sind nach Hampi gereist, um den Göttern zu huldigen und alle zusammen unterwegs zu sein. Natürlich müssen wir für die fröhlichen Erinnerungsfotos posieren, denn die Jugendlichen brauchen Beweise für ihre Online-Netzwerke – wie ähnlich sich unsere Länder doch manchmal sind. Das bringt die Frauen zum Lachen. Einer von den ganz Kleinen hat große Kulleraugen, er macht von der Seite einen mutigen Schritt auf mich zu, ich drehe mich und frage ihn, wie alt er ist. Er erstarrt, schaut zu seiner

Mutter, sie nickt, er streckt mir seine Hand mit vier ausgestreckten Fingern entgegen.

Ich sage: »*Nice to meet you, my name is Andi.*«

Er guckt, seine Mutter erklärt, der Kleine lächelt stolz wie ein Abenteurer.

Immer wieder werden Ole und ich, weil wir beide mit Bart aber ohne Haare auf dem Kopf herumlaufen, gefragt, ob wir Brüder seien. Wir erklären, dass wir beste Freunde sind, und das ist so wie Brüder, mindestens. Alle stimmen zu, bis auf die, die nicht alles mitgekriegt haben und nun mit Wie-und-was-noch-mal-Kommentaren alle durcheinander bringen, bis keiner mehr weiß, worum es geht, aber jeder lacht, weil das das Wichtigste ist: das Gefühl. Das Miteinander. Blut, Herkunft, Hautfarbe und Schulbildung sind Nebensächlichkeiten, aber das Voneinandererfahren, das gemeinsame Erkunden, das schafft die Herzenswärme. Und bevor nun die abgelenkten Teile der Großfamilie zum zehnten Mal nachfragen, trennen sich unsere Wege auch schon, weil der Ausflug weitergeht und wir ja noch zum Monkey Temple müssen.

Wir erklimmen 575 Stufen. Jede wird belohnt. Wie im Leben. Mit jeder Stufe gewinnt man Höhe und darf mehr sehen von dem, was uns umgibt. Die Aussicht in alle Himmelsrichtungen, die sich rötlich färbende Sonne und der stolze Virupaksha-Tempel brennen sich in meine Erinnerung ein wie ein Brandmahl auf dem heiligen Po einer indischen Kuh.

Die Suche nach Glück und Erlösung hat – so wie Indien – viele Gesichter. In Goa waren es die spirituellen Praktiken, die das Innenleben bewegen, die Gefühlskanäle öffnen und die Energie fließen lassen sollen. Hier ist es Hinduismus. Es sind die Götter, denen Tempel errichtet, die angebetet und in Zeremonien verehrt werden. Eine äußere Macht, die dem Menschen Unterstützung bringt. Kritiker bemängeln die fehlende Eigenverantwortung, aber auch Gebete berühren das Innere des

Wesens und haben eine verändernde, eine aufmunternde Kraft. Egal ob die Gottheiten mit Affen- oder Elefantenkopf existieren oder nicht, ob Buddha in meiner Brust lebt, Chakren an der Wirbelsäule kleben oder Götter durch das Universum fliegen. Die Unterschiede klingen riesig, aber die Sehnsüchte der Menschen sind die gleichen.

Je näher der Tag seinem Ende kommt, desto mehr Personen tauchen in der Ferne auf. Die meisten sind in traditioneller Kleidung unterwegs. Sie streunen umher, verharren, um ein Gebet zu sprechen, knien nieder vor den heiligen Artefakten, geben sich ihren religiösen Praktiken hin. Als wir zurücklaufen, begreife ich, warum am Nachmittag so viele Stände mit Vorbereitungen beschäftigt waren: Ganze Menschenmassen kommen uns entgegen.

Der Mann mit dem langen Bart ist uralt. Seine Handgriffe bei der Zubereitung des Chai-Tees schweben. Mit Schwung und Elan fliegt der Tee in den zerbeulten Blechtopf über der Feuerstelle. Der Alte rührt mit einem Holzstab in der heißen Milch, beobachtet, wie die schwarzen Teeblätter durcheinander fliegen, fügt im richtigen Moment süßen Zucker hinzu, prüft die farbliche Veränderung der cremigen Substanz, ergänzt eine geheime Zutat aus der kleinen Holzkiste und inhaliert den emporsteigenden weißen Dampf des duftenden Gebräus. Ole schaut mich an, ich schaue zurück. Wir denken an dieselben drei Buchstaben. Zen. Es ist eine Ehre, den Meister der Zubereitung zu betrachten. Diese Prozedur hat nichts zu tun mit dem heimischen Wasserkocher-an-Teebeutel-rein-noch-schnell-was-zwischendurch-erledigen-plötzlich-Schreck-weil-Tee-vergessen-also-schnell-Beutel-raus-und-los.

Diese Zubereitung ist kein Hexenwerk oder spirituelles Ritual. Es werden keine Drogen beigemengt, Götter angerufen oder Atemtechniken durchgeführt. Die Zubereitung ist konzentriert. Keine Ablenkung, kein esoterisches Aufputschen. Tee kochen. Das ist alles. Das ist faszinierend.

Mitten in diesem Gedanken schlägt er, klang-klock, den Rührlöffel ab, platziert ihn auf einer Untertasse, greift eine Zange und damit das heiße Blechgefäß. Er schwenkt den Zaubertrank mit kleinen kreisenden Bewegungen, bei denen der Tee immer genau einen Millimeter unterhalb des Rands schwingt, bis eine unsichtbare Zufriedenheit in den grauen Kulleraugen entsteht. Während er den Topf mit der Flüssigkeit mit gestrecktem Arm zum Himmel hält und ihn von dort durch ein Sieb in drei aufgereihte Minigläser plätschern lässt, erzählt er, dass hier heute und in den kommenden zwei Tagen das größte Hindu-Fest des Jahres stattfindet. Über 50.000 Besucher. Wir nippen und schließen einen Schluck lang die Augen. Wunderbar ... Wir loben den köstlichen Tee, er freut sich über Anerkennung seines Handwerks. Es stimmt schon wieder alles. Die Köstlichkeit, das Riesenfest, und auf einmal macht auch das »*very big luck*« von heute Morgen Sinn. Wir haben Glück gehabt. Schon wieder. Wir haben eine Unterkunft gefunden und werden Teil dieses Pilger-Festivals sein.

Während der Tee unseren Gaumen verwöhnt, wächst die Menschenmenge zu ungeheuerlicher Größe an. Hampi erwacht, wir stecken in einem Meer aus indischem Treiben. Bunte Scharen ziehen an uns vorbei, ich könnte ewig hier sitzen, mitten im Jahrmarkt der Pilger, und den Rest des Abends mit Chai verbringen, aber Ole treibt mich schon wieder an.

Wir müssen rein, mitten ins Geschehen, alles aufsaugen, mitkriegen, in uns wirken lassen.

Wir laufen in die Tempel, um Opfergaben zu machen, den Zeremonien beizuwohnen und uns segnen zu lassen. Die Gesichter der vielen Pilger, die um uns herum schwirren, baden in Zuversicht und Frieden. Alles wird sich richten, die Gunst der Götter ist auf dem Weg. Kleine und große Statuen wachen über die Besucher, alte Legenden flüstern durch die kühlen Räume der Tempelhallen. Eingravierte Szenen von Kämpfen und Wundertaten flackern an den Wänden. Und etwas flackert auch ins uns.

Erfüllt mit mystischen Eindrücken laufen wir zurück und streunen durch die Nacht.

Unter einem Dach sitzen bemalte Sadhus, die sich der Askese verschrieben haben. Sie sind besitzlos, kiffen von morgens bis abends und frönen der Erleuchtung. An einem Tag wie heute sind sie Attraktion. Wir vereinbaren, sollten wir bis zum Alter von 55 Jahren immer noch nicht erleuchtet sein, es ebenso mit Dauerkiffen zu probieren. Eine lustige Aussicht. Allerdings gibt es eine Schattenseite. Die Entscheidung der heiligen Männer, sich diesem mittellosen spirituellen Weg hinzugeben, bedeutet für viele, ihre Familien zurückzulassen, die dann gucken müssen, wie sie klar kommen. Nicht jede Geschichte in diesem Land ist himmlische Poesie und frei von weltlichen Problemen. Selbstaufgabe, Suche oder Spiritualität kann auch Egoismus sein.

Den zweiten Tag in Hampi beginnen wir wie den ersten. Wir sitzen auf dem Teppich, frühstücken und lassen das Mantra »*Om mani padme hum*« in Dauerschleife unsere Gehirnwindungen bearbeiten. Bei diesen indischen Mantras weiß man nie, wozu sie fähig sind. Schwuppdiwupp, und zack ist man erleuchtet. Das Ego futsch, Sorgen sind ein kaum mehr zu erinnerndes Phänomen von früher, Ängste genauso unwichtig wie Freude, und endlich ist klar, dass es weder Körper, noch Gedanken oder Gefühle überhaupt gibt. Alles Illusion. Was bleibt, ist die Einheit mit dem Universum und *very* angenehm. Da wir uns nicht ganz sicher sind, ob es uns nicht doch noch gibt, verschieben wir die Nirwanadebatte und gehen zu einer Yogastunde.

Sunay stammt aus dem Norden Indiens und verbringt ein paar Monate in Hampi, um Yoga zu lehren, bevor er zu seiner Familie in den Bergen zurückkehrt. Wir sind fünf Teilnehmer. Sunay führt uns mit ruhiger Stimme und exakter Anweisung in die Asanas. Eine schöne, nicht zu anstrengende Stunde. Der Körper wird geweckt, gestreckt und harmonisiert. Während wir die Positionen halten, unterrichtet Sunay uns über ihre Wirkung auf Körper und Geist.

»*Dhiis väry gud for hipp*«, das freut mich, dass wir der Hüfte Gutes tun, »*... livaaah*«, oh, ein Bonus, und Leber kann nicht schad... »*Ellboow, shoulder and bahlanz. Very gud fo ju head, toe, skin, legs, hiiiipps.*«

Diese Übung sollte ich schleunigst zu meinem täglichen Zehn-Minuten-Programm hinzufügen.

Es folgt der Schulterstand.

»*Yoga very guud, physilkiih, mentaliih and schpiritliih.*«

Ich liebe den Typ!

»*Äähnd, this Asana speschialy, very guuudd for ju hands, änkle. Leeegs, head, ears, eys, fingera.*«

Ich blicke zu Ole hinüber. Er lächelt mit geschlossenen Augen. Ich konzentriere mich, richte die Wirbelsäule auf und drehe mich in die nächste Asana.

»*Very guud for kiidneee, stooomaaag, joung skiiin, toes.*«

Am Ende dieses Gefühl, den Körper genährt zu haben. Die Energie fließt in sanften Bahnen, und noch mal die Erinnerung: »*Yoga very guud, physilkiih, mentaliih and schpiritliih.*«

Wir bedanken uns für eine wunderschöne Session – ich kriege das Schmunzeln nicht mehr aus dem Gesicht.

Er verneigt sich: »*Präktiss äfri day and be äppi!*«

Ich beschließe, da wir beim Yoga bereits jedes Organ, jeden Körperteil und jede Zelle einzeln gesundet haben, heute einen Wellnesstag einzulegen. Am Nachmittag gönne ich mir eine ayurvedische Massage.

Ayurveda ist eine indische Heilkunst, die auf einer Einheit von Körper, Sinnen, Verstand und Seele beruht. Sie strebt eine Harmonisierung der drei Lebensenergien an:
1. Vata (Wind)
2. Pitta (Gyros, nein Feuer und Wasser)

3. Kapha (Erde und Wasser)
Auf Deutsch: wunderbare Öle, sanfte Musik, zärtliche Entspannung.
Ich werde in eine Hütte geführt, von oben bis unten eingeschmiert, und dann beginnt die Kneterei. Zu Beginn ist die Sache heftig, da sich der kräftige Typ auf jeden Knoten, den er findet, stürzt, als hinge mein Leben davon ab. Oder seines. Oder das Leben auf diesem Planeten! Da man dem heiligen Inder natürlich Zauberkräfte zumutet, muss man ihn gewähren lassen. Ich keuche, beiße die Zähne zusammen, Schmerz vermischt sich mit Furcht, ich ächze, während meine Gedanken brüllen, ob das noch gesund sein kann und was um Himmels willen Wellness auf Indisch heißt?
Gott oh Gott oh Gott ...
UMDREHEN!
Angstschweiß rinnt von meiner Stirn, ich rolle mich erschöpft zur Seite, fasele »*tranquillo*« und »*please mistar*« vor mich hin, als seine Pranken meine Oberschenkel packen.
»Aaaaahhhhh!!!!!!«
Die Hölle wohnt in Hampi, ich bin in ihrem Schlund gefangen. Der Typ holt alles aus meinen Haxen raus. Alles ist vor allem Schmerz. Ich verkrampfe, schreie, der Metzger hört nicht hin, verzieht keine Miene, zerquetscht Fleisch und Knochen, und am Ende guckt der Wahnsinnige auch noch zufrieden und wünscht sogar Bezahlung. Ich robbe von der Liege, stöhne, kann mich kaum auf zwei Beinen halten, überreiche das Geld, nicht *für* die Massage, sondern um mich frei zu kaufen, und schleiche zermahlen nach Hause. Die spinnen, die Inder.

Am dritten Tag leihen wir uns Motorräder aus. Hampi liegt im Nichts und bietet uns die Gelegenheit, ländliches Indien zu entdecken.
Wir setzen die Helme auf, geben Gas, und nach wenigen Minuten verebben die grünen Reisfelder in unseren Rückspiegeln.

Eine ockerfarbene Staubwüste legt sich auf das weite Land. Der Motor meiner Maschine treibt mir Fahrtwind ins Gesicht und lenkt die Maschine durch die hellbraune Kulisse. Tausende große Felsen, die einst vom Himmel fielen, bevölkern hier die Steppe. Irgendwann wird die Unendlichkeit von einer kleinen Siedlung durchbrochen. Wir sehen Lehmhäuser, auf denen verstaubte Wellblechblätter liegen, und Ziegen, die an dürren Sträuchern nagen. Die Mittagshitze flimmert. Es gibt keine Farben. Kein Grün, kein Rot, kein Blau. Ein paar alte Menschen sitzen am Straßenrand im Schatten und warten lethargisch auf das Tagesende. Andere beladen einen verrosteten Lkw mit Ziegelsteinen. Ein verstaubter Laden an der Ecke verkauft dünnes Benzin in Plastikflaschen. Während die Zeit stillsteht, höre ich meine Gedanken plappern. Vielleicht wissen diese Menschen nichts von der nervösen Welt. Von unseren Alltagssorgen. Sie kennen nur die eine, die Sorge, genug zu essen auf den Teller zu bringen, um ihre Familie zu ernähren.

Es ist müßig, die Kulturen oder Lebenswege zu vergleichen. Auf der einen Seite marschiert der Druck der Leistungsgesellschaft, die Raserei ums kalte Geld, die immerwährende Hektik, das tägliche Arbeitspensum, das, wie mir ein Peruaner erzählt hat, in den westlichen Nationen größer ist als zu Zeiten der Sklaverei. Auf der anderen Seite stehen Menschen, die mit dreckigen Händen arbeiten, aber ihre Ruhe haben. Kein Handy am Ohr, keine WhatsApp-Nachrichten, die piepsen, keine Termine, keine To-do-Listen. Zufriedenheit ist hier kein Wunderwerk. Sie ist knochenharte Arbeit. Und weniger kompliziert.

Wo ist das Glück zu finden? Im Außen oder im Innen? Wir können versuchen, möglichst viele Bedürfnisse zu befriedigen (mein Haus, mein Auto, meine Weltreise), den Botschaften der Werbepsychologen verfallen, oder wir gehen den buddhistischen Weg, der empfiehlt, der Begierde und den Wünschen den Antrieb zu nehmen. Durch Versenkung. Den Blick nach innen richten, statt nach außen.

Weil mit jeder Befriedigung aus Gewohnheit das nächste Bedürfnis erwacht. Wir strampeln, sind nur Millimeter entfernt, aber kriegen die Karotte der Zufriedenheit nie zu fassen. So stürzt sich der Westen, nein, so stürze ich freiwillig in die Verzweiflung. Sie ist sich selbst der Antrieb. Wir …, nein, ich habe so viel. Was fehlt, ist die Genügsamkeit. Dabei können wir, nein, kann ich ein einfaches Leben wählen. Auf Wohlstand verzichten. Wenn ich will. Oder mich traue. Hier in Südindien gibt es keine Wahl. Das Leben ist, wie es ist.

Nach dem Sonnenuntergang sitzen wir auf den Teppichen in unserer Unterkunft und lassen uns das Abendessen schmecken. Wir sind unendlich privilegiert. Natürlich zahlen wir an der Heimatfront einen Preis. Die Wartelisten bei den Psychologen sind lang, die Therapieplätze besetzt. Bei all dem Wirbel braucht es Geschick, um das Glück in uns aufzuspüren. Oder Humor! Wir wünschen uns, dass diese Reise nicht nur unseren Erfahrungsschatz vergrößert, sondern uns etwas schenkt, was wir mit nach Hause nehmen können. Vielleicht Weisheit, vielleicht einen Werkzeugkasten oder eine Richtung.

»Wir sind verrückt«, sage ich.

»99 Prozent der Menschen sind verrückt«, sagt Ole.

Alle wollen, was sie nicht haben, suchen, was sie nicht kennen, wissen nicht, wer sie sind.

Vielleicht finden wir noch den einen, der schon alles hat.

Im Schoß der täglichen Frühstückszeremonie beratschlagen wir, wie unsere Indienreise weitergeht. Wir werden uns trennen. Ole wird nach Puna reisen, um den legendären Aschram von Osho zu besuchen, ich möchte nach Arambol zurück, um ein paar Tage mit Hariprem zu verbringen. Irgendetwas hat dort begonnen, aber noch keinen Abschluss gefunden. Also noch mal nach innen schauen, und dann an einem zehntägigen Massagekurs teilnehmen. In ein oder zwei Wochen werden wir uns in Goa wiedersehen. Von dort geht es weiter in den Norden. Zur heiligen Stadt und hinauf in den Himalaya.

Am Nebentisch lauscht Sophia, eine Norwegerin, die ein paar Fragen zu den Tempeln und Ruinen hat und auch nach Goa möchte. Wir geben gerne Auskunft, weisen darauf hin, dass die Boote zurück auf unsere Seite des Flusses heute nur bis 18 Uhr fahren, und verabreden uns zum Abendessen hier in unserer Unterkunft.

Wir entspannen beim Yoga, vergnügen uns über den herrlichen Akzent unseres wunderbaren Lehrers *(Yoga very guud, physilkiih, mentaliih and schpiritliih)*, trinken Tee und verbringen den Nachmittag mit einer göttlichen Übung: Nichtstun.

Nach dem Abendessen zu dritt schlägt Ole vor, zusammen auf einen Hügel zu laufen, um den magischen Sternenhimmel zu betrachten. Die Zeit ist gekommen, um von Hampi Abschied zu nehmen. Wir schlendern los, klettern ein paar Felsen hinauf und finden eine glatte Steinebene mit traumhaftem Blick über die Weite des magischen Lands. Der Halbmond leuchtet, die kühle Luft ist klar, die Sterne glitzern. Tausende Brocken ruhen in der Nacht, die durchdringende Stille wird nur selten von einem einsamen Vogelruf in der Ferne berührt.

Ole meldet sich mit einer Idee: »Sollen wir zusammen das Om singen?«

... mmh?

»Wir können es ja mal probieren«, sage ich.

Keiner will anfangen, und so ist es das dunkle kraftvolle Brummen meines besten Freundes, das jetzt in die Nacht hinaushallt und uns einlädt mitzumachen. Das Schwierigste ist der Anfang. Man muss sich trauen. Da Ole alles übertönt, hole ich Luft, lasse meine Furcht los und den tiefsten Ton aus meinem Bauch durch den Brustkorb hinaus. Sophia steigt mit ein. Sie klingt heller, weiblicher, wunderschön. Das Zaghafte wird gewissenhaft, und schon brummen wir aus voller Brust zusammen in die sternenklare Nacht. Wir ergänzen uns, ermutigen uns, beleben uns und hören nicht mehr auf. Wir füllen die Leere um uns herum, versinken in der herrlichen Aussicht, während aus unserem Inneren beruhigende Vibrationen strömen. Alles ist so natürlich. Sophia sitzt in der Mitte, ich lehne mich an ihre Schulter, und dann wage ich es, weil es einfach unmöglich ist, es nicht zu tun. Ich lege meinen Arm um sie, sie legt ihren Kopf an meinen Hals. Die zärtliche Verbundenheit ist weich und sanft. Zwanzig Sekunden später fühle ich eine Hand, die meinen Arm abtastet, kurz verwirrt ist, abwägt, dann bemerkt, dass dieser Arm nicht zu Sophia gehört und sich vorsichtig zurückzieht. Ich schmunzele. Und ich weiß, dass Ole, obwohl sein Organ prächtige Töne formt, ebenso schmunzelt, während Sophia von alldem nichts ahnt. Freundschaft ist Liebe und Verbundenheit, sie spricht ohne Worte, während sich zwei Hände im Rücken einer hübschen Norwegerin treffen und verständigen. Freundschaft ist wohlgesonnen, zu Scherzen aufgelegt und macht das Leben leicht. Freundschaft ist wie Indien. Sie ist heilig.

Am Nachmittag packen wir unsere Sachen zusammen und schnappen uns eine rostige Motorradrikscha. Der junge Fahrer summt die Titelmusik von James Bond, und als wir uns darüber freuen, gibt er Gas. Die folgende Verfolgungsjagd ist ein Wechselbad aus Vergnügen und dem sicheren Untergang. Auf meine Frage, ob er den Tod nicht fürchtet, ruft er: *»NO, mei frend!«*, und ist bereit, die Welt zu retten (oder zu verlassen).

Vielleicht der richtige Augenblick, jetzt von diesem Todeskarren abzuspringen. Aber wir bleiben. Er zieht voll am Hahn, reißt den Lenker rum, schert aus, wir blicken ins Angesicht eines auf uns zu donnernden Lkw. Beide hupen sich ins Kamikaze-Gesicht, wir packen uns an den Armen, reißen die Augen auf, lachen über unsere Todesangst. Wenn er sich nicht fürchtet, dann fürchten wir uns eben auch nicht! Und so kann das Abenteuer beginnen. Die Kühnheit und die Vorfreude sind da. Wir werden den Kontinent für eine Weile allein durchqueren, und dabei soll jedem von uns so viel wie möglich nur passieren.

An der Haltestelle, an der Oles Bus abfährt, drücken wir uns und wünschen uns Glück, den Rest wird Indien schon erledigen. Ich drehe mich um und laufe los. Schleierwolken ziehen Richtung Westen. Mit jedem Schritt wird alles leichter. Ich fühle neue Energie, etwas in mir möchte rennen, fliegen, nach vorne stürmen, alles sehen, entdecken, fühlen, voll da sein. Aber dann meldet sich etwas anderes: Ich habe keine Ahnung, wo *mein* Bus abfährt! Und nur noch zwölf Minuten Zeit!!!

Natürlich ist alles ganz entspannt. Im Nachhinein. Zweimal nachgefragt, die Haltestelle mit dem just anrückenden Bus gefunden, eingestiegen, zur Schlafnische gestolpert, einen Schluck Wasser für die ausgetrocknete Kehle getrunken, durchgeatmet.

Ich teile meine Kajüte mit einem zwei Meter großen Hünen aus Deutschland, der froh ist, dass ich ein dünner Hering bin. Die Freude ist nicht ganz genauso groß auf meiner Seite, aber er ist ein sympathischer Kerl. Wir quatschen, und weil das Indien ist, geht es sofort ans Eingemachte. Wir sprechen über unsere Beziehungen. Er ist mit einer zehn Jahre älteren Frau zusammen, die ihn nicht gehen lassen kann. Er aber braucht das, das Reisen, die Freiheit. Ich bin immer noch allein und wünsche mir, dass sich eine Frau an mir anlehnt. Es gibt einen Wunsch nach Selbstbestimmtheit sowie einen nach Gemeinsamkeit und Verbindung. Beziehungen vibrieren zwischen den Sehnsüchten und Ängsten, und wenn Liebe da ist, wird daraus Wachstum und Geborgenheit. Dafür zu kämpfen ist es wert, denn Beziehung ist Reibung, Intensität, eine Gelegenheit und jede Menge Lebendigkeit. In dieser engen Kajüte ist die Thematik leicht und wie ein großer Bruder. Es tut gut, dramafrei darüber zu sinnieren.

Wir machen uns nachtfertig, kuscheln uns in unsere Decken, der Fahrer scheint auf Valium zu sein, denn er bewegt den Bus mit vernünftiger Geschwindigkeit in den Abendverkehr, ich falle in einen Schlummerschlaf.

Stunden später wache ich auf und wundere mich, dass der Bus nicht fährt.

Und: Ich habe ein Problem. Verdammt. Ich habe dieses Problem gefürchtet, jetzt ist es da. Ich muss pinkeln. Es ist ein Rätsel, warum die Sleeper-Busse in Indien keine Toilette an Bord haben. Bei den Strecken!

Lässt sich das mit Meditation lösen? Gibt es Harndrang-Yoga?

Blöde Fragen. Helfen mir nicht weiter.

Ich könnte entspannen, damit der Druck nachlässt. Meine Theorie: Füllt sich die Blase, kontrahiert der Muskel, und nur dadurch entsteht der Harndrang. Also einfach entspannen. Einfach. Einfach!!!

Ich gucke auf die Uhr, wir sind fünf Stunden unterwegs, noch sechs weitere folgen. Ich muss schlagartig doppelt so dringend. Der Motor brummt vor sich hin, der Bus steht auf der Stelle. Vielleicht ja eine Möglichkeit. Ich rappele mich auf, wanke schlaftrunken durch die Reihen nach vorne, blinzele durch die Scheibe. Als ich die Türe zur Fahrerkabine und zum Ausstieg öffne, weht mir Hitze ins Gesicht.

Alte Männer mit zerzaustem Bart und weiten Gewändern rufen, brüllen, drängeln, ich ziehe die Türe wieder zu. Das Geschrei verstummt, die Klimaanlage haucht wie leiser Wind, das stumme

Handgemenge hinter der Scheibe ist auf 180. Mindestens zwanzig Leute, vielleicht im Kampf um den letzten freien Platz, vielleicht ein Betteln um Almosen oder eine Auseinandersetzung wegen des Wegzolls. Zwanzig oder dreißig Leiber drängeln am Eingang, kämpfen um irgendwas, und vielleicht ist das meine Rettung. Ich reagiere, reiße die Türe auf, zwänge mich durch den aufgeregten Tumult, drücke mich nach draußen, sprinte los, sehe Häuser, aber nirgendwo einen Pinkelbaum. Ich brauche eine nicht einsehbare Wand, die aber nah genug ist, dass ich mit einem Notfallsprint den Bus erreiche, bevor dieser mit all meinen Sachen am Horizont verschwindet.

Ohne Geld, Ausweis, Klamotten irgendwo in Indien wäre mir des Abenteuers zu viel. In Unterhos... HUCH, ICH BIN FAST NACKT!

Stopp! Jetzt nicht in der Gegend rumdenken, sondern das Geschäft erledigen. Egal wo! Ich stelle mich vor einen Strauch, zwei Minuten später eile ich mit großen Schritten zurück zum Bus. Dann bleibe ich stehen. Etwas stimmt nicht. Etwas stimmt überhaupt nicht. Die prügeln auf den Fahrer ein.

Zehn Mann, Zorn in den Gesichtern, versuchen das Gefährt zu entern und den Fahrer zu lynchen. Einige dreschen auf ihn ein, während er sich hinter dem Steuer mit Händen und Füßen verteidigt. Jemand versucht zu schlichten, kriegt einen Hieb an die Schläfe, geht im Gedränge unter. Alle rufen, zerren, heulen, boxen, einer greift dem Fahrer von außen durch das Fenster an die Gurgel.

Spinnen die?

Und Moment mal: Ich will in meine Schlafkabine! Der Weg dahin ist Massenschlägerei. Aber ohne Blut, denn die Aufgebrachten rudern mit den Armen, statt mit den Fäusten zu schlagen. Einfache Bürger, schmächtig, im Rausch, nicht mehr zu halten, aber ohne einander Platzwunden zuzufügen oder Kieferknochen zu zerbrechen.

Ich stehe in Schlafshorts auf der Straße. Irgendwo in Indien. Barfuß.

Wortfetzen fliegen durch die Nacht, Argumente, Aufbrausen, wilde Gesten, ein Mann aus einer Gruppe Zuschauern schlendert an mir vorbei. Der muss für Klarheit sorgen: »*Sorry, Mister* ...«

Er guckt mich an wie das zweite Weltwunder in dieser Nacht. Ob er die Schlussfolgerung hinbekommt, dass ich in den Bus gehöre? Könnte auch ein Verrückter in Unterhose auf der Straße sein.

Das ist jetzt egal. Ich will wissen, was da los ist. In *meinem* Bus. Er weiß Bescheid, also mehr oder weniger. Dieser Bus hat ein Kind oder einen Erwachsenen, der auch ein Kind hätte sein können, angefahren, beim Abbiegen oder Beschleunigen, absichtlich oder fahrlässig, und deshalb sind jetzt alle sauer oder wütend, und es geht um Geld oder Vergeltung oder eine Entschuldigung oder ein Schuldeingeständnis oder etwas anderes. Der Typ trottet davon. Ich schaue ihm hinterher, dann wieder zum Bus.

What to do?

Ich atme tief ein und wackele mit dem Kopf. Nützt ja nix. Ich stürme auf den Eingang des Gefährts zu, drängele mich die drei Stufen hinauf, zerre Leiber zur Seite. Leichte Schläge treffen meine Schultern, und ich drücke mich in den Bus, reiße die Türe zum Passagierraum auf und wuchte sie hinter mir wieder zu. Der Tumult verstummt. Ich warte, zaghaft löst sich meine die Klinke umklammernde Hand, niemand stürmt hinterher. Verrückt. Ich wandere den Gang entlang, in dem die Ahnungslosen schlummern. Meine Blase ist leer. Ich klettere in die Koje, liege wach und schaue an die Decke. Zehn Minuten später ruckelt es, der Bus fährt an. Ich schließe die Augen und freue mich darauf, das Ole zu erzählen.

DER PROZESS UND DIE BEFREIUNG

ETWAS BEWEGT SICH

Man gelangt durch ein kleines Tor in den Garten des Ave Maria. Das große Haus liegt in dem kleinen Wald hinter dem Love Temple. Im Herzen Arambols. Im Wohnzimmer wachen rot und grün blinkende Marienstatuen, und bunte Bilder vom letzten Abendmahl verzieren die Wände. Dahinter gibt es einen kleinen Gang, an dessen Ende sich eine Türe befindet. Ich ziehe in das Zimmer ohne Fenster ein. Eine katholische Oase auf Indiens esoterischem Truppenübungsgelände.

Jeden Tag schleiche ich durch ihr Wohnzimmer, um die Privatsphäre der freundlichen Familie möglichst wenig zu beeinträchtigen. Meine Gastgeber erzählen mir, wie sich der Ort entwickelt hat, wie damals die ersten Hippies wie verlorene Söhne hier gestrandet sind. Heute ist es ein Ort, in dem die Menschen auf der Suche sind. Nach Gott. Die Wege zu Gott sind vielfältig, er wird sie alle in die Arme schließen.

Zurück in Arambol. Zurück bei den Verrückten, den Euphorischen, den Lebendigen, zurück bei den Yogalehrern, beim Love Temple, dem Drum-Zirkel, den altbewährten Orten mit gutem Essen und dem spirituellen Pipapo.

Als ich abends den Strand entlanglaufe, hoffe ich, ein paar bekannten Gesichtern zu begegnen. Aber alle sind fremd, in ihrem Element, mit ihrem Kram beschäftigt. Nach zwei erfolglosen Runden gehe ich etwas essen und früh ins Bett.

Am Morgen schleppe ich mich zu Balu, schwitze, kämpfe in den Asanas, dann Frühstück, und wie jeden Tag wird Hariprem um 14 Uhr im Love Temple erwartet. Auch nach dem Tantra-Festival drängen weit über hundert Menschen in die Halle, um ihn zu sehen.

Hariprem betritt den Raum und nimmt Kontakt auf. Etwas verändert sich. Er führt uns durch keuchende Atemstöße, die Energie pulsiert, es folgen die intimen Partnerübungen mit tiefem Augenkontakt, verbindender Atmung und innigem Nachspüren, bevor die letzten Minuten für Fragen offen sind und dann der Zauber vorüber ist.

Danach verlasse ich die Spirituellen, wandere zurück, schlafe wie ein Murmeltier, laufe abends über den Strand, schmeiße mich in den Drum-Zirkel, um das Feuer zu entfachen, aber auch, weil ich sonst nichts mit mir anzufangen weiß. Es riecht nach Räucherstäbchen, Hippiezigaretten, Touristencocktails, und plötzlich fühle ich mich auch allein. Im Love Temple bilden sich Grüppchen und Freundschaften, aber ich finde den Anschluss nicht.

Und auch sonst:

Alle sind so lebendig um mich herum, und alle sind zusammen da. Also trotte ich zurück, schlurfe mit gesenktem Kopf an den Marienstatuen vorbei, verschwinde in meinem Zimmer und warte auf den nächsten Tag.

Arambol ist Achterbahn. Euphorie in den Workshops, schöne Menschen, Präsenz, Gemeinsamkeit, Nähe, und den Rest des Tages ziehe ich durch die Gegend. Ausgeschlossen. Mit wenig Kontakt. Weil ich des spirituellen Geredes außerhalb der Meditationshalle überdrüssig werde, aber auch weil ich nicht erkennen kann, ob die Menschen offen sind oder scheinheilig. Mir fehlt Vertrauen, deshalb fürchte ich, den ersten Schritt zu tun.

Während um mich herum Arambol jeden Tag zur Höchstform aufläuft, bleibe ich allein. Das hätte mich früher nicht gestört, jetzt macht es mir zu schaffen. Ich latsche den Strand immer weiter, bis das Stimmengewirr verschwindet, und verlaufe mich in der Abgeschiedenheit.

Yoga lenkt ab. Ashtanga ist so herausfordernd, dass das gesamte Bewusstsein durch den Körper fließt. Oder weniger heilig: Sport beruhigt. Es bleiben keine Ressourcen frei für einsame Gedanken.

Ein paar Stunden später springt der Kopf zurück ans Steuer. Oder ist es mein Herz? Da ist eine Sehnsucht nach Mensch, die mich zu Hariprem treibt. Zu den Spirituellen. Dort, wo ich mich einerseits wie ein Fremdkörper fühle, dort will ich andererseits auch hin. Die zarten Begegnungen mit schöner Weiblichkeit, das Fühlen in der Gruppe, die gemeinsame Stille. Das ist es, bis die Stunde vorüber ist. Und dann? Ist das Herz bewegt, wird auch die Einsamkeit befeuert.

Alle, die sich schon kennen, treffen sich, schweben zusammen, schmusen oder teilen ihr Innerstes. Die spirituellen Erlebnisse, die Energien, das Feuer und die Zufriedenheit mit dem, was ist. In der Gruppe fühlen sie sich geborgen, aufgehoben, ich sitze dabei am Rand.

Am Nachmittag steht plötzlich Katarina vor mir. Sie war ein paar Tage an den Stränden weiter im Süden und schließt mich in die Arme. Sie erzählt von den Tagen auf dem Tantra-Festival, die ich verpasst habe. Wie alle zu einer Gemeinschaft wurden. Ich erzähle von Hampi, das mir mehr von Indien gezeigt hat, und wir verabreden uns zum Sonnenuntergang.

Während wir zusammen im Sand sitzen und unsere Knie aneinander lehnen, quatscht Katarina über die russischen Männer, die plump sind und lieber Wodka trinken, als Präsenz zu spüren. Ihr Job ist eine Energiearbeit mit Menschen, hier in Arambol fühlt sie sich zu Hause. Sie freut sich auf Hariprem, auf seine Kraft. Wir trinken

Bier, es ist schön, mit ihr zu sein. Irgendwann muss ich sie fragen; ich fürchte, dass ich sie an die russischen Männer erinnere, aber ich kann nicht anders: »*Do you want to do this energy-orgasm-work with me again?*«
Sie ist begeistert, wir ziehen los.

Als ich mit dem hübschen Lockenkopf eintrete, sitzt meine komplette Gastfamilie auf dem Sofa vor der Flimmerkiste. Na super. Die Marienstatuen gucken kritisch, aber es gibt nur diesen einen Weg. Ich murmele mit gesenktem Haupt »*hello*«, und nach fünf Sekunden haben wir den Flur erreicht.

In meinem Zimmer legt Katarina ihre Kleider ab. Ihr voller Busen lacht mich an. Der rote Spitzenslip betont den runden Po, aber bevor ich ganz verrückt werde, stelle ich mich auf meine Rolle ein: Giver.

Sie legt sich auf den Bauch, ich massiere sie. Beine, Rücken, Arme. Sie fühlt sich atemberaubend an. Dann dreht sie sich um, schaut mich an, nickt und beginnt, sich zu bewegen. Das Startzeichen. Wenn's nach mir ginge, Tarzan und Jane, aber hier stehen jetzt Giver und Receiver auf dem Programm.

Meine Handflächen schweben über ihre Aura, dann berühre ich ihren Solarplexus.

Ihr Körper bäumt sich auf, sie zittert, stöhnt so laut, dass ich bete, der Fernseher im katholischen Wohnzimmer kann das Spektakel übertönen. Unangenehm. Sehr unangenehm. Aber nicht für Katarina. Sie bebt, ächzt, stößt durch Sphären, windet sich in sexueller Ekstase. Also energetisch. Eine Dreiviertelstunde lang.

Wir teilen die Erlebnisse. Für mich ist nicht viel passiert. Es fühlt sich toll an, so viel Genuss zu stimulieren. Katarina berichtet von gigantischen orgasmischen Wellen, von der Energie, die in meiner Aura tanzt und sie durchfährt. Sie lächelt. Ihre Wangen sind leicht gerötet, ihr Gesicht ist total gelöst. Ich muss sie küssen, aber sie schüttelt den Kopf. Gotteslästerung an der Zauberei, sie möchte die Begegnung auf der energetischen Ebene belassen.

Ich bringe sie nach Hause, wir verabschieden uns, und ich latsche, obwohl es ein toller Abend war, niedergeschlagen zurück.

Am nächsten Morgen bin ich im freien Fall. Mein Herz wiegt schwer. Ich mache nichts richtig. Beim Yoga komme ich nicht weiter, beim Tantra bin ich Außenseiter, und geschrieben habe ich noch keine Seite. Mein Tagebuch versauert, und »Fuck You Happiness«, mein zweites Buch, das Ende 2015 erscheinen soll, habe ich aufgegeben. Und Frauen? Nada!

Alles ist so sinnlos. Grau. Ich lasse Yoga sausen, Hariprem verkrafte ich nicht, weil mich die ganzen Eso-Schnitten heute wahnsinnig machen. Was fange ich nur mit mir an? Ich schreibe Ole, er sprüht vor Begeisterung, berichtet von hemmungslosem Sex. Oh Mann! Mir fehlt die Kraft, ihn mit seinen detaillierten Beschreibungen zu stoppen, und so lasse ich die wilden Abenteuer über mich ergehen. Danach lege ich mich aufs Bett und glotze an die Decke.

Dann kommt eine SMS: Ole rät mir, Reggi und Meggi zu besuchen.

Die beiden sind zwei superliebe Mädels, die sich eine kleine Wohnung teilen. Sie genießen den Strand, die Künstler, die Hippies, die Didgeridoo-Konzerte und andere Veranstaltungen. Reggi voller Flausen, Meggi sehr zurückhaltend. Mit den Wahnsinnigen im Love Temple können sie nichts anfangen.

Reggi stammt aus der Nähe von Kopenhagen, Meggi ist in den Staaten aufgewachsen.

Leider sind sie beide auch superhübsch. Aber das zählt heute nicht, weil wir das einfache Leben genießen, Rum trinken, eine Tüte rauchen und dann zum Strand laufen, um eine Feuershow zu sehen.

Die Israelis freuen sich über neue Gesichter in der Runde. Sie entkleiden die beiden Mädels mit ihren Augen. Zum Glück fühlen sich meine Begleiterinnen von den aufdringlichen, gut aussehenden Männern nicht besonders angezogen. Wir hocken uns zu dritt in den Sand. Ich bin froh, dass ich nicht allein hier bin.

Der Abend ist Kunst und Kreativität: Kerzen flackern in kleinen Gläsern, ein paar Wilde wuchten Feuerstäbe durch die Luft oder spucken Flammen durch die Nacht. Wir sitzen zusammen inmitten von Lagerfeuern, sind ein bisschen breit und beobachten die funkelnden Sterne in der Dunkelheit. Das Leben ist leicht ohne Sinn. Keiner dreht sich um sich selbst, muss sein Herz öffnen oder Erlebnisse intensivieren. Der spirituelle Kokolores ist überflüssig, es ist schon alles da.

Am nächsten Morgen schleppe ich mich mit Kopfschmerzen zum Yoga und wage mich auch zu Hariprem. Direkt in die Gefahr. Die Begegnungen öffnen mein Herz, aber es sehnt sich auch nach mehr. Und leider auch mein Körper, weil all die traumhaften Frauen auch meine sexuellen Sehnsüchte entflammen.

Beim Mittagessen im Love Temple höre ich, wie eine – ich glaube sie heißt Vera – über das Tantra Festival resümiert: »... und eigentlich machen all die Übungen nur total *horny*.«

Ich stürme auf sie zu: »Hey, du *horny*? So ein Zufall, ich auch.«

Natürlich traue ich mich nicht.

Warum nur fehlt mir so oft der Mut? Warum ist die Angst vor Zurückweisung so groß? Ein Korb, vier unspektakuläre Buchstaben, ein einfacher Moment, niemandem werden von hinten die Beine weggeschossen. Trotzdem offenbart man sich. Und das braucht Riesenmut. Oder anders: Das braucht nur wenig Mut, aber genau der fehlt mir.

Und ich vermisse es, meine inneren Verfassung mit jemandem teilen zu können. Ole vögelt sich durch Puna, ich bin hier gestrandet.

Allein mit diesem »Mann-Sein«. Mit der Lust. Ich könnte auf Vera zugehen, ihr davon erzählen.

»Hey du, ich habe dir gerade zugehört und das hat etwas in mir ausgelöst.«

Wie würde sie reagieren? Wäre sie dankbar für die Ehrlichkeit? Oder entsetzt? Das, was als plump und oberflächlich verschrien wird, löst so oft Empörung aus. Männer wollen immer nur ficken. Geilheit ohne Interesse am anderen Wesen. Sex. Drei Buchstaben, die nicht nach Vereinigung klingen. Ist es falsch, geil zu sein? Ist es falsch, ein Mann zu sein? Für mich ist es nicht das Schwanzverlangen, klar, manchmal auch das, sondern die Begegnung. Die Nähe. Das Öffnen. Das Innige. Das Entdecken, Sichguttun und wunderbare Körpergefühl. Ich liebe Haut. Und Zärtlichkeit und mehr. Und es wäre schön, wenn wir alle sein dürften, wie wir sind. Und das auch aussprechen. Die Welt wäre ehrlicher, wenn Trieb nicht mit abfälligen Blicken gestraft würde, die Männer stolz sein dürften auf ihr Verlangen. Es wäre schön, wenn die Frauen uns verstehen könnten. Alles ist doch Liebe.

Das würde ich gerne bei Hariprem formulieren. Ich habe das Gefühl, dass viele Frauen verständnislos sind. Und genervt.

Ich kann's ihnen nicht verdenken, denn manche Männer laufen ohne Herz herum, und klar, es ist *meine* Scheu, die ich überwinden muss. Nur, wie kann Offenheit entstehen, wenn Frauen so häufig wie Objekte behandelt werden und sich schützen müssen? Wie soll ich mich ihnen gegenüber öffnen?

Kriege ich das morgen in der Session formuliert? Vielleicht. Aber vor der ganzen Gruppe ist das schwierig, denn wer weiß, ob ich nicht falsch verstanden werde, ob man mich nicht als notgeilen Hengst abstempelt?

Meine Hände zittern. Ich bemerke, dass ich von oben bis unten voll mit Angst bin. Und Scham. Wie ein Abwehrmechanismus, der

Schlimmeres verhindern will. Und deshalb fühle ich mich allein: weil ich mich nicht zeigen kann, wie ich bin.

Nach einer Partnerübung mit einer großen blonden Frau setzen wir uns zusammen, um Hariprem zu lauschen. Er sitzt wie ein Fels auf einem Kissen, sein faltiges Gesicht ist gelöst, er ermuntert uns, heute die schwierigen Fragen zu stellen.

Er meint mich!!!

Es ist still, vereinzelte Arme gehen in die Luft. Jede Zelle in mir schreit. Was, wenn ich drangenommen werde und sofort zusammenbreche? Mein Verstand weiß, dass dies der Raum dafür ist. Genau dafür sind wir hier. Um auch mal in Tränen auszubrechen. Wo sonst? Aber die Furcht hält mich im Schwitzkasten. Hitze, Zittern, Herzrasen, denn die Sehnsucht, sich zu zeigen, ist genauso groß wie die Angst davor. Ich hocke in einer hoffnungslosen Blase aus Verzweiflung. Hariprem schaut durch die Reihen. Auch auf mich. Sein Blick durchbohrt mich, ein Hoffnungsschimmer, denn vielleicht kann er sehen, was in mir brodelt!

Um mich herum alle gelöst, alle total verbunden. Wunderschöne Menschen, gutmütige Augen, Lächeln, Fröhlichkeit. Mein Schädel dröhnt, Schweißtropfen rinnen an mir herunter. Die Zwangsjacke in meiner Seele ist zugeschnürt, das völlige Entblößen, ohne zu wissen, ob ich stottern werde oder weinen, die falschen Worte wähle oder mich blamiere, wiegt so schwer, dass ich total verkrampfe. Weil ich nicht weiß, was mit mir passieren wird. Wie wird das hier in dieser Halle vor über hundert Menschen ausgehen? Das Abgeben der Kontrolle, das Aufgeben aller Sicherheit vor der versammelten Eso-Mannschaft zerreißt mein Herz. Alles zu riskieren ist wie sterben. Ich kann es nicht. Mein Arm hängt tot an mir herab, kein Wort schafft es über meine Lippen. Eine einsame Träne kullert meine Wange hinab.

Ein Israeli fragt: »*When I am in deep meditation, I feel oneness. But after meditation it is not there? What can I do to reach it.*«

Eine Antwort formiert sich in Hariprems Präsenz.

Shiva. Alles beginnt mit dem Tod. Es geht nicht darum, etwas zu tun. Oder zu fühlen. Es geht darum, zu sterben. In jedem Augenblick. Jede Sekunde ist eine Neugeburt. Frei von allem. Alle Geschichten, Ideen, Erwartungen, Konzepte, Hoffnungen sind nur Hindernisse, die die Liebe verdecken. Liebe kann fließen, wenn du leer bist, wenn du bereit bist zu sterben, dadurch auferstehst und plötzlich mit dem Herzen siehst. Die Menschen haben sich daran gewöhnt, mit den Augen zu sehen. Mit dem Kopf die Welt zu begreifen. Mit dem, was wir gelernt haben. Von den Eltern, in der Schule oder von spirituellen Lehren oder großen Meistern. Von Hariprem – einige lachen – oder wem auch immer. Sie unterscheiden vor der Meditation und danach. Oder darin.

Wer den Weg der Liebe gehen möchte, muss das Erkennen loslassen. Du musst alles loslassen, was dich beschützt. Du musst dich dem Unbekannten ausliefen, ihm deinen Tod anbieten. Das ist der Weg der Liebe. Das ist der Weg der Freiheit. Die Menschen wollen begreifen, suchen Antworten. Das Verstehen bietet ihnen eine Hülle. Sicherheit. Sie kann jederzeit zerplatzen. Dort, wo Sicherheit ist, lebt die Angst.

Angst ist keine gute Brille, denn nur mit dem Herz kannst du sehen, wie es wirklich ist. Und dazu musst du immer wieder sterben. Im Tod kann keine Angst existieren. Und dann kannst du sehen: Alles ist Liebe.

Irgendwie treffen seine Worte immer (m)einen Kern. Egal wie die Frage lautet, denn er hat meine Angst beschrieben. Mein Körper entspannt, es ist raus. Ich schleiche aus der Halle.

Auf dem Weg zurück treffe ich Michael Dudikoff. Natürlich ist das nur ein Spitzname. Karl hat Ähnlichkeit mit dem Kultschauspieler aus den Achtzigern. Wir kennen uns vom Ashtanga. Er fragt, ob ich Lust habe, heute Abend mit ein paar Leuten zu essen. Ein Lichtblick. Vielleicht hat Hariprem ihn geschickt oder das Universum. Vielleicht hat Karl nur sagenhafte Antennen.

Wir sitzen zu siebt zusammen an einem großen Tisch. Füße im Sand, bunte Lampen baumeln von der Decke, das Meer rauscht wie ein gutmütiges Schaukeln im Hintergrund. Die Stimmung ist heiter, denn mit den Yogis dreht sich nicht alles nur um die Entwicklung oder den Prozess.

Das ist schön, denn vielleicht sitzt hier am Tisch weniger Narzissmus, den die spirituelle Suche ja nähren kann. Der ständige Blick nach innen ist auch ein Blick auf sich. Hier und heute Abend bleibt alles an der Oberfläche. Das tut ungeheuer gut. Wo kommt man her, was ist der Beruf oder ein Lebenstraum, wie läuft es mit dem Yoga? Dazu schwarzer Humor über die veganen Hipster-Yoga-Salafisten, die in den Großstädten ihr Unwesen treiben, und das Yogalehrer-Zertifikat als Anbaggeralternative zum Tinder-Profil. Lustige Reisegeschichten kommen auf den Tisch, die Gläser klirren, wenn wir anstoßen. Der Abend ist klar, und weniger Spekulationen über tief sitzende Dämonen und Gefühlsursachen sind im Spiel.

Als wir uns verabschieden, sagt Karl: »*See you at the next meal.*«

Ich schmunzele noch beim Zähneputzen.

Ein letzter Blick, alles klar: Der Platz ist sicher. Ich atme aus, denn die Mauer macht mich unsichtbar. Ich werde das Versteckspiel sicherlich gewinnen. Die anderen können mich nicht finden. Ich spinxe noch mal um die Ecke, keiner da, plötzlich fühle ich etwas, hinter mir!

Mein Gott. Ich bin entlarvt.

»Komm, Andi, wir gehen nach Hause.«

Das Spiel ist aus. Ich senke den Kopf, trotte neben ihm her.

Ich mag ihn nicht. Hariprem ist so streng, zieht mich hinter sich her.

Ich will keine weisen Worte hören. Aber er beachtet mich auch nicht. Viel schlimmer, er erzählt sie jemand anderem. Ich bin eine Randerscheinung, ohne Herz, ohne Gestalt, ohne Freundschaft. Plötzlich sitze ich in der Küche auf einem Stuhl. Vor mir ragt sein Gesicht in Übergröße. Furchtbar nah. Er ist grau, der Bart lang, seine Augen still wie Tod.

»Wir wünschen uns, gesehen zu werden.«

Sein Atem riecht nach nichts.

»Das ist wie nach Hause kommen.«

Ich will aufstehen, aber bin an einen Stuhl gefesselt, möchte schreien, aber kriege keine Luft.

»Wir verstecken uns hinter Bäumen, Mauern, Masken, Rollen, Aufgaben, Leidenschaften, Projekten. Dieses Verstecken tut der Seele weh.«

Mein Bauch zieht sich zusammen, ich kann nicht weinen, seine Fratze ist zu nah. Dann lehnt er sich zurück. Sein Kopf schrumpft auf Normalgröße zurück. Frische Luft weht durch das Fenster.

Plötzlich ist er sanft und liebevoll. Wie ein Großvater: »Das Vertrauen liegt im Kern.«

Er hat alle Freiheit dieser Welt. Wird er meine jemals rausrücken?

Es klopft,

Udo Lindenberg steckt den Kopf zur Tür herein: »Hey ho.«

Sonnenbrille und Hut, e.i.n.z.i.g.a.r.t.i.g.e Stimme.

»Willkommen an Bord, alle *ready?*«

Hariprem steht auf, die beiden kennen sich seit hundert Jahren.

»Hallöchen Andi. Tüdelü ... «

Die Brille sitzt wie angegossen.

»Ey, alles easy, ich bin's nur, der Udo, ne«, gluckst er, »immer schön locker bleiben die nächsten *hundred years.*«

Ich klebe fest, die beiden schlendern fröhlich Richtung Horizont. Der eine im weißen Gewand, der andere in Schwarz mit Hut. Sie lachen, werden mit jedem Schritt kleiner, sehen plötzlich wie zwei

Zwerge aus. Bunte Jungs, die gar nichts müssen, albern sind, jetzt noch eine Panikflagge hissen, damit durch den Himmel winken. Ihr Lachen verhallt, sie verschwinden in den Wolken, um mit den Engeln einen draufzumachen.

Meine Augen öffnen sich in der Dunkelheit. Die nächtliche Gehirnwäsche verdampft, ich ziehe die Bettdecke hoch, rolle mich zusammen. Der Wecker zeigt 4:17 Uhr. Der Traum war bedrohlich, intensiv, hatte aber ein Happy End. Ich lausche. Tiefe Stille liegt im Zimmer. Ich kann sie hören, seufze, drehe mich zur Seite, möchte schlafen, aber ich wälze mich von rechts nach links und finde keine Ruhe. Arambol schwirrt durch meinen Kopf, ein Spiritueller würde sagen: »Toll, jetzt bist du im Prozess!«

Am nächsten Morgen schreibe ich den Traum in mein Tagebuch. Wundersamerweise ist die Erinnerung noch da. Glasklar.
　Was hatte Udo Lindenberg darin zu suchen? Er war der Held. Udo ist immer der Held. Seine Stimme wie Entspannungskokain. Irgendwo hat er noch gesagt: »Wenn es in dir dunkel ist, dann komm doch raus.« Alles locker, quietsch-fidel und keine Panik, denn der alte Udo ist ja da.
　Indien wirkt. Am Tage und in der Nacht. Vom Entdeckerspirit an den ersten Tagen voll rein in die Freiheitseuphorie und von dort mit vollem Schwung ins Einsamkeitsvakuum. Indien ist Abenteuerreise, Indien geht unter die Haut.
　Oder hat das alles nix mit Indien zu tun? Alles passiert in mir. Vielleicht weil ich Indien reingelassen habe. Der Kanal ist offen, das Innenleben bittet zum Tanz, und klar, da wird nicht nur die »Zauberflöte« oder Walzer aufgelegt.
　Reggi und Meggi freuen sich über meinen Besuch. Sie haben den ganzen Tag nichts zu tun und sind trotzdem stets beschäftigt. Die

Idee, eine deutsche Kartoffelsuppe zu kochen, wird zum Tagesprojekt (Einkaufen, was, wo, wann, wie viel, welche Gewürze, in welcher Reihenfolge, Kochzeit, vegan, flexibel, und was trinkt man zu Kartoffeln?). Wäschewaschen wird verschoben, und morgen ist auf jeden Fall Strandentspannungsbelohnungstag. Die beiden bummeln durch das Leben, sind herrlich sinnlos frei. Reggi schaltet in Indien ab, weil sie das halbe Jahr auf dem Campingplatz der Eltern rödelt. 14-Stunden-Schichten. Sie ist erst Anfang zwanzig, total vergnügt, strahlt den ganzen Tag und hat gestern spontan ein über zwei Meter tiefes Loch am Strand gebuddelt. Ich hab's gesehen. Ich saß sogar drin. Der Ein- und Ausstieg wackelig, unten in der Höhle stand eine Pfütze, weil man ab einer gewissen Tiefe ja auf Grundwasser stößt. Warum?

Für ein Didgeridoo Healing. Einer der Rastas richtete eine gebogene Rohr-Didgeridoo-Anfertigung zu mir herab, um Körper und Geist mit Schwingungen zu massieren. Ich fand's cool, das ist Kunst. Das ist Reggi. Nichts kann sie aufhalten, jede Idee wird vorangetrieben.

Meggi ist Mitte dreißig. Ruhiger. Sie liegt gerne in der Sonne, ist stark im Nichtstun und hat, wie sich im Einzelgespräch herausstellt, mit ungewöhnlichen Symptomen zu kämpfen: Sie wacht jede Nacht um 3:27 Uhr auf. Exakt. In jedem Land der Welt. Sie weiß nicht, ob und was jemals zu dieser Zeit geschehen ist. Es ist tief in ihrem Unterbewusstsein versteckt. Böse Ahnungen machen sich in meiner Fantasie breit, denn da liegt was im Argen. Äußerlich ist sie sehr hübsch, aber ich sehe auch das Verletzte. Ich drücke sie, sie lässt mich lange nicht mehr los.

Abends gehen wir essen. Immer kommen irgendwelche Leute dazu, die beiden gehören hier in Arambol zum Inventar. Meggi geht früh nach Hause, und Reggi erzählt mir auf dem Rückweg dann, wieso. Meggi denkt, dass kleine Tiere unter ihrer Haut wohnen, die ihre Arme auf und ab laufen, und wenn sie damit anfangen, kann sie nicht mehr unter Menschen sein. Ich schweige, Reggi auch. Man müsste ihr nur helfen können.

Als ich Reggi in ihrem Haus abgeliefert habe, mache ich kehrt und schlendere durch die Nacht zum Ave Maria zurück. Meine Schritte bewundern die Sterne, meine Gedanken drehen eine Runde, hundert Fragen tauchen auf. Manche klingen vernünftig, andere überflüssig. Oder sind es Zweifel? An mir, an Indien, an der Magie?

Was weiß ich eigentlich?
Ist die Erde eine Kugel oder eine Scheibe?
Gibt es Außerirdische?
Kein Kommentar, das ist Google-Beschäftigungstherapie für den nächsten verkaterten Sonntagnachmittag.
Placebo?
Interessant, denn jeder ist mal krank. Die Pillenindustrie spielt den Effekt herunter, obwohl sie das Gegenteil täglich in den Auswertungsbögen der Medikamententestserien notiert. Vierzig Prozent der Nullreihe erfahren spontane Heilung. Spannend, vor allem wenn die Quote heimlich erfolgreicher ist als das Chemiesuppen-Pharmazeutikum. Kochsalzlösung statt Chemo? Na gut, nur nicht bei Krebs. Wunder bitte nur bei nicht-lebensgefährlichen Krankheiten. Oder gerade dann. Globuli und Zaubertrank oder der Besuch bei einem Schamanen, denn wer heilt, hat recht. Und der Glaube versetzt die Berge.

Glaube ist ein furchtbares Wort. Vertrauen klingt großartig. Oder Zuversicht.

Glaube steht für Kirche, Kriege, Dogma, Sklaverei. Vertrauen verspricht die große Freiheit.

Trust!

Und Zuversicht ist der kleine Bruder, der mit dem Großvater an der Hand spazieren geht. Zuversicht ist toll, ist leichter und ohne große Erwartungen. Aber eigentlich beschreiben die drei Begriffe dasselbe Phänomen. Es ist eine Qualität, die dem Leben hilft.

So wie Gott. Wenn es den gibt, und wenn ja, wie viele? Hölle oder Paradies, Wiedergeburt oder Tunnel mit schönem Licht? Mir egal, ich bin praktisch orientiert, interessiere mich für Lebenshilfe. Um den Tod kümmere ich mich, wenn es so weit ist.

Wie steht es um Gebete? Wäre schön, denn die sind nicht so anstrengend wie harte Arbeit.

Oder Mantras?

Wird es das Universum richten? Ein Gott, die Liebe, das heilige Selbst in unserem Inneren? Kann ein Guru unser Schicksal lenken?

Was ist mit Herzöffnung? Also mit der ohne Skalpell?

Chakren?

Handelt es sich um mehr oder weniger Einbildung als kleine Tiere, die unter der Haut krabbeln?

Ole sagt immer: »Wenn es da ist, ist es da. Was du wahrnimmst, ist real.«

Stimmt, und die vergangenen Wochen sind der Beweis. Die Erlebnisse waren echt. Wenn ich es fühle, ist es da, aber bei Meggi und ihren subkutanen Organismen werde ich stutzig. Das ist brutale Arroganz, denn wenn man ohne Scheuklappen an die Sache geht, ist alles möglich. Dann hat jeder recht.

Was ist mit den Jedi-Rittern? Kann unser Bewusstsein Materie beeinflussen? Natürlich nicht. Das kann nur Yoda.

»Zweifellos!«, rufen die Quantenphysiker mit diesem Lächeln im Gesicht. Das ist wirklich keine neue Erkenntnis.

Ich glaub's trotzdem erst so richtig, wenn mir Yoda mal das Raumschiff aus dem Dreck rauszieht.

Sicher: Auf die Wissenschaft ist Verlass!

Bis sie überholt ist.

Ich latsche die Stufen zum Ave Maria hoch, blicke auf die Statuen im Wohnzimmer. Kein Grund, so ernst zu gucken.

Osho kommt mir in den Sinn: »*Only the fools ask questions, because with every question, more questions arise.*«

Heute bitte keine Gurus in den Träumen. Ich hab genug. Morgen mache ich Sonnenbaden mit den Mädels. Schön braun werden, Handtuch auslegen, ins Meer hopsen und ein Büchlein lesen.

Ich werfe mich aufs Bett:
Wenn es gar nichts gibt und der ganze spirituelle Unsinn nur eine Fata Morgana ist, wäre das doch ganz entspannend.

Als ich aufwache, mache ich erst mal nix. Gar nicht einfach, denn mein Hirn geht ungefragt eine Liste durch. Dinge, die ich noch besorgen könnte. Repellent, Kekse, Kugelschreiber. Oder etwas ins Tagebuch schreiben. Das ist jetzt wichtig, da hänge ich hinterher. Wenn ich nicht diszipliniert bin, ärgere ich mich. Ich ignoriere den Befehl, fühle mich aber auch nicht richtig wohl beim Zeitverplempern. Der Andi-Drang. Ich sollte am Strand meditieren, weil die frühen Stunden die schönsten des Tages sind. Ich könnte ... Dieser Antrieb ist ein Phänomen. So wie weiße Wolken. Es bleibt die Frage, wer in diesem Andi-Wesen eigentlich den Ton angibt.

Irgendwann ist genug nutzlose Zeit vergangen, um zu frühstücken.

Zurück ins Zimmer, kleine Strandtasche gepackt, um die Mädels abzuholen. Als ich den Love Temple links liegen lasse, keimt die Sorge auf, etwas zu verpassen. Das nervt.

Sonnenbad, knappe Bikinihöschen direkt vor meiner Nase, Wellensalzwasserspaß und zurück aufs Handtuch, um zu trocknen. Dazwischen kleine Geschichten und das vorbeiziehende Strandvolk betrachten. Astreine Beschäftigung. Irgendwann brechen Reggi und Meggi auf wegen der Kartoffelsuppe, und ich schlendere den Strand entlang in Richtung Niemandsland.

Nach einer halben Stunde gesellt sich ein junger Mann zu mir.
»Sollen wir gemeinsam gehen?«
»Gern«, antworte ich.

Er stammt aus Hamm, hat Politologie studiert, sich vor ein paar Monaten getrennt. Er heißt Christoph. Oder Chris. Indien sei ein Wunder, als nächstes möchte er weiter in den Süden, dann noch den Himalaya sehen. Er fragt: »Können wir uns mal setzen?«
»Okay.«
Der Tag klingt aus, ein paar Wolken türmen sich zu schneeweißen mehrstöckigen Gebäuden über der klaren Wasseroberfläche auf. Kraftvolle Gebilde, die in die Höhe wachsen, Christoph blickt zum Horizont. Seine lange, bunte Stoffhose flattert im Wind, das graue T-Shirt liegt auf seiner blassen Haut, er stochert mit den Fingern im Sand herum. Ich freue mich auf die Kartoffelsuppe.
»Ich habe nur noch ein paar Monate zu leben.«
Die Erdumdrehung stoppt.
Mein Atem stockt, aber nicht zu lange, denn jetzt und hier wird eine Reaktion verlangt!
›Echt?‹ geht aus Anstandsgründen nicht.
Meine Synapsen rattern wie Maschinenpistolen, sind zu sehr mit Konsequenzen von ungünstigen Formulierungen beschäftigt als mit guten Vorschlägen, als sich eine zarte Lösung zeigt: »Erzähl mal.«
Und Chris berichtet von der Diagnose einer Nervenkrankheit, den nicht vorhandenen Möglichkeiten der Schulmedizin und der Suche nach einem Wunderheiler, den es nicht gibt.
Er spricht über die erdrückenden Sorgen der Familie (»hätte ich lieber nichts erzählt«) und das Zurückziehen aus dem Freundeskreis. Und irgendwann sei es passiert. »Ich habe akzeptiert, dass es keine Heilungschance gibt und dass ich sterben werde.«
Sein Blick schweift hinaus über die Weite des Indischen Ozeans.
»Seitdem geht es mir gut. Vielleicht besser als jemals zuvor.«
Über dem Horizont braut sich etwas zusammen, wandert in unsere Richtung. Nach einer Weile sage ich, dass ich das beeindruckend finde, und frage, ob er noch letzte Pläne hat. Etwas, das er erledigen

möchte, das nicht mehr aufgeschoben wird, oder ob er einfach nur entspannt. Seine Augen leuchten.

»Was hast *du* denn noch so vor?«

Natürlich die Traumfrau finden, aber mit Blick auf den baldigen Tod meines Gesprächspartners, kommt mir ein Langzeitprojekt taktlos vor.

»Ich möchte noch ein Buch schreiben«, sage ich.

Er nickt, kramt in seiner Tasche, ich ergänze, weil Buch auch leer und blödsinnig klingt: »Ich lese selber gerne und mag die Idee, anderen schöne Lesestunden zu bereiten.«

Er holt ein Päckchen Kippen hervor, dreht es in seiner Hand.

»Das ist alles? Das ist es, was du noch tun möchtest? Mit deinem Leben? Am Computer sitzen?«

Er zündet sich eine Zigarette an und atmet aus. Überzeugt, siegesgewiss, zufrieden.

Ich rieche es.

Diese Allwissenheit, die Freude am Erkenntnisvorsprung, das Heiland-Sendungsbewusstsein: Ist der Oberlehrer neben mir gar kerngesund?

»Andi, auch du wirst sterben.«

Jetzt bin ich mir sicher. Ich könnte schreien, fürchte aber, falsch zu liegen.

Als nächstes legt der fiese Priester seinen Arm um meine Schultern. Freundschaft, großer Bruder und guter Rat, ich will nur noch weg.

»Und du hast keine Ahnung, wann es soweit ist. Vielleicht schon nächste Woche.«

»Das stimmt«, murmele ich.

Vor mir ruht der Horizont, der keinerlei Idee für den Fortgang dieser Unterhaltung hat. Es vergeht eine endlose Minute, die Chris mit seiner Zigarette verbringt und ich mit mir.

»Ich war gar nicht beim Arzt.«

Warum überrascht mich das jetzt nicht!

»Wir haben alle diese Krankheit, denn wir alle gehen auf den Tod zu.«

Oh Mann!

Das sich anschließende Floskel-Bombardement ist nicht zu fassen. Immer im Hier und Jetzt und *no worries, be happy*, das Leben ist kurz, keine Zeit für Negativität, Liebe, Freude, Trallala.

Die Spätnachmittagsromantik wird zu einer Predigt, der Arsch zwingt mich zu einem Mach-was-aus-dir-Nachsitzen, wofür ich ihm gerade eine vor den Latz knallen könnte.

Danke für die großartige Weisheit, du Penner, und weil er ja nicht todkrank ist, stehe ich auf und wünsche ihm einen schönen Abend. Sein stolzer Hach-da-habe-ich-wieder-jemanden-bekehrt-Blick bohrt sich tief in meine Eingeweide. Ich könnte kotzen.

Die Wolken verschlucken die Sonne, tragen eine Böe heran, die die Hitze verscheucht.

Während ich zurücklatsche, geht es wieder los. Die Stars und Sternchen laufen auf, Tische und Instrumente werden aufgestellt, die Bekloppten kriechen aus ihren Löchern. Bereit, die Welt zu retten. Ich sehe einen Rumtreiber im Jesus-Look, der auf Zen-Buddhismus setzt, indem er sich in Zeitlupe bewegt. Er steht auf einem Bein, während das andere gaaaanz langsam nach vorne dackelt und nach nur zwanzig Sekunden den nächsten Schritt platziert. Ich könnte ihm so was von in die Fresse hauen, aber zum Glück für den Zeitlupenmenschen steht Bielefeld-Britta (aus meiner Family beim Tantra-Festival) vor mir. Sie lacht mich an, Küsschen hier und Küsschen da, denn der Tag war so *amäaahhzing*, ihre Feelings sind *soooo happy*, vor allem tief im Hara.

Und sie hat jetzt einen neuen Namen: Lightweaver Lovesparkle. Zum zweiten Mal an diesem Tag setzt meine Atmung aus. Sie strahlt, ich kombiniere: Die meint das ernst. Keine Ahnung, ob es dieser Titel in ihren Pass schaffen wird, aber ein Königreich für den Gesichtsausdruck des emsigen Beamten bei der Bearbeitung ihres Antrags im Einwohnermeldeamt. Der Wichtigtuer-Zeitlupenmensch ist einen Schritt weiter. Britta lacht, tänzelt, triumphiert, ich sage: »*I love you, too*«, aber muss jetzt weiter.

Immer mehr Leute pilgern zum Strand, bitterer Schweißgeruch liegt in der Luft.

Man kennt sich, trifft sich, feiert sich, Shanti hat die Haare ab, Shakti präsentiert ein neues Amulett. Alle sind sie da, das Who's who von Arambol stolziert heran, barfuß, frei und tamtamtam. Und jeder ist auch ein kleines bisschen Guru und Celebrity. Man sitzt im Sand, der Rücken gerade wie die Säule, lässt die großen Themen kreisen, der Schwall an heiligen Gesprächen durchdringt die frische Abendluft wie flatternder Taubenschiss.

Energy, energy, energy.

In jedem zweiten Satz. Nicht die aus den Solarzellen, sondern eine mystische Prinzessin. Wen sie küsst, der ist nicht zu stoppen. Der Hausarzt sagt dazu: gute Sauerstoffversorgung, Adrenalinausstoß oder Bluthochdruck. »Aber Herr Doktor, alles um mich herum war nur noch *energy*.«

Glückwunsch: gut geschlafen, ausgeruht und quietschfidel.

Manch einer nimmt nicht nur im Inneren wahr, er spürt die Vibration des Universums.

In der Frühmediation waren keine guten *Vibes!* Ein prima Weg, um davon abzulenken, dass der heilige Berichterstatter nicht bei der Sache war oder in Wirklichkeit ein Miesepeter ist. Lest mal bei Wikipedia: *Vibes*, das ist die Jagd nach der glühenden Pyramide – eine US-amerikanische Komödie aus den Achtzigern.

In jeder Meditation sind die sieben Chakren zu finden. Jeder kennt sie, fast schon Schulmedizin. Hier mein Coming-out: Ich habe noch nie eins gespürt. Und auch keinen Fluss oder kleinen Bach oder großen Strom, der da entlang fließt. Fragt mal euren Yogalehrer. Ich hab's getan und fand toll, dass er ehrlich war: Nee, irgendwie noch nie *so richtig* gefühlt. Manche haben Tiere unter der Haut, andere sieben bunte Punkte in der Körpermitte.

Wer nun mit den Zähnen knirscht, ›ooooh, der Andi ist im Prozess‹, und anerkennend die Arme hebt, dem trete ich in die Eier. Prozess. Was soll der Quatsch? Wir sind alle immer im Prozess, weil wir ja leben.

Und im Leben ist der größte Sinn, das Ego zu bekämpfen. Ein ehrenvoller Pfad, denn egofrei ist wie der weise Riese: Rein, wunderbar und heilig und endlich frei von dieser Bestie. Nur merkt niemand, dass sich beim großen Ringen alles nur um sich dreht. Spiritualität ist Ego! Ein neues Feld, um sich abzugrenzen (von den Ungläubigen, den Oberflächlichen, den Opfern), um Fleißpunkte zu sammeln im Dienste von Wachstum und Besonderheit. Natürlich alles ohne Ziel, voll im Flow, total zentriert, tief geerdet und *from experience*. Das spirituelle Ego wächst (!) und lacht sich froh ins Fäustchen, während der Heilige vermutet, auf dem Weg zu sein.

Am besten zählt man sich als Sannyasin zu den Erlesenen und nimmt einen Künstlernamen an, um demütig von den großen Zaubermomenten zu berichten.

A glimpse of Samadhi, eine Erleuchtungssekunde, sollte man gehabt haben. Und überhaupt Erleuchtung, die Bescheidenen sprechen von Erwachen. Ich habe unter den 200 Millionen Suchenden noch nicht einen getroffen, der *es* gepackt hat. Klar liegt das vielleicht auch daran, dass es uns alle genau genommen gar nicht gibt. Alles ist ja Illusion. Ein Donner in der Ferne rumort durch den Abend. Und ich? Überhaupt kein bisschen besser. Bin ja gerne mittendrin, und wenn ich an meine Bücher und das Gesülze denke, Herr, ich hoffe, dass die Welt ein wenig Spaß versteht.

Die ersten Tropfen fallen aus den Wolken. Ich jogge zu einem Restaurant, verlange Take-away, will noch nicht mal die Kartoffelsuppe kosten, verbarrikadiere mich in meinem Zimmer und lese einen Thriller von James Peterson. Zerstreuung, Unterhaltung, Oberflächlichkeit. So wie jeder normale Mensch.

Ich wache auf.
Alter, war ich gestern auf Krawall gebürstet. Aber das tat gut. Dampf ablassen.
Klar, der Einzige, der gestern unentspannt war, das war ich. Und diese Laune gehört zu mir. Genau wie alles andere. Ich darf kritisch sein und die Verrückten mal verteufeln. Auch auf einer Indienreise.

ETWAS LÖST SICH

Arambol sieht heute anders aus. Den Love Temple lasse ich links liegen, und dem Strandspektakel kann ich nichts abgewinnen. Ich laufe weiter und finde ein schönes Restaurant, in dem sich eine Rentnergruppe versammelt hat. Schweizer. Sie erzählen mir von einem einsamen Traumstrand und den Tempelruinen, die sie heute Nachmittag besichtigt haben. Ich höre zu, genieße die charmante Art. Da ist so wenig Sturm und Drang. Eine Gemütlichkeit und ein rein historisches Interesse. Als sie mich fragen, was ich in Indien tue, habe ich keine gute Antwort. Ich erzähle von Arambol und davon, dass es mir zu viel wird. Die Alten lächeln. Eine von ihnen sagt: »Das muss man tun, solange man noch jung ist«, worauf eine andere ein Tablett mit roten Erdbeer-Shots bestellt. Wir stoßen darauf an.

Der Abend ist wie ein heimisches Familienfest. Nirgendwo ist Spiritualität zu entdecken oder Drama oder das Aufputschen der Lebensintensität. Alles ist da. Die Speisen schmecken köstlich, es duftet nach Gewürzen, und morgen soll die Sonne scheinen. Zwei Opis schwitzen wie die Wilden, weil sie mit dem hausgemachten

Curry kämpfen. Schnell noch eine Runde Bier gegen die Schärfe. Ihre Frauen kichern.

Alles ist locker, unbedeutend, aber in der Gemeinschaft wunderschön. Wir quatschen über dies und das, über die Heimat, die Gastfreundlichkeit in Indien, das Leben mit seinen Berg- und Talfahrten. Ich fühle mich gut aufgehoben.

Gegen zehn Uhr gehe ich zurück und lese, bis ich einschlafe.

Als ich aufwache, denke ich an die rüstige Truppe von gestern Abend. Sie wollten zu einem Wasserfall wandern. Vermutlich sind sie schon wieder unterwegs.

Ich spaziere den Strand entlang, und nach einer guten Stunde Fußmarsch bin ich allein. Die Rentner waren so gelöst. Unternehmungslustige Gesellen, und ich voll von wahnsinnigem Tatendrang, und dieser Gegensatz offenbart mein Inneres. Indien zeigt mir, was in mir liegt.

Ich bin nervös, das gehört dazu. Sich den spirituellen Begegnungen auszuliefern ist ein Spiel mit der Komfortzone. Ich kann gemütlich leben oder mich unsicherem Terrain stellen.

Die Tantra-Kurse und die Begegnungen mit Wildfremden liefern mir Erfahrungen, die etwas über mich erzählen. Ich sehe meine Unsicherheit, sie darf sein. Das Fühlen erweitert meinen Surfer-Horizont. Die Momente, in denen das Subtile überwältigend wird, schenken mir Vertrauen in das Verrückte und Zuversicht im Leben. Trance ist wie Zauber, Liebe wie Magie, und Emotionen können keinen Schaden anrichten. Sie sind da, bauen sich auf, fallen über dich her – wie eine Welle. Manchmal überwältigen sie dich, jagen dir Angst ein, aber eigentlich sind sie weiße Wolken. Sie kommen, und sie gehen.

Trotzdem ist da etwas in mir, das mich stört. Es ist der Drang, dazuzugehören. Der Wunsch nach Anerkennung und Bewunderung, denn das ist wie der Wettbewerb zu Hause. Wie die Leistungsgesellschaft. Auf einmal nimmt mich die spirituelle Idee gefangen, ich vergesse meine eigene innere Stimme, und das frustriert.

Ich lasse mich anstecken, will mitmischen. Schneller, höher, weiter ist hier langsamer, tiefer und erleuchteter. Derselbe Quatsch. *Competition.* Wie ein esoterischer Schwanzvergleich, eine Spielwiese der Narzissten. Das ist nicht, was ich suche.

Ich muss in keiner Szene mitmischen. Ich muss kein Spiritueller werden, um spirituell zu sein.

Mir geht es um Geborgenheit. Mit mir, mit anderen. Ich bewundere die Gemeinschaften, die offen miteinander umgehen und sich mit weniger Maske begegnen, aber manche bleiben in einer Blase. Sie grenzen sich ab. Von den Normalen. Von denen, die konservativ und klein sind, die ein geordnetes Leben führen, nicht ausbrechen. Die sich für Fußball begeistern, ein Haus bauen oder Serien gucken. Ich möchte alle lieben. Die ganze Vielfalt.

Ich möchte alle lieben.

My lovely Mr. Singing Club, immer dieses heilige Vokabular! Ich möchte mit allen Menschen freundlich umgehen, von jedem etwas über *seine* Wahrheit erfahren. Große emotionale Nähe mag ich genauso wie normale Gespräche über Aktienkurse oder Alltagsshit.

Ich möchte ich sein.

Andi ist Andi. Ich kann meine Komfortzone verlassen, um meine Unsicherheit abzuschütteln.

Nein, nicht um sie abzuschütteln.

Um sie zu akzeptieren!

Erst dann kann Spiritualität mein Leben bereichern. Wenn da weniger Drang ist, weniger Ego, kein Aufplustern, denn ich tendiere dazu, in den Wettlauf einzusteigen. Toll sein zu wollen, weil mein Lebensthema sich darum dreht, nicht gut genug zu sein.

Wenn es nicht darum geht, ein »besonders Spiritueller« zu sein, helfen mir die Kurse, mich selbst in die Arme zu schließen. Häufiger in meinem Leben haben sie mir aus einem Loch geholfen. Manche

Seminare waren wie ein Lebensretter. Meist nach großem Liebeskummer. Auf einmal kehrte das Lachen zurück, weil sich das Unterdrückte löst. Die Lebensfreude hat freie Bahn. Für diese Befreiung und die Teilnahme an den verrückten Übungen bin ich dankbar, und gleichzeitig kann ich über die Flower-Power-Herz-Chakra-Gemeinde lachen.

Denn von allen großen Meistern und lebensverändernden Techniken verehre ich am meisten den Humor.

Den Rest des Tages schmore ich in der Sonne. Ich will braun werden, um gut auszusehen.

Eitelkeit. Sie ist nicht schlimm, obwohl ich sie verstecke, so gut es geht. Sie ist eine Unsicherheit. Die Sorge um Attraktivität ist mir peinlich, aber sie auszusprechen und sein zu lassen befreit.

Abends spiele ich mit ein paar indischen Jungs Fußball am Strand. Das Match brennt voller Leidenschaft. Wir sprinten, jagen hinter dem Ball her, passen, dribbeln, verteidigen, werfen uns vors Tor, preschen alle Mann nach vorne, hetzen zurück und greifen wieder an. Es ist körperlich. Siegeswille, Kampfgeist, Aufopferung, einer für alle und alle für einen. Danach springen wir ins Meer, um uns den Sand und Schweiß abzuwaschen und uns zu beglückwünschen, und lachen, lachen, lachen. Trotz der blauen Flecken und kleinen Blessuren ist mein Körper leicht und zufrieden. Der Atem fließt, meine Schritte fühlen festen Boden. Als ich durch das Gartentor ins Ave Maria schlendere, höre ich Musik in mir. Alles ist so weit, so vergnügt, so einverstanden.

Zwei Tage später ist mir langweilig. Ich grinse, weil sich etwas in mir regt. Ein Erlebnis wäre nett. Gerade damit abgeschlossen und schon wieder in den Fängen. Nein! Nicht in den Fängen. Da ist kein Zwang in meiner Brust. Kein Andi-Drang. Stattdessen fühle ich mich wie die Rentnergruppe vor einem Ausflug, habe Lust auf Spielerei. Ich laufe an den Zetteln vorbei, die wie die Sirenen auf mich warten. Ich schmunzele: Na, dann schauen wir mal.

Am Nachmittag nehme ich an einer Session teil. Rebirthing.
Die beiden Gruppenleiter erklären den Ablauf. Dieser ist nicht besonders kompliziert, da wir nur auf dem Rücken liegen und kontinuierlich, das heißt ohne Pause am Ende der Ein- oder Ausatmung, na ja, atmen. Was soll da groß passieren? Dabei sollen wir einen Punkt fixieren, um nicht abzuspacen.

Abspacen? Die meinen Einschlafen?

Nein, denn plötzlich spricht die Gruppenleiterin von der bevorstehenden transzendierenden Drogentrance.

Wegen des Atmens?

Wir sollen einen Ast im Baum fokussieren und einatmen, wie man ein Papiertuch aus der Box zieht: mit ein bisschen Schwung, aber ganz entspannt, weil es ja von selbst geht. Die Ausatmung ist wie ein kleiner Bach, der einen Hügel hinabfließt. Alles, was geschieht, sein lassen. Vertrauen, atmen, und wenn die Hände verkrampfen, nicht mehr geöffnet werden können: keine Angst und weitergehen. Der Zustand, der sich entwickelt, entspricht einer starken Dosis Heroin.

Aha.

Heute also: das Wir-liegen-auf-dem-Rücken-und-atmen-Heroin-Spektakel.

Die soll mal nicht so auf die Kacke hauen.

Es geht los. Aus den Boxen tönt ein dumpfes Herzschlaggeräusch, die Gruppenleiter sprechen ins Mikrofon und führen unsere Atmung.

Nichts passiert, meditative Momente zwischendurch, Entspannung, leichter Druck zwischen den Schläfen. Irgendjemand beginnt zu schluchzen, ein anderer schreit, bei mir keine nennenswerten Effekte. Nach zwanzig Minuten – eine Assistentin flüstert mir eine Atemjustierung ins Ohr – schlägt es ein.

Adrenalinspritze ins Herz ist nix dagegen.

Ich werde von einem gewaltigen Tsunami aus Glück durchströmt. Prickelnde Lichtsamen tanzen durch meine Hüfte in den Bauch. Der Körper wie auf Autopilot, stellt Sachen mit mir an, die ich nicht fassen kann. Ich stöhne, vergieße Freudentränen, kann nicht glauben, dass ich all die vielen Jahre lang an diesem zuckersüßen Zustand vorbei gelebt habe, heule wie ein Schlosshund. Vor Freude, um dann wieder von Seligkeit geküsst zu werden.

Die Handinnenflächen? HA! Da hängen granitartige Energiebrocken am Ende meiner Arme rum. Ein Öffnen der verkrampften Fäuste ist so unmöglich, wie unter Wasser zu atmen.

Fantastische Zustände rauschen hinauf und hinab, Zustände, die mir kein Kuss, kein Sex, keine Surfsession, keine Droge je zuteilwerden ließ. Aber Nirwana ist noch nicht genug. Es folgen weitere Anweisungen über das Mikrofon, denn wir haben gerade erst begonnen ...

Sauerstoff ist eine ungeheuerliche Droge!

Nach zwei Stunden »nur atmen« bedanke ich mich mit einer innigen Umarmung, die Gruppenleiterin lächelt: *»You got it pretty well.«*

Könnte man so sagen. Kaum zu glauben, dass uns keine Injektion verabreicht wurde.

Ich möchte das Ereignis nicht überbewerten, aber wie soll das gehen? Vielleicht war das gerade das wundersamste Ereignis meines Lebens. Rebirthing. Da würde ich glatt ein Abo abschließen. Unfassbar. Aber wer weiß, ob das jedes Mal so einschlägt. Also lasse ich meine Erwartungen und den Wunsch nach mehr vorbeiziehen.

Schließlich schlendere ich zurück, ruhe ein wenig, esse eine Kleinigkeit, um dann den Strand entlangzuwandern. Ich fühle mich wie neugeboren.

Der Sonnenuntergang beginnt sein Farbenspiel. Überall nur nette Leute, und dann steht plötzlich Sophia vor meiner Nase, die Norwegerin, mit der wir in Hampi das Om gesungen haben. Sie strahlt mich an.

Es gibt tausend Dinge zu erzählen. In Indien passiert ja immer so viel. Hampi ist ewig her, auch wenn es nur 'ne Woche war. Sophia hat an einem fünftägigen Kontaktimprovisations-Festival teilgenommen und erzählt nun, wie unglaublich stark die Gruppendynamik war, wie sich der gemeinsame Tanz jeden Tag und mit jedem Lehrer intensivierte. Ich berichte von Yoga, vom Atemheroin, wie Hariprem mein Herz berührt hat, aber auch von den schwierigen Tagen mit spirituellem Irrsinnsüberdruss.

Sophie lacht: »Einige in Arambol geben sich die volle Dröhnung.« Dann schweigen wir.

»Ich fühle mich seit ein paar Tagen total allein.« Plötzlich sind die Worte raus. Sie sind leichter, als ich dachte. »Und mir gehen die Frauen auf den Sack. Ich habe total Bock auf Sex, aber niemand schaut mich an. Keine Ahnung, aber mir macht das gerade voll zu schaffen.«

Ich schaue in den Sand vor meinen Füßen. Meine Sätze schwingen in der Luft, sie atmen, sie berühren diesen Abend.

Sophia stupst mich mit dem Ellbogen: »Das ging mir in meinem Workshop letzte Woche genauso. Ich war in einem Prozess, superschlecht gelaunt und für ein paar Tage total geil. Aber die Männer haben sich nur für die anderen interessiert. Dachte ich.« Sie hält inne. »Dann habe ich, leider zu spät, erfahren, dass einer der Tanzlehrer auf mich steht. Dummerweise war er abgereist, aber das Gefühl, gewollt zu sein, war trotzdem da. Und ohne die Angst vor Einsamkeit und Zurückweisung war meine sexuelle Energie wieder total in Ordnung. Ein gutes Gefühl, auch ohne zu ficken.«

Eine leichte Brise weht vom Horizont zu uns herüber. Wir umarmen uns. Das Leben ist schön. Wir sind darin zu Hause.

»Es tut so gut, mit dir zu quatschen. Danke.« Sophia drückt mir einen Kuss auf meine Wange, und plötzlich grinsen wir. Wir sitzen in Arambol am Strand, die Verrückten hüpfen um uns herum, und mitten in diesem Höllenspektakel finden wir einen vertrauten Moment und teilen unser Innenleben. Alles ist so gut. Einsamkeit, gefühlte Zurückweisung oder Ausgrenzung, ein kleines Depressiönchen, das in diesen Kreisen als Prozess bezeichnet wird, oder was auch immer sich gerade zeigen will. Wir fragen uns, ob Indien elektrischer Strom für unsere Empfindsamkeit ist. Alles ist mehr. Während wir zusammen auf das Meer blicken, Erlebniswelten teilen, Unsicherheit und Traurigkeiten auspacken, rücken wir zusammen. Die Welt ist leicht wie der Sand, der durch meine Hände rieselt.

Als die Sonne in den Ozean eintaucht und die Wolken feuerrot anstrahlt, schlendern wir über den nächtlichen Strand und springen ein kleines bisschen durch den Drum-Zirkel. Später bewundern wir das Funkeln der Sterne, und dann nimmt Sophia meine Hand, bis wir schwuppdiwupp in ihrem Zimmer landen.

Ich springe unter die Dusche und spiele ein wenig mit Taozens Allzweckwunderwaffe an ihrem Energiefeld rum. Sophia windet sich, stöhnt, genießt, aber ihre Reaktion ist nicht zu vergleichen mit Katarinas Ausgeflippe. Sie driftet nicht so ab und bleibt im Raum. Schließlich richtet sie sich auf, macht sich an meiner Hose zu schaffen, greift mit einer Hand meinen Schwanz, der sich irre freut, und nimmt in die andere meine Hoden. Mein Herz hüpft vor Glück. Sie lächelt. Ich streife ihre Hose hinunter, streichele den runden Po, meine Hände gleiten die Innenseite ihrer Schenkel entlang. Ich fühle sie, sie ist heiß und nass, mein Verlangen wächst, unsere Körper glühen, keuchen, brodeln, wir begegnen uns in den Augen. Sie stöhnt und empfängt meinen Hunger, mein Verlangen, meine Kraft. Dann hebt sie ihr Becken über meins, setzt sich auf meinen Schwanz, verschlingt ihn, reißt den Kopf zur Decke. Ihre Hände fahren durch ihr Haar, sie ist die Königin der Lüste. Ich greife ihre Hüften, die auf mir reiten, die die Richtung kennen und sich holen, was sie brauchen. Alles ist so nah, so klar, so wunderbar. Wir verschmelzen zart und wild und roh und stark, verspielt und überwältigt von der Hitze und Intensität des Liebesspiels. Wie Tiere, wie Liebhaber, wie Abenteurer.

Als ich später durch die Dunkelheit nach Hause wandere, vibriert Dankbarkeit in jeder Zelle. Überall. Für alles. Es klingt nicht besonders wahrhaftig oder edel, dass Sex diese Dankbarkeit entfacht. Aber es ist so. Ich bin dankbar. Für die vergangenen Stunden, für Arambol, mein Leben, für die schwierigen Tage, auf die schöne folgen, für meine Freunde zu Hause, meine Familie, für Ole, die Heimat, die Welt mit all den bunten Ländern. Alles ist perfekt, rein, stimmig, unschuldig und voller Liebe.

Als Sophia abreist, nehme ich wieder an Hariprems Stunden teil. Die Atmosphäre ist stark, die unverschämte Schönheit der halbnackten Frauen Teil des täglichen Erlebnisses. Nichts hier hat sich verändert, aber etwas in mir. Das Gefühl von Zurückweisung oder Nichtdazugehören sprudelt nicht. Es durfte sein und hat sich aufgelöst. So ist mehr Raum für Liebe da. Kurz vor der Partnerübung läuft eine kleine Asiatin an mir vorbei, die so süß, so zart ist, dass ich wie in Trance verharre. Der Zauber Indiens wird uns zusammenführen, sobald die Lähmung meinen Körper loslässt.

Leider stürzt sich einer der braun gebrannten Muskel-Israelis auf den kleinen Schatz. Wie gerne würde ich mit ihr atmen, in diese dunklen Augen tauchen, ihren Kern entdecken, mit ihrer Seele tanzen. Na ja. Eine sympathische Frau reißt mich aus den Gedanken. Wir nicken uns zu, verbringen diese Session miteinander.

Nach den Partnerübungen erzählt Hariprem, dass morgen Oshos Geburtstag ist und wie dieser in Puna in den Siebzigern gefeiert wurde. Er schlägt vor, dass wir uns morgen Abend im Oshoanik, einer spirituellen Strandbar, versammeln, um dort zu feiern, zu fühlen, zu sein.

Für mich wird dies die letzte Stunde bei diesem Lehrer sein. Ich gehe nach vorne, um mich zu bedanken. Seine Übungen waren eine Reise in unbekanntes Terrain, um von Augenblick zu Augenblick, ganz ohne Fundament und Wissen, immer wieder zu sterben. Als ich vor ihm stehe, kriege ich kein Wort raus. Aber das ist gar nicht nötig. Der große graue Mann steht so fest auf dem Boden wie ein Baum, seine Hände schweben, jede Zelle besteht aus Urvertrauen. Hinter dieser Außenhülle liegt ein tiefer See. Ich versinke in seinen Augen, möchte ihm so gerne alles sagen. Er blickt mich an, legt seine Hand auf meine Schulter. Worte sind so überflüssig, denn es ist schon alles da.

Wir umarmen uns.

ALCHEMY OF TOUCH UND
DIE SCHAMANIN

Ich habe Lust, etwas in einer Gruppe zu unternehmen. Da ist es fast egal, ob das ein Tantra-Workshop, Surfkurs, Tauchlehrgang oder Häkeln ist. Die gemeinsame Aufgabe, das Projekt, das Lernen, das Ausprobieren lässt die Menschen zusammenwachsen. Das ist das Geheimnis. Jede Gruppe, die ich bisher erlebt habe, egal ob als Leiter oder Teilnehmer, entwickelt einen Spirit. Einen Raum, in dem man sich zeigen kann und gesehen wird. Gruppe ist ein Phänomen. Wenn es sich dann auch noch um ein Tool für Begegnung, für Nähe, für Linderung handelt, umso besser. Und ich habe schon immer gern massiert, Seminare an der Sporthochschule belegt und einen Kurs bei meinem Heilpraktiker besucht.

Ela, eine Freundin aus Deutschland, mit der ich ein paar Monate in Spanien in einem Surfcamp gearbeitet habe, hat mir Alchemy of Touch mit einer Begeisterung empfohlen, die mich nicht mehr losgelassen hat. Dass ausgerechnet jetzt ein Kurs stattfindet, kann kein Zufall sein.

Das Atman ist eine saubere Unterkunft, in der einige Künstler ihre Werke ausgestellt haben. Man kann Skulpturen, Bilder und vereinzelt Kleidungsstücke erwerben. Auf einer Empore gibt es ein Restaurant mit Meerblick und einen Bereich für Veranstaltungen, zu dem nun die Pforten geöffnet sind. Ein paar Leute sind schon da und sitzen auf dem Boden, andere treten mit mir ein. Im hinteren Bereich stehen acht gepolsterte Massagetische.

Tapesh Paradiso leitet den Unterricht. Anouk, seine bildhübsche Frau, sowie Gordon, ein zurückhaltender kleiner Mann mit stillen Augen, assistieren.

Tapesh spaziert herein, nickt uns kurz zu und ruft »*Ähllooh, evrybaahdy*« in die Runde. Er scheucht Anouk herum und wirkt ein bisschen zickig. Mein erster Eindruck: Gott, eine italienische Diva in Indien.

»*Gorrdon, whär is Gorrdon?*« Er sitzt neben ihm, der Pizza-Pasta-Akzent ist legendär.

Er zänkert, bis alle richtig, also locker, aber im Halbkreis – ist ja auch egal, aber sollte schon stimmen – aufgereiht sind, das Skript in Reichweite liegt, nochmals durchgezählt wurde und wir endlich starten können.

Aber schnell verschwinden die Einstiegsunstimmigkeiten, weil der Meister schlecht geschlafen hat. Plötzlich ist er da, der Kurs hat begonnen, alles ist gut.

Er erzählt ein paar Minuten über sich und die inspirierende Zeit bei Osho in dessen legendärem Aschram, aber er berichtet auch, dass er *es* noch nicht gefunden hat.

»*The drrrop häs nod fallen yed. I am not a masterr. But I am mastering something.*«

Er schaut von rechts nach links, dann zu den Skripten und bittet das extra eingeladene Massage-Modell auf eine der Liegen.

»*Dhis is what we do ...*«

Er betrachtet den Körper der jungen Frau und erklärt, dass jeder Mensch einen eigenen Weg findet, um Bewegungen durchzuführren und eine aufgerichtete Haltung zu meistern. Dann schüttelt er den Kopf, seufzt und verkündet, dass er die Formen liebe, das Entlangstreichen, das Lösen der Spannungen und Ermöglichen von Beweglichkeit. Schütteln, schwingen, Raum schaffen. Tapesh vergisst seine Umgebung, spielt auf dem Modell wie auf einem Instrument, seine Hände sind kraftvoll und ruhig, sie gleiten über die

Muskulatur und das Gewebe der jungen Frau, das dahin schmilzt, bis er plötzlich innehält, aufschaut, in die Welt zurückkehrt und uns wieder wahrnimmt. Er lächelt und gibt dem Modell einen Klaps auf den Po.

»*Ju are going to lörn all dhe teknics! Perfect dhe strokes! Then juh häve forget dhem.*«

Wir werden auf der Grundlage seiner präzisen Massagekunst das intuitive Erforschen verinnerlichen.

»*Alchemy of Touch is ääh feive M, is äh Meditätion, Mägick, Mjüühsik, Massage, Melting. So let äh klose dä eyes for a minüte. I wand a everyday start with meditation, only a minüt.*«

Es geht darum, eine Verbindung zu einer tieferen Intelligenz aufzubauen, Fokus zu finden, zu entdecken und intuitiv zu handeln. Und immer wieder in diesem wunderbaren italienisch-indisch angehauchten Englisch:

»*Create dhe späce!*«

Raum schaffen in den verklebten Muskeln, in den verspannten Gelenken, damit die Energie fließen kann. Damit Entspannung sich ausbreiten und Meditation geschehen kann.

Ein Masseur kann nur Entspannung schaffen, wenn er selbst entspannt ist!

Deshalb ist die Fußstellung wichtig, das Ausnutzen der Schwerkraft, die Haltung des Rückens, die Richtung, in die Kraft wirkt. Bei manchen Griffen klettert Tapesh auf den Tisch, bei anderen rutscht er über den Körper, lehnt sich an, macht es sich bequem. Es ist unklar, wo mehr entspannt wird, neben der Massageliege oder darauf. Aber das Modell ist schon längst im siebten Himmel.

Wir werden mit den Händen massieren, die magische Werkzeuge sind, mit den Ellbogen, die in die Tiefe gehen, und mit den Fäusten. Wir werden große Muskelgruppen und kleine bearbeiten, Trigger aufspüren, die mit Schmerz geladen sind. Wir werden geheime Wohlfühlpunkte entdecken, auf Organe drücken, über die

Oberschenkel streichen, unter dem Schulterblatt massieren, den Nacken, die Hände, die Füße, den Bauch, die Waden kneten, die Beine stretchen, die Hüfte massieren, streicheln, schütteln, schwingen. Wir kombinieren Thai-Massage, Tantra-Massage, Energiearbeit und anderen Stile – »*to create dhe späce*«.

Die Skripte werden verteilt, Tapesh führt die ersten Griffe vor, die phänomenale Wirkung haben. Vor allem eine kombinierte Technik, bei der das Becken Richtung Füße geschoben und dabei sanft geschaukelt wird, während der untere Rücken ausgestrichen wird. Die erlösende Wirkung in der Lendenwirbelsäule ist ein Geschenk.

Wir drängen an die Tische, wollen üben, üben, üben. Wir probieren, trainieren, feilen an den Techniken und werden von den Assistenten korrigiert.

Tapesh spaziert umher, schaut auf seine fleißigen Ameisen und sagt: »*You mustäh lörn from da heart.*«

Das Beste an einem Massagekurs: Man wird die Hälfte der Zeit selbst massiert.

Unter der Dusche im Ave Maria wasche ich das ganze Massage-Öl ab. Jetzt ab zum Sonnenuntergang, Hirn frei pusten. Input von neun bis sechs, ein deutscher Arbeitstag. Mein Rücken aber fühlt sich leichter an.

Während ich durch den Mix aus Pauschaltouristen, Spirituellen, Hippies und Einheimischen laufe, bekomme ich Lust auf Bewegung. Also schlendere ich zum Drum-Zirkel. Herrlich, diese Energie. Das ungezügelte Freie, diese kraftvolle Vitalität. Doch ich sehe nur zu, und nach einer Weile ziehe ich weiter und spaziere ins Oshoanik.

Das Oshoanik ist eine weitläufige Bar, die zwischen prachtvollen Bäumen liegt. Die erhabenen Gewächse sind Teil einer liebevollen Architektur. Die ausufernden Wurzeln schlängeln sich durch den Laden, die Stämme dienen als Säulen für eine Dachkonstruktion oder als Begrenzung der offenen Theke. Natur und Mensch haben eine Symbiose gefunden, sind ineinander verwoben, miteinander verschlungen, umarmen sich. Hängematten und Lichterketten schaukeln in der frischen Abendluft, Bänke und kreativ zusammengezimmerte Sitzgelegenheiten laden ein zum Chillen. Im Zentrum wurde ein Deck aus Holz errichtet. Es ist voll mit Sitzkissen, und dazwischen scharen sich die Besucher. Ich gehe näher heran und erkenne, dass Hariprem und Kaulika inmitten der Menschenmenge hocken, um den Geburtstag ihres Meisters zu feiern. Sitarklänge klirren durch den Raum, leise Gespräche, heitere Gesichter, die Sterne glitzern.

Der große Mystiker aus den siebziger Jahren hat das Leben vieler Tausend Menschen berührt. Und er berührt sie noch heute. Auch mir haben die von ihm inspirierten Techniken in schwierigen Phasen immer wieder aus der Patsche geholfen. Die wilden Meditationen, die Sehnsucht, das Anerkennen all unserer Seiten, die Stille, die Wut, die Traurigkeit, die Angst. Die Hingabe, die Ekstase und auch der Humor. Osho liebte es, Witze zu erzählen. Er hat eine Vision geschaffen. Ein Feld voller Umarmung. Konfrontation. Eigenverantwortung. Tanz, Zen und Totalität. All das hat Osho entstehen lassen, all das wird in Hunderten Orten und Städten auf dieser Welt heute weitergelebt.

Ich finde, das eigene Wesen kennenzulernen und zu leben gehört in die Schule, denn es ist nicht leichter geworden, im Wahnsinn der globalisierten Multimedia-Zivilisation das Glück zu finden. Vielleicht schreibe ich der Bildungsministerin mal einen Brief und lade sie zur Dynamischen Meditation ein oder zum Rebirthing.

Aber das ist Zukunft oder Träumerei. Jetzt ist dieser Abend. Ich lasse die Andi-typischen Weltverbesserergedanken links liegen, denn es macht mehr Sinn, sich selbst zu verändern, als Systeme zu bemängeln.

Im Oshoanik schaffen die vielen Details eine romantische Atmosphäre. Die Fackeln, das Kerzenlicht, die Buddha-Statuen aus schwerem Metall, die Holzkonstruktionen und die Osho-Bilder in geschwungenem Rahmen.

Nachdem ich eine Runde durch den Laden gedreht habe, suche ich nach einem Plätzchen, um mich niederzulassen. Sitzen und sein. Nur wo? Ich betrachte das gesellige Miteinander. Das gibt's doch gar nicht. Zwischen all den Leuten ist nur ein einziger freier Sitzplatz auszumachen: Direkt neben der kleinen, unerreichbaren asiatischen Schönheitsgöttin, in die ich mich gestern spontan verliebt habe. Jetzt zu ihr hinzuplatzen, mich neben sie zu quetschen, »Hallo Jane, ich Tarzan und so«, ist mir zu viel. Trotzdem will ich irgendwo sitzen!

Was soll's, ich bin zu platt, mir einen Kopf zu machen, latsche rüber, nicke, nehme Platz und starre zum Buffet. Aber dann überkommt es mich, zumindest für eine unbemerkte halbe Sekunde möchte ich in ihre Richtung gucken. Nur ein flüchtiger lebenserhaltender Kuss von Lakshmi, der hinduistischen Göttin der Schönheit, dann ist gut. Abend ausklingen lassen, ein Reisgericht essen, gute Nacht und schöne Träume.

Ich drehe den Kopf, blicke durch die Gegend und für einen Moment in ihr Gesicht. Ihr Näschen ist wunderhübsch, die Lippen zart, ihre Haut sanft wie Morgentau, die Augen ... zooooom.

Alles um mich herum entfernt sich, die Zeit bleibt stehen, der Raum versinkt. Alles, was da ist, ist eine unendliche Anziehung, die es unmöglich macht, mich jemals wieder von diesen Augen zu lösen. Zwischen uns ist ein Band gespannt, eine Verbindung, eine magnetische Kraft, der sich niemand widersetzen kann. Ich nicht. Sie nicht! Wir schauen uns an.

Wir schauen uns an.
Wir schauen uns an.
Diese Augen.
Wir schauen uns an.

Wir schauen uns weiter an. Mein Blick stürzt tief in diese Augen, in das Zentrum dieses Universums. Während alles verschwindet, falle ich in ein Meer, in Trance, in körperlose Sphären. Ich sehe ihre Seele, sehe mich selbst, versinke in einen Dämmerzustand, kehre zurück, sehe das Mädchen, ihre Kämpfe, fühle meine Jugend, bin verbunden. Schmerz taucht auf, Verzweiflung, ein Lebensweg, der uns durch die Welt und heute Abend hier ins Oshoanik geführt hat. Eine Reise genau hierher. Zu uns. Tränen sammeln sich in ihren Augen, ich umarme sie mit meinen. Das Blinzeln beginnt, die Augen schmerzen, aber ich will tiefer hinein, in sie, in mich selbst, es gibt nur uns. Eine Welle Traurigkeit strömt durch meine Brust, mein Nacken schmerzt, irgendwo im Hintergrund spielt die Musik. Menschen stehen auf, andere setzen sich wieder. Ein älteres Paar macht uns mehr Platz, sagt etwas, das ich nicht verstehen kann, weil ich gefesselt bin. Ich lehne mich an einen Stamm, sie sitzt nun im Schneidersitz. Kein Wort wandert über unsere Lippen, unsere Augen sprechen ohne Unterlass.

Zehn Minuten lang? Um uns Fürsorge, Sanftmut, Bewunderung. Zwanzig Minuten. Dreißig Minuten. Zeit verflüchtigt sich. Und wir uns mit ihr.

Nach über einer Stunde schließe ich die Augen, recke mich und dehne den verspannten Rücken. Dann sage ich: *»Hi, I am Andi.«*

»Hello, my name is Elli.«

Keiner begreift, und das ist gemeinsam ungeheuer schön. Wir landen zurück in dieser Welt, schauen uns verwundert an, grinsen, weil das ja jetzt nicht noch mal von vorne losgehen kann. Um uns, über uns, mit uns wird gelacht, ich schaue durch die Reihen, alle sind mit dabei, jemand klopft mir auf die Schultern. Ich frage: *»Do you want to eat something?«*

Sie zieht eine Augenbraue hoch. Essen, eine Betätigung der Erdbewohner. Ich lächele, spüre Hunger. Wir stehen auf, schlendern zum

Büfett und mit zwei gefüllten Tellern zurück. Wir sprechen nicht viel. Worüber auch, denn alles ist gesagt, irgendwie. Die Leute um uns herum freuen sich, dass die kleine Attraktion am Rande nun zurück in diesem Universum weilt. Jemand streichelt über meinen Kopf, andere nicken, wir heben nur die Schultern. Alle sind gerührt, keiner erwartet eine Erklärung. Arambol halt.

Da wir uns zwischen den Leuten ein bisschen entblößt fühlen, zwinkern wir einander zu, verabschieden uns von den anderen und gehen am Strand spazieren. Wir setzen uns in den dunklen Sand. *Sharing.*

Für Elli war es ein Tanz in allen Sphären. Im Raum ohne Realität, und sie wäre am liebsten für immer *dort* geblieben. Die Zeit war weg und alles da. Ich erzähle, wie ich durch ihre Augen Gefühle und Vergangenheit gespürt habe, von mir, von ihr. Wir stehen auf, schlendern ein paar Schritte durch die Einsamkeit. Die Sterne glitzern, ich gehe näher zum Wasser, meine Füße werden umspült. Elli zögert, sie fürchtet sich vor den Wellen. Und vor den Menschen, dem Rastlosen, dem Rasanten, dem Fieber, der Konfrontation, der Gier, dem Geplapper, den Erwartungen. Alles ist ihr zu viel, die Natur zu gewaltig. Wellen haben zu viel Kraft, sie wollen nur zerstören. Sie macht ein paar Schritte auf mich zu, ich nehme ihre Hand. Wasser berührt ihre Füße, sie zittert wie ein Kind. Ich erzähle, dass ich das Wellenreiten liebe, das Spiel mit dieser Kraft, das Raufen mit der Energie. Sie arbeitet als Schamanin, weil sie in dieser Tätigkeit ihre Berufung gefunden hat. In der spirituellen Weite fühlt sie sich zu Hause. Eigentlich ist sie viel zu klein und süß, um mit Geistern zu hantieren, aber das ist ihre Welt. Ihr *space*. Oder ihr Rückzug. Laute Menschen oder Wellen sind für dieses zierliche Wesen zu brachial. Ich sorge mich ja schon, dass sie nun allein durch die Dunkelheit nach Hause geht.

»*Then why don't you bring me home?*«

Himmelspforten öffnen, sich, ich höre Harfenklänge, begleite sie zu ihrer Unterkunft, sie liegt nur einen Steinwurf vom Ave Maria entfernt. Wir umarmen uns lange. Ich renne zurück, Schmetterlinge flattern um meine Nase. Habe ich gerade einem wildfremden Mädchen (nein, einer Göttin, gar der Liebe selbst) über eine Stunden in die Augen gesehen? So was gibt's nur in Indien!

Ich wache auf und bin verliebt. Natürlich in Elli, aber auch in den Tag, das Leben und in Arambol. Wer hätte das gedacht, noch vor ein paar Tagen? Ich schmunzele über den dusseligen Idioten und seine Launen. Man könnte dem Leben auch mal vertrauen, anstatt sich immer gleich so aufzuregen. Denn alles kommt, und alles geht, aber dafür ist jetzt keine Zeit. Ich springe aus dem Bett, mein Alchemy-of-Touch-Kurs beginnt in einer halben Stunde.

Heißa, es ist jede Menge los! Ein paar sind schon da, die anderen trudeln ein. Wir quatschen, strahlen, langsam bewegen wir uns aufeinander zu. Mit jedem Moment wächst etwas heran. Jeder ist ein unverzichtbarer Teil der einzigartigen Gruppe.

Tara und Jasmin sind ein Herz und eine Seele, sie sind Schwesternliebe. Sie sehen aus wie Yin und Yang, schwarz und weiß. Jasmin ist ein kanadisches Modell, Tara eine junge, frisch verheiratete Inderin. Beide sind groß, schlank, Ende zwanzig, Yogafanatikerinnen und träumen davon, Wellenreiten zu lernen. Sie sind wie der Sonnenschein.

Damaokaia und Develina sind das starke Paar, das ich vom Tantra-Festival kenne. Die beiden laufen mir ständig über den Weg. Da es keine Zufälle gibt, ist klar, dass wir uns hier in dieser Gruppe treffen. Meistens verbringen wir das Mittagessen zusammen, und gestern konnte ich nicht anders, denn die beiden nehmen sich vor jeder Mahlzeit bei den Händen, schließen die Augen und summen auf ihr Essen ein, um es mit guter Energie zu versorgen. Als Damaokaia einen Eisbecher nachbestellt, die beiden die Augen schließen, schnappe ich das Glas und stelle es unbemerkt unter den Tisch. Der

Gesichtsausdruck, als die beiden die Augen öffnen und realisieren, dass sie ihren Nachtisch mit dem Gesumme entmaterialisiert oder in ein Paralleluniversum verschickt haben, ist grimmepreisverdächtig. Ich grinse, sie schauen mich an, Verwirrung, dann macht's Klick und zum Glück: Sie verzeihen mir mit einem lauten Lachen.

Yara hat wilde Locken, kommt aus Eschborn, ist Ende vierzig und findet in Indien Zuflucht vor der heimischen Hamsterradzivilisation. Sie hat einen Traum, den sie mir noch erzählen will. Alle sind voller Geheimnisse hier.

Manu hat neugierige Augen und eine wunderbare Mischung: geboren in Indien, aufgewachsen in Frankfurt. Er ist schlichtweg positiv und gelassen, aber dabei trotzdem diszipliniert und konzentriert. Die Zuversicht stammt aus Indien, der Perfektionismus hat deutschen Ursprung. Er ist als Massagepartner wissbegierig und professionell, immer auch mit einem Hauch von Wie-werde-ich-hier-der-beste-Masseur-des-Tages, aber er hat ein ungemein menschenfreundliches Herz. Wir passen gut zusammen.

Britta, die ja jetzt Lightweaver Lovesparkle heißt, ist auch mit von der Partie. Alles ist *totally ÄÄÄhhmääzing*. Sie hat einen tollen Körper, duftet nach Erotik, liebt die Massage und auch das Massiertwerden. Da wir beide das Taozen-Schauspiel bewundern durften, erzähle ich ihr von Katarina und biete ihr eine Session an. Sie ist interessiert, ich gespannt auf neue Probanden.

Sascha ist eine Frau. Sie ist 52 Jahre alt und von einer massiven Statur. 1,60 Meter groß und hundert Kilogramm schwer. Kompakt. Wir haben noch nicht so richtig Kontakt gefunden, das wird aber kommen.

Arthur hat eine lange dunkle Mähne und helle Haut. Er spricht wenig, aber strahlt Kraft und Krieger aus. So cool, dass der nicht nur aussieht wie ein Ritter, sondern auch den passenden Namen trägt. Er ist ein mystischer Typ, der entweder total hohl oder ein Zauberer ist. Er produziert Filme, und obwohl er ganz anders aussieht als seine braun gebrannten Landsmänner, stammt er aus Israel.

Maria ist schüchtern und zurückhaltend. Sie hat wache Augen und ein wunderschönes, schüchternes Lächeln. Sie lebt in Italien, verkörpert sanfte Weiblichkeit. Wenn ich sie massiere, geschieht dies in größter Feinfühligkeit. Darüber hinaus arbeitet sie bereits als Masseurin, gibt mir super Feedback, und von uns allen lernt sie die neuen Griffe am schnellsten.

Bigu kommt aus Holland. Sie hat ein süßes Lächeln und einen sehr weichen Körper, der hervorragend geeignet ist, um ihn durchzukneten. Ihr Freund wirkt dauermeditativ oder ein wenig sediert. Angeblich nimmt er keine Drogen (noch nicht mal Tee). Aber wenn er lächelt, durchfährt mich eine Gänsehaut. Er ist ein Sannyasin, was bedeutet, dass sich nur Menschen mit einem IQ über 300 seinen Namen merken können. Mein Hirn ist mit Damaokaia und Develina bereits jenseits der Belastungsgrenze, und wenn ich mich in diesem Zustand zu schnell bewege, wird meine komplette Festplatte abstürzen und ich werde meinen eigenen Namen vergessen.

Wir sitzen zusammen, schließen die Augen, um uns auf den Tag einzustellen. Die Meditation vor der Massage. Dann beginnen wir mit einer kurzen Wiederholung der gestern erlernten Techniken und schreiten von dort voran. Wir blättern in dem Skript, machen Notizen, vergleichen die Abbildungen mit dem Vorgeführten und stürzen uns auf neuen Input. Es ist faszinierend, wie unterschiedlich die Körper sind, was sich darin abspielt, wie sie auf Druck und Berührung reagieren. Die Partner werden gewechselt, alles ist neu, die gemeinsame Entdeckungsreise einzigartig.

Es geht zackig voran, wir lassen keine Sekunde verstreichen, saugen alles auf. Tapesh treibt uns an, denn wir sind es, die Alchemy of Touch in die Welt tragen werden.

Um 17 Uhr geht niemand nach Hause. Wir lachen, massieren, experimentieren, kneten, streichen, schütteln. Wir wollen üben, üben, üben.

Abends gehe ich zu einem Restaurant, als ich Taozen auf der anderen Straßenseite sehe. Gurus trifft man hier an jeder Ecke, und dieser steuert jetzt direkt auf mich zu.

Der schlanke schwarze Yogi bleibt vor mir stehen: »*Are you running around giving women orgasms???*«

Das ist mal eine schöne Frage.

An einem Mittwochabend.

Keine Ahnung, ob ich da jetzt schmunzeln soll oder respektvoll nicken. Oder besser eine Ausrede formulieren. Ich habe ihn am Strand mit Britta gesehen, und die hat wohl geplaudert. Der Meister scheint besorgt, denn er fürchtet, dass ich seine Zauberei missbrauche. Er weist mich auf die große Verantwortung hin und entspannt, als ich ihm versichere, dass ich es nicht als sexuelle Eintrittskarte verwende und voll und ganz verstanden habe, welche warmherzige Rolle der Giver bekleidet.

Seine Frage schreibe ich nachts noch in mein Tagebuch. Ich schlafe ein mit einem Indienlächeln.

Wir sind voll im Flow, die Mission ist nicht mehr aufzuhalten: An den Tischen wird gerödelt, justiert, verfeinert. Ich kriege Deep Tissue nicht hin, ein Glanzstück der Tiefenmassage mit dem Ellbogen an den langen Rückenstreckern. Zum Verzweifeln, besonders, da die anderen keine Probleme damit haben. Tapesh beruhigt mich. Das wird kommen. Atmen, alles wird sich zusammenfügen.

Nach acht Stunden Massage schlendere ich mit Yara am Strand entlang nach Arambol zurück. Sie erzählt, dass sie ständig Sachen verliert und sich fragt, was Indien ihr damit zeigen möchte. Aber der ganze Eso-Quatsch geht ihr auch nur noch auf den Wecker. Sie redet sich in Rage, ich bin ihr Ventil. Alle sind so heilig, und als ich ihr von meinen Tagen voller Überdruss und Einsamkeit berichte, legt sie los. Dass alle spinnen und nur labern, dass Sascha jeden Abend Geschlechtsverkehr hat, und auf meine Frage »Die Wohlbeleibte aus unserem Kurs?« erzählt sie, dass Sascha von Beruf Sextherapeutin ist. Mit einer Mischung aus Neid und Entsetzen ergänzt sie, dass sie mit ihren Patienten fickt, um sie zu heilen. Lob an die Herren und Damen im verantwortlichen Jobcenter. Wir lachen. Sonst wünscht Yara, aus dem Produktivitätskäfig in der Heimat endlich auszubrechen. Sie möchte in Mallorca leben, eine eigene Marke etablieren. Cosmiclove. Schals und Kissen und Decken und Taschen mit Liebe. Ihre Augen leuchten.

Am Vormittag massieren wir unter den Schulterblättern, was nur in einer verknoteten Position möglich ist. Die Schulterblätter ragen aus dem Rücken hervor wie kleine Flügel. Wir arbeiten uns über den Nacken zu den Armen und den Händen. Die Handmassage ist das am meisten unterschätzte Phänomen auf Erden.

Beim Mittagessen plaudert Tapesh, erzählt, wie alles begann mit Osho und der verrückten Körperarbeit, dann die Massagekurse, die verschiedenen Techniken und Stile, wie er immer weiter lernen und dann selbst entwickeln wollte und diese Begeisterung dreißig Jahre später zu Alchemy of Touch wurde. Natürlich war immer auch die Frage da, ob sich damit Geld verdienen lässt. Denn eine Leidenschaft ist ein Geschenk, aber trotzdem muss etwas im Portemonnaie landen.

Er greift dabei Marias Hand, knetet die Innenfläche und erzählt, wie er unvermittelt im Kneipengespräch Hände massierte, die Zufallsbekanntschaften dahinschmolzen und schwuppdiwupp der nächste Kunde auf der Liege lag. Weitere kamen dann von selbst, und irgendwann hat er mehr Geld verlangt. Wir hocken zusammen, lauschen seinem Werdegang, und das gibt Hoffnung, weil man ankommt, wenn man seinen Weg beschreitet. Und uns steht bald ein neuer offen.

Am Ende des dritten Tages bleiben alle da, um das gesamte bis jetzt gelernte Programm zu wiederholen. Als ich Jasmins Po knete, dann mit einer Drehung und dem Ellbogen ihre Sitzhöcker umkreise, frage ich mich, ob ich eines Tages dafür Geld bekommen werden, kanadischen Models den Hintern zu massieren. Ich schmunzele und lenke die Konzentration zurück auf die korrekte Ausführung.

Zum Schluss hocken wir beide uns an die Theke, um einen Tee zu trinken. Da das hier Indien ist, erzähle ich ihr von meiner Gedankenwelt. Sie lacht:

»*It was wonderful and you are a-l-w-a-y-s welcome to massage my butt.*«

Auf dem Rückweg kommt mir Elli in den Sinn. Würde ihr jetzt gerne begegnen. Ich hoffe auf die Magie Indiens und rechne mit ihr an jeder Ecke. Aber auf Knopfdruck will die nicht.

Als ich in meinem Bett liege, spaziert der Tag durch mein Gehirn. Die Gruppe macht so viel Spaß. Es ist schön, gemeinsam unterwegs zu sein.

Und Tapeshs Massage zieht mich in ihren Bann. Die Begeisterung, die Hingabe sowie die fokussierte Konzentration auf eine Sache bringen nicht nur typisch deutschen Lernerfolg, sie wirken auch wie eine Zufriedenheitsrakete. Zen und Alchemy of Touch sind nicht nur Wunderwaffen bei Nackenverspannung, sondern auch ein Glücksmotor.

Eine SMS brummt in meinem Telefon. Elli!!! Sie hat irgendwie meine Nummer rausgekriegt, sie liebt mich, sie vermisst mich. Leider ist es Ole, er ist zurück in Arambol. Wir verabreden uns, und ich ziehe mir die Klamotten wieder an.

In der Arkanbar fallen wir uns in die Arme. Ole ruht in sich, wirkt stark und ausgeglichen. Was auch immer in Puna geschehen ist, es hat ihm gut getan. Wir stoßen an, und er berichtet.

Der Osho-Aschram in Puna hat seine Fürs und Widers und ist natürlich nicht mehr das wilde Experimentierfeld aus den Sechzigern.

Heute eine Oase der Sauberkeit und eine, die irre teuer ist. In den Sechzigern wurde jeder aufgenommen, jetzt nur noch die mit Geld. Alle tragen lila Klamotten. Die Sektenuniform. Ohne wird der Einlass verwehrt, und wer während der Meditation hustet, muss den Raum verlassen. Es gibt jede Menge Regeln, und es ist wunderbar, Ole zu betrachten, während er erzählt.

Die Arbeit in Puna, die Techniken, die Osho entwickelt hat, sind aufregend, aber in Köln nur halb so teuer.

»Krass ist auch *der* Stuhl.«

Der Stuhl, auf dem Osho saß. Der steht in der großen Meditationshalle auf einer Bühne. Er ist heilig. Es wird davor meditiert, als wenn sein Geist noch darauf säße. Vielleicht tut er es, vielleicht lacht er sich ins Fäustchen wegen der Götzenanbetung, die seine geistigen Erben da betreiben, und wegen des Humbugs, den sie fabrizieren. Und Humbug, den lieben sie beide: Ole genauso wie Osho.

Zum Schluss berichtet Ole von seiner brasilianischen Liebschaft und einem zügellosen, sexuellen Abenteuer. Bumsfallera, und darauf sofort noch mal zwei Bier, denn ohne es zu bemerken, hat mich der aus Puna zurückgekehrte Heiland in den Alkoholkonsum gelockt.

Während bei Ole alles nur schön war, berichte ich von den guten und den schlechten Tagen. Von diesem Prozess, der etwas gelöst hat, und zum Schluss von der Weltwunderbegegnung mit der kleinen Asiatin. Wir quatschen, bis der Mond sich senkt – bald wollen wir nach Varanasi aufbrechen, die großen Highlights stehen ja noch bevor – und werden später aus dem Laden gekehrt.

Nach ein paar Stunden Schlaf springe ich aus dem Bett. Na ja, springen ist übertrieben, denn ein kleiner Kater begleitet mich. Trotzdem, in Indien funktioniert das Leben auch ohne Schlaf. Warum bin ich in der Heimat immer nur so müde? Und hier seit ein paar Tagen so agil? Egal, Klamotten an und los.

Tapesh hat einen alten Kumpel mit Gitarre mitgebracht, der zur Einstimmung heute ein paar indische Lieder singt und zu uns spricht. Er erzählt über seine Zeit bei Osho und über das Spiel des Lebens, zu dem Höhen und Tiefen dazugehören, die nur vom Kopf kategorisiert werden. Eigentlich entfaltet sich alles aus Mula-Prakriti, der Wurzel der kreativen Energie. Im originären Zustand ist Prakriti wie ein klarer, leerer Spiegel, in dem sich inhaltsloses Bewusstsein reflektiert.

Klingt super, auch wenn ich nichts verstehe. Dann wird es besser, weil er über das Universum spricht, das wir erfahren (Bäume, Straßen, Menschen), und er spricht über etwas, das die Dinge beseelt.

Jeder Zustand der Welt ist ein Zusammenspiel von drei Energien. Den Gunas. Sie sind die Laune der Moleküle, die Stimmung der Zeit und das, finde ich, hat er sehr schön gesagt. Die Idee dieser drei allem innewohnenden Gemütslagen entstammt den alten Yogaschriften:

1. Sattwa ist verbunden mit den Prinzipien Harmonie, Einsicht, Glück und Göttlichkeit. Ruhe und Frieden. Da wollen wir alle hin. Keine Ahnung, warum es noch zwei weitere gibt.
2. Rachas ist die Energie der Leidenschaft. Sie steht für Aktivität, Bewegung, Unruhe, Verlangen, Sorge und Schmerz, und das klingt irgendwie nach Andi-Drang.
3. Tamas ist die Qualität von Unlust, Trägheit, Stumpfsinn sowie Dunkelheit und Illusion.

Diese drei sind in einem dynamischen Wechselspiel miteinander und treiben einen ständigen Prozess der Existenz voran. Jede Erfahrung, die wir haben, ist die Transformation oder die Neuordnung der drei Gunas.

Ein Beispiel: Ist alles öde, lahm und ohne Sinn, wird das irgendwann zu viel. Wut oder Feuer oder ein Wille zu Veränderung entsteht. Dieser Aufbruch und Prozess schafft Erfahrung, Erkenntnis und auch Einsicht. Harmonie entsteht. Das Aufbrausen transformiert zu Frieden. Aber Frieden bleibt nicht, denn wo ist da das Abenteuer? Eine neue Laune wagt sich heran. Der Tanz beginnt von vorn. Ein ewiger Kreislauf, nicht nur in uns, sondern in allen Substanzen, im Inneren sowie im Außen. Widerstand ist zwecklos, denn die Gunas sind eine Art Weltformel.

Oder der große Witz der Existenz.

Weil es überhaupt keinen Sinn macht, mit Yoga, Meditation oder alten spirituellen Weisheiten nach der Glückseligkeit zu suchen. Auf Sattwa wird Veränderung folgen. Wer am Glück hängt, wird seine Schwierigkeiten kriegen. Das ist ernüchternd, aber nicht hoffnungslos, denn der Trick, mit dem Universum in Einklang zu gelangen, heißt Akzeptanz. Wenn wir alle drei Gunas gleichwertig erfahren, die Glückseligkeit, das Dumpfe, den Schmerz als Prinzipien bewundern, ist die ganze Chose amüsant.

Alles nur *energy*.

Easy.

Wie weiße Wolken.

Der Gitarrist erhebt sich, schaut in die Reihe, gibt sich einen Ruck, denn ein Geheimnis hat er noch auf Lager.

Man kann den Flow der Gunas auch mit der Vibration von Musik und Mantras beeinflussen. Und dann ringt er sich durch, uns das Kraftvollste Mantra von allen beizubringen. Es sind die überlieferte Worte, die am Anfang stehen, die jedes Hindernis überwinden, ohne die kein anderes Mantra wirken kann. Es sind Worte von Ganesha:

Om Gam Ganapataye Namaha.[3]

Sie verleihen übermenschliche Kräfte.

Könnt' ich gebrauchen.

Sie tragen die Macht der Veränderung, sie lösen Blockaden, die im Inneren schlummern, entfachen ungeheure Potenziale, sagt der Gi-

---

[3] Es bedeutet: das Überwinden der Hindernisse sowie Kraft, Euphorie und Freude im Lichte des Neuanfangs.

tarrist. Aber sie seien ein gefährliches Mantra, weil sie auch schwarze Magie anziehen.

Aha.

Jetzt guckt er richtig ernst.

Auch Tapesh legt die Stirn in Falten. Aufpassen damit.

»Dhis words are trulyy amähzinng stuff.«

Auch in seinem Leben hätten sie einiges über den Kopf geschmissen, aber niemand hört hier irgendwelche Warnungen, denn wir wollen alle Zauberkräfte haben. Am liebsten sofort, allerdings stellt sich die Wirkung erst nach ungefähr 20.000 Wiederholungen ein.

Ich fange dann mal an und lasse mich überraschen.

Die beiden umarmen sich, und Tapesh fordert uns auf, zu hüpfen und uns locker zu machen, denn wir werden heute wieder Großes vollbringen.

An den Tischen sind die Oberschenkel dran, ich habe auf Tara gehofft, die dunkelhäutige Gazelle, aber das Universum schickt mir Sascha, die Sextherapeutin.

Ich überlege kurz, welche Gunas hier ihr Spielchen treiben – das ist aber nur der Kopf –, und versuche sodann, alles zu vergessen. Als ich mit der Massage beginne, grunzt die Hundert-Kilo-Dame. Ich halte inne, und Sascha nickt mir fiebrig zu. Das soll hier doch keine sexuelle Therapiestunde werden! Entspannung ist das Ziel und nicht Erregung. Na gut, denke ich, das ist zu viel. Ich suche nach den Schmerz- und Triggerpunkten, um uns zurück zu muskulärer Faszienarbeit zu führen. Bin ja selbst hochempfindlich an den Haxen. Das wird die Wogen glätten. Aber durch die Masse Mensch ist kein Durchkommen. Sie stöhnt, ich schaue zu den anderen Tischen, komme mir ein bisschen benutzt vor.

»Haaaah, feels soooo gooood ...«

Ich kämpfe mich durch das Fleisch, erinnere mich an Tapesh und daran, wie jeder Mensch seine Bewegung meistert, verbanne die lüsterne Sextherapeutin aus meinem Kopf, denn ja, diese Beine müssen eine Menge Gewicht aushalten, und genau darum haben auch sie Entspannung verdient.

Nach dem Mittagessen laufe ich ein paar Minuten den Strand entlang. In weiter Ferne entdecke ich einen Punkt, der auf mich zuwandert.
»*Hello Elli, how are you?*«
»*I am constantly getting messages from the divine.*«
Läuft, würde ich sagen.
Wir quatschen nur kurz, denn Elli will den Kontakt aufnehmen, und kritzeln unsere Telefonnummern auf einen Zettel, den ich in meiner Hosentasche finde. Ich möchte sie massieren, sie bietet mir eine schamanische Session an. Das klingt toll! Ich muss zurück an die Massagetische, sie in ihre Sphären.

I am constantly getting messages from the Divine.

Ich liege im Bett, denke an sie. Sie scheut die Welt, die Menschen, die Wellen, die Lebenswucht. Ihre Narben liegen tief verborgen in einem Sumpf, ihre Zuflucht ist die Trance. Oder eine Welt ohne Reibung, ohne Offenbarung, ohne Auseinandersetzung. Ohne Körper. Sie will schweben. Als wir uns in die Augen gesehen haben, habe ich auch eine Angst erkannt. Es war ihre, es war meine. Ich bin meiner Angst begegnet und will dies immer wieder tun, will sie kennenlernen, lieb gewinnen. Sie ist ein Teil von mir. Vielleicht sogar ein Richtungsweiser. Elli beschreitet einen anderen Weg, sucht nach Weite, dem Göttlichen, sie vermeidet die Konfrontation mit ihren Schattenseiten. So male ich mir das aus. Das ist mein Film. Vielleicht ist es auch ganz anders, aber ich erinnere, wie ich mich in ihre Unsicherheit, ihre unendliche Angst verliebt habe. Sie ist so menschlich. Sie ist wunderschön. Ich knipse das Licht an.

»Dear Elli,

You are wonderful and so is your fear.
I know, because you allowed me to see it.
It is so beautiful that maybe one day you will want to meet it.
You can go as close to the waves as possible. And maybe even closer. Maybe your feet touch the water and all you want to do is to run away. Stay! Feel the fear. Embrace it.
Let it free, let it happen, let it go.
Fear can never harm you!
It is only a visitor in your body. Uncomfortable in the beginning, full of wisdom in the end.
It is beautiful, because it is you.

I love you,

Andi«

»Liebe Elli,

du bist wundervoll, und deine Angst ist es auch.
Ich weiß es, weil du mir erlaubt hast, sie anzuschauen.
Sie ist so schön, dass du ihr vielleicht eines Tages begegnen willst.
Du kannst so nah an die Wellen herantreten wie möglich.
Und vielleicht noch näher.
Vielleicht werden deine Füße das Wasser berühren, und du willst nur noch davonrennen.
Bleib! Fühle die Angst. Umarme sie.
Lass sie frei, lass sie geschehen, lass sie gehen.
Angst kann dir niemals wehtun.
Sie ist nur ein Besucher in deinem Körper. Ungemütlich am Anfang, voller Weisheit am Ende.
Sie ist wunderschön, weil sie ein Teil von dir ist.

Ich liebe dich.

Andi«

Als ich meinen Namen unter die Zeilen setze, möchte ich den Zettel sofort verbrennen. Aber es steckt etwas von mir darin, deshalb werde ich ihn morgen in ihrer Unterkunft abgeben. Vielleicht. Entscheide ich dann. Die Handschrift ist schön, die Worte kamen ohne Stocken, aber was weiß ich schon?
    Ich frage mich, ob es viel mehr ein Brief an mich selbst ist.

Abends treffe ich Elli im Atman. Der Plan ist, dass ich sie hier massiere, aber ich kann an nichts anderes denken als an den Brief, den ich morgens abgegeben habe. Sofort danach war ich mir sicher, dass ich einen an der Klatsche habe. Was für ein Gefasel. Der ganze Tag war eine Übung im Loslassen. Ich habe versucht, die Sache als peinlichen Unsinn zu betrachten, der, vom Sterbebett betrachtet, hoffentlich ganz amüsant erscheint.
    Elli spaziert herein, erwähnt den Brief mit keinem Wort. Ob er sie erreicht hat?
    Sie zieht sich ungefragt nackt aus. Ich sammele meine Teile wieder ein und beginne mit der Massage. Sie ist so zerbrechlich, eigentlich kaum da. Und als wir fertig sind, sagt sie, dass die Berührung ehrlich war, aber sie die Zeit auf der Erde nicht genießen kann. Sie möchte in die Meditation, in das Körperlose. Schade, denke ich, und wie gerne würde ich sie jetzt küssen. Gemeinsam auf vier Beinen stehen, die Erde spüren, in die Umarmung fallen, die Lippen tanzen lassen. Zerreißendes Herzklopfen statt wundersame Sphären. Doch darauf bereitet sie sich nun vor, um mir aus den Zwischenwelten eine schamanische Heilung zu bescheren.
    Sie ordnet Kristalle an, beginnt mit merkwürdigen Lauten, beschwört Geister oder Naturgötter, ich falle in eine Trance ...

Irgendwann öffne ich die Augen, nehme meine Umgebung wahr. Ich liege auf einem Massagetisch, es ist tiefe Nacht. Sie schaut mich an. Mein Körperempfinden kehrt zurück, ich richte mich auf, sitze ihr gegenüber. Sie hat diese besonderen Kräfte, aber neben der Faszination für das gerade Erlebte bleibt die Traurigkeit, dass diese Geschichte hier ein Ende findet. Wir werden uns auf dieser Erde nicht begegnen. Sie sagt, es ist nicht ihr Planet.

Die nächsten Tage bestehen aus acht Stunden Massage, und danach will ich üben. Ich lade Reggi und Meggi ein. Nach zwei Stunden ist Reggi sprachlos. Wir reden nicht viel, aber sie hat noch nie eine Trance erlebt – ohne Drogen.

Meggi bricht am Folgeabend in Tränen aus. Zwei Menschen können so viel gemeinsam erleben, statt ins Kino zu gehen zum Beispiel. Sie lädt mich zum Essen ein, wir sind beide total gelöst.

Als ich Tara und Jasmin über den Weg laufe, will Tara alles übers Surfen wissen. Sie lacht so viel, weil sie, die verheiratete brave Inderin, morgens immer mit den Engländern, die neben dem Atman wohnen, noch eine Bong raucht. Hier hat jeder eine Überraschung parat. Wir beeilen uns, Tapesh besteht auf Pünktlichkeit. Es bleiben nur noch zwei Tage.

Arthur hat seinen ersten zahlenden Kunden aufgetan, nachdem er ihm die Hand massiert hat. Das Wunder ist in vollem Gange. Wir schreiten an die Tische, denn es gibt noch viel zu lernen. Es wird jeden Tag schöner, die anderen zu sehen.

Mittags quatsche ich mit Manu, der ernüchternde Neuigkeiten für unsere Weiterreise in den Norden hat. Es gibt zu viele Menschen auf diesem Kontinent. Alle Züge sind immer schon Wochen vorher ausgebucht. Doch bevor ich fürchten muss, noch einen Monat in Goa festzuhängen, präsentiert er mir die Lösung: Es gibt jeden Morgen eine Lotterie, in der man Tickets für den nächsten Tag gewinnen kann. Er schreibt mir einen Agenten auf, der sein Gebot genau um eine Sekunde nach acht platziert und fast immer einen der begehrten Fahrscheine erwischt.

Am letzten Tag findet unser Examen statt. Jeder hat sich ein Massage-Modell besorgt (ich massiere die Freundin von Simon, dem Yogalehrer), und Tapesh legt Musik auf.

Wir haben alle Körperteile und Regionen beackert. Rücken, Nacken, Arme, Hände, Füße, Unter- und Oberschenkel, die Hüfte, den Kopf, das Gesicht. Und wir haben eine Energiearbeit gelernt, die immer den Abschluss bildet.

Wir müssen unser Drei-Stunden-Programm auf frustrierende 45 Minuten zusammenkürzen, aber alle zaubern an den Tischen. Tapesh schreitet zwischen uns hin und her, setzt sich, genießt die Musik, die Magie, die Massage, das Melting, die Meditation. Alchemy of Touch ist auf dem Weg.

Und wir auch.

Ole und ich wollen weiter, wollen die Yoga-Shalas, die Tantra-Hallen und Barfußtempel hinter uns lassen. Es ist Zeit, das Schuhwerk zu schnüren und einen Schritt raus aus der künstlichen Welt Goas zu unternehmen. Hinaus auf die Straße. Dort, wo die Sadhus sitzen, Bettler flehen, das reiche Indien stolziert. Dort, wo die Götterwelt des Hinduismus ihre Entsprechung in der Wirklichkeit trifft.

Wir beten, dass wir Tickets kriegen in die heilige Stadt. Varanasi. Dort, wo Tag und Nacht auf den Scheiterhaufen die Leichen brennen. Der Ort, an dem die Eingeäscherten an den heiligen Fluss übergeben werden, um ihre letzte Reise in die Unendlichkeit des Universums anzutreten. So was in der Art. Da wollen wir hin. Nicht weil wir Gaffer sind, vielleicht ein bisschen, sondern weil wir all die Wege des Menschseins auf diesem Kontinent entdecken möchten, um etwas über das Leben zu erfahren. Und am Ende auch über uns.

Wir haben Fahrkarten!!! Das heißt, dieser Abend wird der letzte sein.

Abschiedszufriedenheit rauscht durch unsere Venen. Arambol ist ein Gefühl. Es tut gut, sich nicht geschont zu haben. Arambol, unser Erlebnispark, und wir, die sich darin ausprobieren durften. Dieses epische Theater fühlt sich heute wie ein Zuhause an.
Ein paar Batikjünger führen Schwebeübungen durch. Ich klopfe Ole auf die Schulter.
Er nickt: »Um Aggressionen abzubauen.«
»Oder um sie aufzuwecken«, sage ich.
»Ja, und wo ist da der Unterschied, denn am Ende will alles gefühlt werden, damit es sich auflösen kann.«
Wer danach strebt, wird in Arambol Wege finden. Tanzend, springend, schreiend, in Zeitlupe oder Hochgeschwindigkeit. Das wird mir fehlen.

Doch was ist das? Im Oshoanik brennt die Hütte!
Der Laden ist knallvoll, die Leute auch. Die Musik kommt aus dem Westen, die Meute schaukelt von der Theke zum Tanzparkett und wieder zurück. Rock, Hip-Hop, Reggae. Sitar und Harfe wurden auf den Mond geschossen, Korken fliegen durch die Luft, alle haben ihren Heiligenschein am Eingang abgegeben, purzeln, zappeln, schunkeln durch die Gegend. Echte Musik. Keine Anleitung oder Atemtechniken, keine Wiedergeburt oder Herzöffnung. Hier feiert man die banalen Dinge. Discopartisanen und Stimmungsmunition. Die Luft brennt, und jetzt bloß rein in das Getümmel, denn das ist nicht mehr aufzuhalten. Ich sehe bekannte Gesichter, nicke, schreie Verabschiedungen in taube Ohren. Wir kämpfen uns durch den Laden, überall Leiber, hoch die Tassen und ab dafür. Alle sind im Rausch. Die schwitzenden Körper glänzen, das Make-up der Damen schwimmt in fröhlichen Flüssen Richtung Dekolleté. Ehrlicher Alkohol in den Tassen. Statt Sanskritmantras klirren Bierflaschen durch die Nacht. Das ist ja wie zu Hause hier! Total anders, total schön, wider den esoterischen Ernst. Wir tanzen, lachen, stürzen

Shots herunter. Ich hatte fast vergessen, dass man sich auch einfach mal besaufen kann und der Sinn des Lebens irgendwo am Boden eines Drinks zu finden ist.

TEIL II
SEX MIT SOCKEN

»In India, how many people fit in one bus?«

»All of them.«

VARANASI, DIE STADT DES TODES

Er guckt, ich gucke. Ich gucke weg, er guckt immer noch. Ich verunsichert, er guckt weiter, ich pikiert, ihm egal, kann der bitte mal, ach, was soll's.
Der Großraumliegewagen ist bis unters Dach voll mit Indern. Einer von ihnen, der gegenüber, glotzt mich seit einer halben Stunde an. Zurückgucken habe ich aufgegeben, das Unwohlsein auch. Letzteres hat länger gedauert, aber fühlt sich umso besser an.
Ole döst über mir, der Mann unter mir röchelt durch geheime Traumwelten. Überall baumeln Laken von den Liegen, hängen Taschen, Jacken, Proviant. In Indien leben über eine Milliarde Menschen, und die meisten davon wohnen momentan in diesem Zug. Der Neugierige von gegenüber wird nicht müde, schaut weiterhin, da kommt mir die nicht unhöfliche Idee, eine kleine Runde durch diesen Zug zu unternehmen. Ich rutsche von der Pritsche, lande auf einem Fuß, der sich mangels Schmerzensschrei als ein Jackenzipfel entpuppt. Ein mächtiger Mantel aus dickem grauem Stoff, der beweist, dass das ewige Eis des Himalayas nur ein paar Tagesreisen vor uns liegt.
Ich steige über Koffer, Kisten, Hab und Gut, zusammengeschnürte Pakete, vorbei an großen Kinderaugen, Greisen, einer Ziege. Da kein zugehöriger Hirte auszumachen ist, ist sie wohl allein unterwegs. In meiner Hand eine Packung Kekse. Ich öffne sie, biete dem kleinen Jungen, dessen kurze Beine neben seiner Mutter in der Luft baumeln, einen an. Er traut sich nicht, aber mit Zustimmung der Mama streckt er seine kleine Hand in meine Rich-

tung aus. Sofort ist da etwas, das uns verbindet. Der Keks macht aus uns Komplizen. Als ich daraufhin der Mutter einen hinhalte, dreht sich das Spiel herum: Sie ja eigentlich nicht, denn Kekse sind für Kinder da, aber als ich meine Augenbrauen hochziehe und lächele, lächelt auch sie und greift zu. Wundervoller Moment. Ich drehe mich um, um dem Gaffer von vorhin einen Keks zu offerieren, aber er hat jedes Interesse an mir verloren. Ich tänzele weiter, jeder Schritt ein Drahtseilakt, bin jetzt hier für die Verpflegung zuständig. Jeder, der guckt, bekommt einen Keks angeboten. Die meisten verneinen, alle lächeln – unfassbar, wie viel Freude ein paar Kekse machen können.

Am Ende des Waggons ist eine Tür, dahinter das laute Niemandsland über den Rangierkupplungen. Ehrlicher blauer Stahl, frischer Wind, die Toilette betrete ich nur im Notfall. Schienen fliegen unter uns entlang. Ich greife eine Haltestange, setze einen Fuß nach draußen auf das Trittbrett, hocke mich auf den Boden. Mein Rücken lehnt am Rahmen. In Deutschland befindet sich an dieser Stelle ein verriegelter Sicherheitsdurchgang mitsamt ernstem Verbot und dem bekannten Weltuntergangspiepen. Verschwinden Sie aus dem Einstiegsbereich! Hier fehlt die Tür. Rausspringen wird schon keiner, und so handelt es sich um den besten Platz, um frische Luft zu atmen und die Beine baumeln zu lassen. Mit der sanften Brise weht ein Hauch Reiseromantik zu mir herüber.

Vor meinen Augen fliegt weites Land vorbei. Und mein Leben. Fliegen ist übertrieben. Der fünf Fußballfelder lange Transkontinentalzug tuckert mit vierzig Sachen durch die Gegend.

Das ist schön. Dass alles so langsam geht, dass das Leben auf diesen Zug zusammenschrumpft. Es gibt keine Eile anzukommen und keine Beschleunigungsmöglichkeit. Eine Atempause im Drehbuch unserer Geschichte. Die ganze Indianerbande aus der Welt heraus in diesen Zug verfrachtet. Wir raus aus Arambol, rein in die Großraumabteilgemütlichkeit. Ankommen irgendwann in ein paar Tagen, keiner weiß Genaues, Hauptsache wir sind unterwegs. Nach Norden. Die Richtung stimmt.

Goa liegt erst ein paar Hundert Kilometer hinter uns. Ich wollte eigentlich gar nicht hin. Ich wollte das große Indien sehen. Die heilige Stadt, den Dalai Lama, Rishikesh, den Himalaya. Nun bin ich überfroh: Goa war der ideale Beginn für unsere Reise, weil das Herzöffnen immer am Anfang geschehen sollte. Und es war ein Erlebnis, es war wie ein Mixgetränk aus dem Fieber der Suchenden des Westens und den metaphysischen Angeboten Arambols. Wichtiger aber als alle Kategorien waren für mich die Momente, die außergewöhnlich waren.

Verrückte Sachen, aber hey, in Köln Karneval, auf Hawaii das Surfen, in Deutschland Effizienz. Die Mafia in Italien, Tapas in Spanien, schwarzer Humor in England. Safari in Afrika, Chinesen essen Hunde und Katzen, die Finnen hocken sich in glühend heiße Hütten, auf Jamaika wird gekifft. Und in Goa eben Spiritualität. In Köln heißt es: Jeder Jeck ist anders. Und darin steckt für mich keine Toleranz sondern Bewunderung. Bewunderung für das Kostüm, Bewunderung für die ausgefallenen Wege, die sich die Menschen suchen.

Unterschiedliche Lebensweisen auszuprobieren macht es nicht einfacher, weil man Halt und Orientierung verliert. Aber vielleicht stößt man auf die eine, die passt. Damit Normalität und Trott nicht irgendwann in Belanglosigkeit und Stumpfsinn führen.

Jede Suche ist wie ein Fingerabdruck, sie ist individuell.

* Manche finden beim Suchen. Dann ist der Weg das Ziel.
* Andere erkennen, dass es nichts zu suchen gibt, und sind zufrieden.
* Und wieder andere, die Rastlosen, wollen erst mal alles sehen.

Ich weiß, zu welcher Kategorie ich gehöre, aber habe mir die nicht ausgesucht. Für mich ist es spannend, Neuland zu untersuchen. In Goa war es diese Offenheit, die kindliche Neugierde, die Gefühle, die Hingabe, natürlich auch mal ein wenig drüber, aber es ist nicht das Urteil, das zählt, sondern die Lebendigkeit. Und die Liebe!

Und wenn man mal von der Venus herabschaut hier zu uns, dann ist da jede Menge los. Mal rational und mal verrückt, manchmal bedeutungsschwanger, aber im Grunde genommen – das muss man, aus der Galaxie betrachtet, schon so sagen – doch ganz menschlich. Und ganz normal, auch mal zu straucheln (»Guten Tag, Herr Unglücksüberfall«) oder ein Lied auf der Trübsaltrompete zu spielen, während die Trostlosigkeit das Herz belegt.

Die vergangenen Wochen waren voller Geschenke. Der kleine Manager, den ich drücken wollte, die Meditationen, der Drum-Zirkel, die Yogastunden, das Strandspektakel, die Tantra-Sessions, die Konzerte, Hampi, der Massagekurs, die Menschen, die zu Freunden wurden, der Mut zu tanzen. Ellis Augen, der Kampf mit der Einsamkeit, das Fremdsein, der erfüllende Sex, die guten Tage und die schlechten. Momente aus Gold, die nun mit jedem Meter, den wir uns von Arambol entfernen, wertvoller werden. Im Rückblick ist ja immer alles gut.

Irgendwann werde ich mich auf ein beschauliches Leben einlassen. Ein kleines Haus, eine Heimat ohne Aufregung, eine niedliche Beschäftigung. Mit einem Longboard in der Garage. Wenn der Andi-Drang kleiner wird und Frieden endlich mal genug ist. Aber solange es da pulsiert und die Lust auf neue Perspektiven in mir tobt, fühlt es sich ehrlich an, das Herz zu öffnen, die Verletzlichkeit einzuladen und der Unsicherheit Raum zu geben. Deshalb bin ich unterwegs.

Und klar, dass man sich dann auch mal vergleicht oder all die anderen in den Himmel lobt. Die haben alles, ich nix. Täglich beste Laune, Unmengen Sex, Freundschaften, vor gar nichts Angst, um am Tagesende an einer königlichen Tafel im unbesiegbaren Geschwisterkreis aus Helden und Schamanen zu dinieren. Und ich: einsam, armselig, nix. Die anderen sind schöner, gelassener, haben

mit dem Leben keine Probleme, sind zärtlich zu sich selbst, tanzen Walzer mit dem Glück. Immerzu.
Genau. Die haben keine Probleme.
Deswegen sind sie hier.
In Indien.
Ich wünsche mir, dass die Phasen kürzer werden, in denen mich die Selbstzweifel zerfressen. Dass ich achtsamer werde und mich nicht so von den Dramen überrennen lasse. Mich akzeptiere, wie ich bin, denn dann geht es flott zurück zu den kleinen Brötchen und in die Dankbarkeit. Dahin, wo ich hingehöre. Jetzt gerade, nachdem ich Kekse verteilt habe und meine Beine aus dem Zug baumeln, bin ich dort. Danke.
Danke für die Dankbarkeit.

Felder rauschen vorbei, weites Land ... Wo nur all die Leute stecken? Indien hat 1,4 Milliarden Einwohner, wird China bald als die bevölkerungsreichste Nation der Erde überholen. An einem Weg versammelt sich eine Gruppe Teenager. Ich winke; sie winken, rufen etwas, lachen.

Das Land ist jung, blickt aber auf eine viele Tausend Jahre alte Geschichte. Die Bevölkerungspyramide lässt jeden Rentenstatistiker schwärmen. Die alten Praktiken, Schriften und das von Geburt antrainierte kulturelle Gedächtnis haben ewige Weisheiten über viele Generationen weitergegeben. So entstand eine spirituelle Schatzkarte, die heute Anhänger in der ganzen Welt auf die Reise schickt. Das fernöstliche Gedankengut boomt, und Indien ist der Ursprung.

Die Winkenden bleiben zurück, und mit ihnen ein Lächeln in meinem Gesicht. Zauberei? Oder einfach gute Laune? Indien ist ein Land des Glaubens. Achtzig Prozent der Bevölkerung sind Hindus. Der Hinduismus ist nicht nur die Mutter des Buddhismus, sondern er vereint verschiedene Religionen, die in den Schriften, der Götterwelt und den Ritualen erhebliche Unterschiede aufweisen. Es gibt aber auch drei Gemeinsamkeiten: Karma, Wiedergeburt und Erlösung (Nirwana). Der Westen lacht, die Quantenphysiker kratzen sich an der Stirn, weil die Ergebnisse der allerneusten Hightech-Experimente schon in den Jahrtausende alten Schriften aufzufinden sind.

An einer Straße quatschen ein paar ältere Frauen in weiten Kleidern miteinander, als sich zwei von ihnen hinhocken und auf den Boden pinkeln.

Die welthistorische Meisterleistung Indiens liegt laut Internet im friedlichen Nebeneinander der religiösen Strömungen. Traurig sind das immer noch verbreitete Kastensystem, die Zwangsehen, die Umweltverschmutzung und der kolossale Unterschied zwischen Arm und Reich (44 Prozent der Menschen leben mit weniger als einem Dollar pro Tag). Und natürlich die Prüderie und das Patriarchat, die einen perversen Zündstoff entfachen, der nach wie vor stündlich (!) zu furchtbaren Vergewaltigungen führt.

Der Zug schnauft voran. Varanasi liegt in der Provinz Uttar Pradesh und ist die älteste dauerhaft bewohnte Stadt der Welt.

Als wir im Bahnhof eintrudeln, sind alle ziemlich matschig in der Birne. Kurzer Blick aus dem Fenster: verdreckter Bahnsteig, Menschen, der verlorene Zug zurück zu Hause, dann bricht hinter mir, als wenn die Meute nur auf eine Sekunde Unaufmerksamkeit gewartet hätte, im Großraumabteil das Chaos los. Alle packen, greifen, suchen ihre Sachen, wuppen sperrigen Kram zum Ausgang, die Ziege fällt tot um. Ne, kein Platz. Jemand klettert über sie, ein anderer presst sie vor sich her. Sieht der denn nicht, dass alles versperrt ist und das arme Tier nicht einen Millimeter vorwärts kann? Ich überlege, ihr zu Hilfe zu eilen, aber der Weg dahin ist Bürgerkrieg. Ich lege mich zurück auf meine Pritsche. Meine Sachen sind zusammengeschnürt, und auch Ole ist vollkommen bereit, diesen Zug in naher Zukunft zu verlassen.

So ein indischer Bahnhof ist ein Vergnügen. Vergleichbar mit einer Friedensdemonstration, die ein wenig aus dem Ruder läuft. Die Grundidee stimmt, das Gemeinschaftsgefühl ist da. Würden alle nicht so durcheinander wühlen, wäre hier nun freundliches Verabschieden und willkommenes Wiedersehen denkbar. Aber nicht in Indien. Menschenwahnsinn, Massentaumel, wir drängeln uns ins Glück, und alle zusammen sind fest entschlossen.

Ich quetsche mich die drei Stufen aus dem Zug. Ole lacht, weil man das gesehen haben muss.

Anstatt in eine Richtung zu gehen, lassen wir uns von der Menge tragen, irgendwo wird schon ein Ausgang sein. Ein bisschen Überlebenskampf, aber ohne Taschendiebe eigentlich ganz heiter. Umfallen ist unmöglich, tausend Gerüche dringen in meine Nase. Gewürze, muffige Klamotten, süßes Parfüm, Schweiß. Indien duftet hier nach allen Farben. Es wird geschoben und gedrängelt, dazwischen eine heilige Kuh, Hinweisschilder mit Hindu-Krickel-Hieroglyphen. Verdreckte Kleidung, bunte Gewänder, Mütter umklammern ihre Kinder, sie sind das Spiel ja schon gewöhnt. Emsige Kofferträger in blauer Uniform retten die Verzweifelten, die Bettler hinken, Knüppelpolizisten stehen bereit. Familien, Einzelgänger, alle sozialen Schichten: Der Bahnhof lebt.

Und dieser hier ist das Tor zur heiligen Stadt.

Auf dem Vorplatz eine Lagune aus Ruhe und Gemütlichkeit, NICHT. Das Geschrei wie damals an der Wall Street, als die Panik des schwarzen Freitags wie ein Tornado durch die Börse fegte. Agenten toben, Fahrer zerren nach ihren Kunden, Hände packen meine Schultern, weil jetzt und hier Transportdienstleistung abgewickelt wird. Im Herzen nicht bedrohlich, sondern eifrig. Indieneifrig. Und deshalb macht die Sache so viel Spaß.

Eine Armada aus Motorradrikschas belagert den Bahnhof. Eine wird beladen, düst los, die nächste füllt die Lücke auf. Wir flüchten auf die schwarze Bank eines rostigen Gefährts, verstauen die Taschen, sind gerettet.

Der Motor heult auf, das Chaos bleibt zurück. Luft und Freiheit weht um meine Nase, der Fahrer ruft:

»*Wälcooom to Varahnasiiih, dha holi citiih of da wörld.*«

Wir brummen durch die Stadt, sehen Geschäfte, Märkte, Stände, Karren, baufällige Betonruinen, mehrstöckige Gebäude, gespannte Planen und Menschen, die ihr Hab und Gut in einer Ecke ausgebreitet haben, um dort ab jetzt zu wohnen. Wir wollen zum Ganges, dem heiligen Fluss, der mit dem Zauber dieser Stadt eine mystische Verbindung geschaffen hat.

Nachdem wir an der Unterkunft angekommen sind, schmeißen wir unsere Sachen auf das große Bett in dem engen, fensterlosen Zimmer. Die Präsidenten-Suite mal wieder.

Ole will zu einem Arzt, weil er sich am letzten Abend in Goa den Knöchel verletzt hat. Als ich gegen fünf Uhr nach Hause getorkelt bin, ist er noch mit ein paar Leuten auf den Mopeds durch die Gegend gerast, einen Hügel zum Sonnenaufgang hinaufgekraxelt und auf dem Weg hinunter umgeknickt. Mit etwas Glück ist's nur verstaucht. Da das Gehumpel durch den Bahnhofswahn nicht förderlich war, soll ein Röntgenbild Gewissheit bringen. Unser Fahrer wartet vor der Tür, er wird das Kind schon schaukeln.

Ich hocke auf dem Bett und schaue an die Decke. Eine einsame Birne blickt zu mir hinunter. Die kahlen Wände schweigen, nichts dringt zu mir herein.

Ich bin in Varanasi. Direkt am Fluss. Ich laufe auf die Dachterrasse, sehe das Ghat Nummer 2. Es sind die Nummern der Anlegestellen, sie beginnen mit 1 und enden mit 47. Irgendwo in der Mitte liegt Manikarnika, etwa drei Kilometer entfernt, schwarzer Rauch steigt dort empor. Ich schleiche zurück ins Zimmer. Stille.

Mein Herz pocht. Eigentlich ist es schon lange klar. Ich warte eine weitere Minute, keine Veränderung. Dann stehe ich auf, ziehe ein frisches T-Shirt sowie eine schwarze Wickelhose an, schreibe eine kurze Nachricht an Ole, schließe die Türe und renne los.

Die Legende erzählt, dass der Weise Kapila die drei Söhne des Königs Sagara wegen ihres schlechten Benehmens mit einem Glutstrahl aus seinen Augen zu Asche verbrannte. Mies gelaufen, aber wie in jeder guten Geschichte gab es einen Ausweg: Mit einer Träne des heiligen Wassers der Göttin Ganga war es möglich, die drei Toten zu erlösen. Unpraktischerweise floss dieses Wasser in der Milchstraße.

Erst Generationen später war es der auserwählte König Bhagiratha, der in 1.000 Jahren Askese so viel innere Kraft errungen hatte, dass er vermochte, den himmlischen Strom auf die Erde zu leiten. Aber eine Warnung zog durch das Land, dass die herabstürzenden Wassermassen die Erde zerschmettern werden. Shiva kam zur Hilfe und bremste den Aufprall mit seinem Haar.

Seitdem verkörpert der Ganges Reinheit und dient der materiellen und spirituellen Reinigung. Manche *trinken* sein Wasser, die Berichte der Heilerfolge sind zahlreich. Und spektakulär. Genau wie die Verschmutzungswerte, die die gerade noch ertragbaren indischen (!!!) Toleranzgrenzen für Giftstoffe, Mikroorganismen und Parasiten um mehr als das 2.000-fache übertreffen. Ein Badespaß also.

Und ein Ort der Begegnung. Mensch und Kolik.

An seinen Ufern auf dem Weg zum Indischen Ozean leben sechzig Millionen Menschen, die Abwässer, Fäkalien und Industriedreck ungefiltert hineinlaufen lassen. Von den Leichenteilen mal ganz abgesehen.

Ob ich eintauchen werde, mich meiner Sünden entledigen? Garantiert.

Weise aus dem ganzen Land, Sadhus, Wanderer, große Gurus und ihre Anhänger, Asketen und fromme Hinduisten pilgern in Scharen nach Varanasi. In die heilige Stadt, zum heiligen Fluss. Und ein weiterer ist jetzt gerade unterwegs.

Der gigantische Strom rinnt zäh und müde neben mir entlang. Das andere Ufer liegt im Dunst in weiter Ferne. Mein Weg besteht aus angenehm ebenen Steinplatten, dazu Stege, an denen kleine Holzboote schaukeln, Kerzen vom Vorabend, Blumenreste. Ich bin barfuß unterwegs, der Untergrund ist ideal. Direkter Kontakt mit der heiligen Stadt. Es ist später Vormittag, zu solch früher Stunde sind hier am Anfang von Varanasi nur wenig Menschen unterwegs. Einige, die Wäsche waschen, andere tauchen den Kopf dreimal in den Ganges hinein und sündenfrei wieder heraus.

Steinstufen führen vom Weg nach rechts zum Wasser oder links steil nach oben hinauf und in die Stadt. Unter einer Plane, in deren Ecke ein Dreizack steht, hocken vier Sadhus im Kreis. Ihre tief dunkle, sonnengebräunte Haut steckt im orangenen Leinengewand. Sie tragen graue lange Bärte im Gesicht und weiße fingerdicke Farbstriche auf der Stirn, ein Bündel hinter der Hüfte, daneben die kleine Silberschüssel für die Almosen.

Einer von ihnen schaut auf, sieht mich, sein Blick bohrt sich in meine Augen und lädt mich ein, an ihrer Meditation teilzunehmen.
Ich?
Sicher!
Oder träume ich?
Ich zögere, mache ein paar Schritte auf den Typen zu. Sein Blick lässt mich nicht mehr los, zieht mich heran. Plötzlich stehe ich an der Plane.
»*He... he... hello everybody.*«

Wir sind fünf. Fünf Freunde. Ich und meine Sadhu-Buddys. Lotus- oder Schneidersitz, selbst gebastelter Unterschlupf, ganz entspannt im Hier und Jetzt. Jeder atmet tief ein und versinkt in Stille.

Auf dieses Kommando hin schließe ich die Augen, vergesse mein inneres Geplapper, um ebenso in heilige Mediation zu gleiten. Der Gedanke an ein Weltklassefoto im Heiligenkreis steht meinem Vorhaben ebenso im Wege wie die Frage, wie lange eine Meditation bei diesen Jungs so dauert. Zwischen fünf Minuten und zehn Stunden vermute ich. Aber gut, Kamera oder Telefon habe ich nicht dabei, und wenn ich nicht mehr meditieren will, kann ich ja weiterziehen. Damit wird es ruhiger in meinem Kopf. Die Sadhus verschwinden, Varanasi löst sich auf, das sanfte Plätschern des Ganges beruhigt den Geist. Plötzlich Bewegung, diesmal nicht in meinem Oberstübchen, sondern um mich herum. Können die denn nicht mal fünf Minuten ruhig sitzen? Gegen alle meine Vorsätze öffne ich die Augen: Die Jungs sind zurück in diesem Universum, zwei Minuten sind genug Meditation, höchste Zeit, ein Chillum zu verköstigen.

Der Älteste der Alten stopft Marihuana – in Indien verboten, für die Sadhus aus religiösen Gründen erlaubt – in das Rauchgerät. Der Kleine, der mich aufgegabelt hat, erklärt das Prozedere, irgendwas von nicht dran lutschen ... Ich fass' es nicht, weil jetzt ein größeres Was-will-ich-noch-in-diesem-Leben-tun-und-danach-kann-ich-Abtreten bevorsteht. Falls ich nicht umkippe, denn wer weiß, ob ich dem Kraut der heiligen Profikiffer gewachsen bin. »Er starb im Kreise seiner Brüder.« Aber dafür pilgern die Menschen ja hierher, zum Sterben. Mögen meine Überreste brennen, ich mit dem Dreizack an meiner Seite dem Ganges übergeben werden, und was hat der Typ jetzt noch mal gesagt?

Ich mach ma' wie die anderen.

Das Gerät kreist, dicker weißer Qualm sammelt sich unter unserer Plane. Ich denke: ›Hotbox!‹, bin auch schon dran, ziehe an dem Gerät, reiche es weiter, die Alten entspannen, während ich mich bemühe, aufrecht zu sitzen, aufrecht zu rauchen und aufrecht keinen Unsinn daherzureden.

Hääährrlich!!!

Trotzdem bleibt meine Aufregung nicht verborgen, da mir mit einem Nicken beruhigend auf die Schulter geklopft wird. Mutprüfung so was von bestanden. Kurz darauf nähert sich das glühende Ding erneut von rechts. Man möchte seine Sadhu-Kumpels ja nicht enttäuschen, also noch mal inhalieren.

Nach ein paar Minuten ist die Sorge, verrückt zu werden, ganz gut im Griff. Zum Glück wird nicht allzu viel gesprochen. Dann aber doch, denn ich komme auf die Idee, die Jungs nach ihren Namen zu fragen. Ein kurzer Schreck blitzt auf, denn wer weiß, ob ein Sadhu einen Namen trägt, da er sich ja des Egos und der Person entledigen möchte, und meine Frage somit unwürdig ist. Komplizierte Sache, so voll bekifft mit lauter Heiligen, aber sie antworten einer nach dem anderen. Nur gelingt es mir nicht, die genuschelten Laute in ein mögliches Wort, gar einen Namen zu übersetzen. Aber egal, ein bisschen Konversation, wir rücken zusammen, der Tag läuft gut.

Irgendwann steht Shaturanga oder Shantimantra oder Shantaram (mein Sadhu, also der, der mich eingeladen hat) auf, um mit mir Varanasi zu erkunden. So zumindest deute ich sein irgendwo unter dem Bart befindliches Gesicht. Großartige Kommunikation, da ich weder die genuschelten Worte verstehe, noch auf Mimik zurückgreifen kann. Also Augen. Und seine sagen: Auf geht's.

Ich schwinge mich hinauf ...

Hui, plötzlich stehe ich auf zwei Beinen, wanke, aber ich bin bereit für alle Sadhu-Schandtaten. Ich nicke den anderen zu, latsche hinter Shantidingsda her, hoffe, der will nicht nur kurz pinkeln gehen.

Die frohe Runde unter unserer Plane bleibt zurück, vor mir eine neue Welt, jeder Meter ein Geheimnis.

Ich bin breit wie eine Natter!

Da ich fremd bin in diesem Wunderland, noch nie hier war, eine Kultur betrete, deren Antlitz stark und schön und gläubig ist, alles mir Bekannte hier nicht hingehört, fließen Geist und Körper in einen Dämmerzustand. Der Autopilot übernimmt, da die Schaltzentrale ruht und keine Vorschläge mehr unterbreitet, wie man sich verhält in der brütenden Hitze der heiligen Stadt, in Begleitung eines Heiligen, am heiligen Fluss, im Kreise der heiligen Gottheiten, aber im Großen und Ganzen fühlt sich jeder Schritt mit nacktem Fuß auf glattem Stein ganz angenehm erstaunlich an.

Hoch oben, die Stufen hinauf, thronen die Tempel, an einer Ecke an der Wasserkante hat ein Sadhu einen Altar errichtet. Shantidingsda schildert eine Götterprüfung, schmiert mir stinkendes buntes Zeug ins Gesicht, weiht mich mit weißem Rauch und guckt zufrieden. Wir sind jetzt also Zwillingsbrüder. Es geht weiter. Eindrücke ziehen in Zeitlupe an mir vorbei, alle fünf Minuten gibt es etwas zu erledigen. Zeremonien, Gebete, Ritterschlag. Wir begrüßen andere beschmierte Männer, deren Pfad fromm ist. Ich komme gar nicht hinterher, das wird später nachgearbeitet, bleibe locker, gleite so durch die Momente.

Ein von Kopf bis Fuß mit weißer Asche bedeckter Mann entdeckt den kleinen silbernen Ganesha um meinen Hals – er macht mich zum Ehrengast. Der Gott mit dem Elefantenkopf ist höchst beliebt, er hilft bei Hindernissen, steht für Humor, beschützt die Bettler, Gauner und die Schriftsteller. Ha, ich bin ein Schriftsteller! Seine Kumpanen nicken, wussten das vom ersten Augenblick.

Wir sitzen zu siebt beisammen, ein Arm des Gastgebers lehnt an seinem Dreizack, der andere auf meiner Schulter, wodurch nun direkt aus dem Dreizack Lebensschutz in meinen Körper strömt. Die anderen summen, ihre Augen sind geschlossen. Ich empfange. Receiver. Endlich mal.

Dann wird aufgetischt, nur ohne Tisch. Wir essen mit den Händen Reis aus einer zerbeulten Schale, die in unserer Mitte auf dem Boden steht. Es ist staubig, die Finger sind rissig, schwarzer Dreck unter den Nägeln, aber sollte ich heute Nacht über der Schüssel enden und den Porzellangott anbeten, dann ist das okay.

Jetzt ist jetzt. Die Einmaligkeit kehrt nicht zurück. Diese Männer, die wie Außerirdische leben, die Magie, das verrückte Schauspiel, mein benebelter Kinder-Kiffer-Zustand, die Verse aus den Veden, das Sanskritgenuschel, die Mantras schleifen mein Bewusstsein aus der Wirklichkeit heraus in etwas ohne Verstand und ohne Halt und ohne Sinn. In ihre Welt. Ein Kosmos, in dem die Götter walten und der Mensch zu ihren Füßen liegt. Alle, die wir treffen, leben ohne Besitz, kennen keine Sorgen, können unmöglich jeden Tag so drauf sein.

Eine Gestalt mit langem schweigendem Haar liest meine Gedanken: »*Without possessions, life is easy. It is light. No attachment is the ultimate freedom.*«

Also alles verschenken, das Geld verbrennen, mein Lehrer hat noch nicht mal Zähne.

Ein anderer bis auf die Knochen abgemagerter Mann setzt sich zu mir, berührt mein Knie, munkelt: »Gangotalo schituuuh shantatanla, miiijjaaaahhhhh....«

Fluch oder Segen, ich weiß es nicht. Die Begegnungen sind kurios, denn der einzige Außerirdische bin ich. Ihre Mythen sind sagenhaft, die Zauberkraft steht außer Frage, und wann immer ich in Überforderung rutsche, nicht begreife oder nach der würdigen Verhaltensweise suche, erwarte ich weniger von mir, und das ist jetzt und hier mein Weg, um diese Odyssee zu meistern. Weniger Erwartung, weniger richtig machen müssen und voll im Fluss. Ich sollte immer so durchs Leben schreiten.

Der nächste alte Mann, bei dem wir halten, erklärt mir, was mit der Asche der Toten geschieht, wie sie in der Unendlichkeit verschwindet und dass Kinder und Priester nicht verbrannt werden dürfen. Ihre Leichen werden in den Fluss geworfen. Die genaue Erklärung bleibt irgendwo in seinem langen weißen Bart verborgen.

Mögen auch sie ihr Ziel erreichen. Mögen alle Lebewesen ins Nirwana eintreten, um eins zu werden mit dem Firmament.
»Jawohl!!!«, rufe ich.
»Äh, *yes!*«, korrigiere ich und muss dabei lachen. Kurz das Übersetzen vergessen, aber Worte spielen in diesen Kreisen keine Rolle. Die Empathie war da, die Bärte wackeln: Der Junge ist ein Guter.
Wir laufen weiter, ich lerne zwei Krüppel kennen, der eine hat nur einen Arm, der nächste keine Beine. Ihre Gastfreundschaft ist groß, ihr Lebensmut ungebrochen. Warum auch klagen, heute ist alles, wie es ist. Wir beten zusammen, wir lachen zusammen. Von Mensch zu Mensch. Egal woher ich komme, welcher Kaste sie angehören oder wer mehr Körperteile aufzuweisen hat. Wahrhaftige Begegnung kennt keine Hindernisse, wir sind alle nur ein Tropfen. Ich dachte, wir wären der Ozean, aber wozu Haare spalten, denn als ich frage, ob Shiva die Erde mit seinem Haar gerettet hat, nicken alle voller Begeisterung.

Und wieder ein neuer Tempel, in Varanasi gibt es über 2.000. Diesmal steht ein Gott in Affengestalt davor. Ein Inder in tadelloser Kleidung nimmt mich in den Arm, um mich mit dem Gott bekannt zu machen:
Hanuman ist schnell wie der Wind, hat die Kraft, Berge auszureißen, und kann fliegen. Er ist zutiefst gutmütig, aber auch ein wenig tollpatschig, weil er sich bei seinen vielen Jugendstreichen seiner Kraft nicht ganz bewusst war. Die Eltern hatten ihre Freude: »Upsa, heute Morgen hat der Kleine wieder einen Berg zerschmettert.«
Es gibt jede Menge Storys über ihn, ich versteh nur die Hälfte, aber wer immer die aufgeschrieben hat, hatte eine glänzende Fantasie oder plärrenden Nachwuchs vor der Nase.
Shantidingsda, der Freund an meiner Seite, hat jede Menge Spaß, sein verstrahltes Hündchen (mich) spazieren zu führen. Wir harmonieren durch die Stadt. Sein neues Hobby ist, mich in einen Hindu

zu verwandeln, ich aber werde keinen Einbürgerungstest bestehen. Ich schnappe Teile auf, das Labyrinth aus Mythen und Geschichten aber bleibt komplex und undurchsichtig. Das Leben hat mich in ein Universum geschubst, in dem Götter hausen und heilige Rituale den Lauf der Dinge lenken. Ich lasse mich darin treiben.

Was ist befreiender, als nix mehr zu peilen und von niemandem gekannt zu werden? Es tut gut, weder etwas verstehen noch etwas vorspielen zu müssen. Freude ist da, Andacht ist da, Neugierde auch. Und alles mit Humor. Ein unendlicher Fundus an Legenden. Sadhus, Asketen, Priester, Bettler und wir zwei. Wir gehören zusammen, dieser Spaziergang ist unsere Mission, alle, die wir treffen, machen mit.

Nachdem wir ein paar Stunden – wir haben den Fluss schon längst verlassen – durch die Stadt geirrt sind, fasse ich mir ein Herz. Ich verabschiede mich in größter Dankbarkeit, lehne ein Tschüs-Chillum ab und bin heilfroh, dass ich, als ich auf die Fahrradriksha klettere, den Namen unseres Hotels erinnere.

Meine Augenlider wiegen schwer wie Blei, Sitzen ist die Erlösung. Erste Dunkelheit kriecht in den blauen Himmel, die Straßen werden voller. Händler, Pilger, wildes Treiben – ein ganz alltäglicher Abend nimmt seinen Lauf. Ich lehne mich zurück, gähne, habe es geschafft. Angekommen, eingetaucht, den Weg zurück gefunden. Ich werde göttlich schlafen.

Beim Frühstück erstatte ich ausführlich Bericht, was am Vorabend nicht möglich war. Meine Andeutungen beim Einschlafen haben Oles Feuer neu entfacht. Sein Knöchel ist ramponiert, aber nicht kaputt (so die Diagnose des Röntgenarztes), er hat eine Bandage, soll sich schonen und hat den gestrigen Nachmittag schweren Herzens im Bett verbracht, will aber so schnell wie möglich los.

»Was haben die Rituale mit dir gemacht? Die Farbe, der Qualm, die Gebete, die Mantras, die Berührungen, die Zeremonien, was ist mit dir passiert???«

Mein Blick wandert in die Unendlichkeit: »Alles«, sage ich.

Ole grinst.

Dann beiße ich ins Marmeladenbrot: »Ich war einfach nur schön dicht.«

»Hast du die Leichen gesehen?«

»Nein, so weit sind wir nicht gekommen. Wir sind kurz vor den Scheiterhaufen abgebogen.«

»Alter, ich dreh durch. Mit den Sadhus gekifft!!!«

Die Freude in Oles Gesicht sieht aus, als hätte ich gestern eine Runde in einem Ufo gedreht.

Auf der anderen Seite: So ähnlich war's ja auch.

Das spannende an den hinduistischen Geschichten ist, dass sie alle für Herausforderungen im Leben stehen. Diese Abenteuer beschreiben die inneren Konflikte, mit denen wir Menschen zu kämpfen haben. Sie sind bunt und unterhaltsam, die Götter haben Haare aus Schlangen, einen Elefantenkopf, die Weisen schießen mit Glutstrahlen aus ihren Augen, die Affen fliegen. Metaphern zwar, aber mit einer Bedeutung für das Alltagsleben. Was tun, wenn die Gier in uns erwacht? Wie die Eifersucht besiegen? Was können wir durch den Neid über unser Ego lernen? Welchen Sinn hat Schmerz? Wie können wir den Kampf gegen Liebeskummer bestreiten? Für all das gibt es Geschichten, in denen ein Gott, ein Heiliger oder ein Asket eine entsprechende Prüfung überwunden hat.

Die Gedanken, der Kopf, das Ego sind unsere Feinde. Pure Einsicht findet nicht mit den Gehirnsynapsen statt. Sondern im Herz. Oder im Bauch. Dort, wo sich Gott in uns befindet. In der indischen Mythologie gibt es Input für den Verstand, um genau diesen loszulassen und eine tiefere Intelligenz zu finden.

Oles Beine wibbeln.

»Machen wir alles heute«, beruhige ich ihn und spare mir den erhobenen Zeigefinger auf seine innere Unruhe. Habe ja selbst meine Baustellen.

Wir haben Zeit, also erst mal Fuß hoch, noch einen Kaffee und verzweifelt Worte, die den gestrigen Tag beschreiben, für das Tagebuch suchen. Vielleicht zum Yoga um die Ecke, endlich wieder lesen, aber in allererster Linie mit einem Hauch Sadismus Oles Ungeduld genießen.

Er humpelt auf die Dachterrasse, eilt zurück, er hat Rauchzeichen ausgemacht.

Die Verbrennungszeremonien laufen 24 Stunden an sieben Tagen in der Woche.

Varanasi ist die Stadt des Todes. Viele Pilger kommen, um zu sterben. Hariprem riet, immer wieder zu sterben, um zu leben. Hier dient das Sterben der Erleuchtung, um dem Leben zu entkommen.

Das Verbrennen der Leichen und die Übergabe an den heiligen Fluss ist keine barbarische Schrecklichkeit. Es ist Erlösung. Die letzte Reise führt aus dem Kreislauf der Wiedergeburten hinaus, um eins zu werden mit der Unendlichkeit. Für die Hindus bedeutet sie mehr als Weihnachten und Ostern zusammen. Sie ist das ultimative Ziel, die Befreiung vom Leiden, der Weg ins Nirwana.

»Na gut, dann lass mal los.«

Ohne all die Verwirrung in der Rübe ist so ein Gang am Fluss doch sehr bequem.

An den Stegen schwimmen Boote mit schweren Paddeln, mächtige Steinstufen führen von den geschäftigen Straßen der Stadt hinab zum Ufer, wo pitschnasse Wäsche zum Trocknen in der Sonne liegt. Ab und zu ein freundliches Gesicht von gestern, ich bin ja hier kein Unbekannter.

Ich sehe zwei Frauen, die in langen bunten Saris ins Wasser steigen, dreimal untertauchen und wieder herauswaten. Ein paar Meter weiter streifen Männer ihre Kleider ab, um in ausgeleierten Baumwollunterhosen ihr heiliges Bad zu nehmen.

Der Glaube versetzt Berge, und ich hoffe, er schützt auch vor all den kleinen Viechern, die hier im diesigen Wasser verborgen sind. Schätzungen zufolge ist jeder Inder, die Oberschicht ausgenommen, mit irgendeinem Wurm oder Parasiten befallen. Aber damit möchte ich mich nicht beschäftigen. Wer *nicht* nach Indien möchte, dem empfehle ich, zu recherchieren. Wer an Indien glaubt, der wird es überleben.

Ein großer Tempel mit gewaltigen Säulen lacht mich an, seine Geschichte habe ich vergessen.

Nach einer knappen Stunde latschen wir eine Treppe hinauf, um Wasser zu kaufen, und freuen uns auf ein bisschen Schatten in der brütenden Mittagshitze.

Als wir die letzten Stufen erklommen haben, werden wir verschluckt. Die grelle Sonne verschwindet, wir irren durch ein Labyrinth aus verwinkelten Gassen mit kleinen Läden, die religiöse Utensilien, Feuerholz, goldene Kelche, bunte Leinentücher und Räucherstäbchen verkaufen. Weihrauch liegt in der Luft, es riecht nach Feuer. Eine Parallelwelt, dunkler, enger, ohne Tageslicht erwacht. Wir nähern uns dem Ghat, an dem die Scheiterhaufen brennen. *Marnika.* Jemand stolpert über meine Füße, Schweiß rinnt meine Schläfen hinab, wieder frage ich nach der Richtung.

Der freundliche Mann mit dem fulminanten Schnauzbart zeigt geradeaus: »*Onli fifti miters more.*«

Ein schmaler Weg schlängelt sich voran zu einer Lücke im Häuserwald, die einen diesigen Himmel offenbart. Qualm liegt in der Luft. Alles strömt in diese Richtung. Dann ist es soweit. Die verwinkelten Gassen öffnen sich wie Himmelspforten, Stufen geleiten hinab zum Ufer, dahinter schreitet der Ganges, um die Toten einzusammeln.

Überall liegen Berge aus Holzscheiten herum, die zu Pyramiden aufgebahrt wurden. Andächtige Menschen singen Gebete, Rauchschwaden steigen auf. Wimmernde Frauen, Väter und Mütter, Brüder, kleine Kinder, die das Gedränge nicht begreifen. Drei starre Leichen liegen bereit, bedeckt mit Tüchern, blasse Zehen lugen darunter hervor. Kein Namensschild hängt daran, nur Tod. Zwei Touristen irren durch die Gegend. Fotoapparate baumeln um ihren Hals. »*No pictures!*«, ruft ein zorniger Mann, ein anderer bietet eine Aussichtsplattform für zwei Dollar an. Es ist höllisch voll. Wir drücken uns weiter, recken die Köpfe, stecken mittendrin. Im Kummer, in der Freude, in den Tränen, im Ende, im Anfang, im Aufbruch, im Zweifel, im Loslassen, im Glückwünschen, im Zurückbleiben, im Irgendwann-Folgenwerden. Rücken an Bauch, Schulter an Schulter. Alles geht auf das Wasser zu, dorthin, wo die letzte Reise der Leblosen beginnt.

Vor mir liegt eine aufgedunsene Leiche, bis zur Brust bedeckt mit einer grauen Decke. Ihr seelenloses Gesicht glotzt in den Himmel. Eine Flamme wird gereicht, es knistert, Holz knackt. Das Feuer frisst die kleinen Späne auf, tanzt, wächst, wütet. Der Geruch von verbranntem Haar dringt in meine Nase, das Flackern arbeitet sich voran zum Fleisch.

Jemand drückt in meinem Rücken, und plötzlich wird es klar. Ich sehe, dass es hier nicht um Leichenschauhaus oder Theater geht. Es geht um Hoffnung, Sehnsucht und Erlösung. Und Vertrauen. Niemand hat uns eingeladen. Ich wünsche mir nur noch eins: nicht die Toten und ihre Familien zu stören.

Ich schiebe mich durch die Leiber und eile davon, Ole ebenso. Als das Treiben hinter uns zurückbleibt, holt uns Erleichterung ein. Es tut gut, denen ihren Raum zu geben, die hier mit offenem Herzen eine feierliche Aufgabe zu erfüllen haben.

Nach hundert Metern wird die Menschenmasse dünner. Am Rand liegt ein kleiner Bretterverschlag, aus dem ein paar Jugendliche Tee verkaufen. Sie sind 15 oder 16 Jahre alt. Eine friedliche Oase im Schatten der großen Leichenverbrennung. Wir setzen uns auf einen Hocker, bestellen Chai. Die heiligen Feuer rauchen in den Himmel, die Jungs wuseln, einer mit dem Tee beschäftigt, der andere erklärt, dass es Stunden dauert, bis der Körper vollständig verbrannt ist. Sie heißen Amal, Navin und Sahil. Sie tragen blaue Jeans und bunte T-Shirts. Aus den Boxen dudelt Bob Marley, während der mächtige Strom nur ein paar Meter entfernt an uns vorbeigleitet. Immer weiter, bis zur Unendlichkeit. Meine Schultern sinken herab, »*One Love*« schunkelt durch die Luft. Die kleine Holzbude misst zwei mal zwei Meter, eine braune Plane schützt vor Regen. Davor stehen zum Sitzen ein paar Holzkisten um hüfthohe, schief zusammengenagelte Tische.

»*This is a wonderful place*«, sage ich zu Amal, der zwei kleine Gläser in eine Reihe stellt.

»*Yeees, ower dhere is dhe burning and dhe death. Every day. Hiere wif us is life and peace.*«

»*And music*«, sage ich.

»*Yähs, Bob Maarley is the king.*«

Ich muss lachen. »*And drinking tea is more fun than burning.*«

Wie recht er hat. In der Ferne, nur zu ahnen, verschluckt der Qualm jetzt auch den Schädel. Ein Wunder, wie sehr ich mich hier in dieser Ecke plötzlich voll und ganz zu Hause fühle.

Ole lacht, als der Tee serviert wird. Navin guckt stolz, sie sind genau auf einer Wellenlänge. Jeder liebt Ole, seine Offenheit, seine Begeisterung, wir sind sofort Teil der Brotherhood.

Die Jungs haben sich irgendwann entschieden, ihr Leben in die Hand zu nehmen. Haben Holz und Latten und alles Mögliche in der Stadt zusammen »gesucht«, ein paar Wochen für Nägel gespart, sich Werkzeug ausgeliehen und in einer Nacht die Teebude zusammengeschustert.

»*Now we have our Chai shop*«, ruft Amal.

»Wih are happy! For seven monts now, we sell tea. No poliß. This is our pläce for happiness.«

Ein kleines Glück, unbemerkt von strengen Autoritäten, die mit dem Knüppel des Verbots den jugendlichen Unternehmergeist bedrohen. Hier in dieser Bude ist der Tod allgegenwärtig. Er ist Nachbar, wenn von morgens bis abends die Leichen brennen, und er lauert in Gestalt der Ordnungsmacht, die den jugendlichen Traum vom eigenen Broterwerb zerstören kann.

Die Jungs hier wollen vom Tod nichts wissen. Sie wollen leben, leben, leben. Hier wird gelacht, geschafft, gealbert, zugehört, zusammengerückt. Die Energie, die Freiheit, der Schwung, die Freundlichkeit – all das ist beachtlich. Lebendig und doch bedroht vom Tod. Oder so lebendig, *weil* bedroht vom Tod.

»If they sent us awäi, wi go somewhäre else. Dhis is our live.«

Wir stoßen an. Sie wollen wissen, woher wir kommen, wir erzählen von Goa und Deutschland, ihre Fragen finden kein Ende. Mit Hinduismus haben sie nichts am Hut, obgleich sie natürlich all die Götter und Zeremonien kennen. Moderne Jungs, ohne Hang zu Tradition.

»We like music and smoke.«

Ole zieht die Augenbrauen hoch. Einer der Jungs springt auf und rollt ein Rauchgerät.

»Here no comes police very often, it is the place for happiness.«

Wir erzählen, wie wir in ihrem Alter in die Kirche mussten und uns in der letzten Bank böse und respektlos die ganze Zeit kaputt gelacht haben.

»Religion is boring. For the old män. I like mor living than pray!«

Der köstlich duftende, süße Tee dampft in unseren Gläsern, die Sonne scheint, das wilde Treiben um den Tod liegt wie ein Postkarte aus einer anderen Welt direkt vor unseren Füßen, aber was uns umgibt, durchdringt, berührt sind Reggae, Joints und *the place for happiness*.

»*Why are here no cows?*« Ole liebt die heilige Kuh.
»*Cows doohn't like stäirs.*«
Wieder ein Indien-Geheimnis gelöst. Wir bleiben den ganzen Nachmittag, schwärmen vom Tee, treiben den Umsatz in den Himmel, lachen, rauchen, trinken noch ein Gläschen und lassen niemanden vorbei, ohne den besten Chai in Varanasi zu kosten.

Als die Sonne tiefer sinkt, das Tageslicht Abschied nimmt, erheben wir uns, zahlen eine lächerliche Rechnung, geben gegen jeden Widerstand Trinkgeld für die wunderbare Stimmung, die Joints, das Projekt *for happiness* und die Hocker mit Sicht auf den Fluss.

Ole, beseelt vom Zauber dieses Tages, packt sich den Ersten, um ihn zu umarmen. Das kommt überraschend, keiner weiß, wie ihm geschieht. Es wird gescherzt, man muss auch neue Wege gehen, und dann wird sich indienuntypisch halt gedrückt. Neugierige Blicke von den Umstehenden, Lächeln, Weltfrieden. Wir gehen als Brüder auseinander.

Vielleicht ist dieser Ort ein Heiligtum. Ich hoffe, er wird ewig leben. Er ist in keinem Reiseführer zu finden, aber im Schatten der großen Zeremonien ist es das kleine Glück, das Direkte, das Greifbare, die Musik, die Liebe, der Swing, die leuchtenden Augen, die strahlenden Gesichter, das Miteinander und die Lebensgelegenheiten, die im Anblick des Todes plötzlich ihre Einzigartigkeit entfalten.

Vielleicht ist der Tod eine Erinnerung zu leben.

Auf dem Rückweg bleiben wir immer wieder in den Menschenmassen hängen, verfolgen traumhafte Gesänge und Kerzenzeremonien, die Shiva huldigen. Die Ghats erwachen. Priester, Gurus, religiöse Vereine vor Tribünen oder Stufen, zu den Füßen eines Tempels, alle paar Hundert Meter neuer Zauber. Die Dunkelheit in Varanasi leuchtet, glitzert, hallt ehrfürchtig in die Nacht. Noch mehr Eindrücke, noch mehr Feierlichkeit, einfache Männer, würdevolle Frauen,

die, in sich gekehrt, gebieterische Worte murmeln. Kinder an der Hand, die mit großen Augen um sich gucken und bewundern, wie an den Stegen Opfergaben auf die Reise gehen. Handgroße Pappboote, die mit Blütenblättern und winzigen Kerzen beladen hinaus auf den Ganges wackeln, schwanken, mit dem Gleichgewicht kämpfen, um zum Indischen Ozean zu schwimmen. Die hüpfenden Lichter auf der tiefschwarzen Wasseroberfläche funkeln jetzt wie Sterne. Die Stadt des Todes ist ein Lichtermeer, überall ist so viel Schönheit.
Als der Trubel hinter uns zurückbleibt und die Stimmen verstummen, treffen wir auf eine Kuh. Sie blickt uns heilig an. Wir bringen uns nacheinander in Position und schießen ein Selfie; das Ergebnis ist ein Traum, denn die indische Kuh grinst. Vielleicht nur für das Foto, vielleicht aber auch immerzu. Wir lachen uns halb tot, latschen weiter, taumeln voll mit Glück, sehen Sadhus mit ihrem Dreizack und kurz vor unserer Unterkunft einen gewaltigen Bullen mit gewundenen Hörnern, der mich zu einer letzten Prüfung herausfordert. Bereit zu sterben, stehe ich der fast Nashorn-großen Bestie gegenüber, zücke meine Kekse und biete ihr einen Kräcker an. Wie durch ein Wunder werde ich weder gefressen noch aufgespießt. Die Stadt des Todes ist voller Freundschaft.

Wir sind früh auf den Beinen, an diesem Tag gibt's nichts zu tun. Wir werden keine Tempel abhaken, all unsere Wünsche sind bereits erfüllt.
Also streunen wir durch die Gegend und suchen Vorwände, um Gespräche mit Ladenbesitzern oder Menschen auf der Straße zu führen. Ich frage nach der Universität, den schönsten Tempeln, der Uhrzeit, den Kindern, was Shiva von den Besuchern in Varanasi hält, ob der Ganges tatsächlich von der Milchstraße stammt, worauf ich nur fragend angeschaut werde, welches Land die beste Cricket-Mannschaft hat, ... Und ich möchte etwas über die Kumbh

Mela erfahren. Das größte Fest der Erde. Es findet seit dem 7. Jahrhundert statt. 2017 kamen 34 Millionen Pilger in die Stadt. 34 Millionen? Zwei Millionen wäre unvorstellbar. Asketen und Heilige. Schwarze Magie und weißer Zauber. Alle zehn Jahre versammeln sich die Mystiker, um hier im Ganges zu baden. Wenn ich die Menschen auf der Straße danach frage, erwacht etwas in ihren Augen. Es ist Stolz, Erinnerung, Mühsal, aber auch eine Tiefe, die ein Geheimnis in sich trägt.

Wir laufen weiter, müssen etwas zu essen finden. Alle freuen sich, wackeln mit dem Kopf und sind guter Dinge. Trotz des hektischen Lebens in der Stadt, sind die Menschen sehr entspannt. Sie eilen, bis etwas ihre Aufmerksamkeit erregt. Sie haben nicht verlernt, innezuhalten, und die Stadt des Todes und der Scheiterhaufen ist voller Offenheit. Und Überraschungen. Ein Mann schickt uns zu einer »*very famous German bakery*«. Und das ist alles, was es braucht. Liebe Menschen und eine Aufgabe. Wir wandern in die Richtung, und ich bitte Ole, Google nicht zu befragen, denn der Weg wird dadurch länger.

Das hohe, rötliche Gebäude ist schmal, quadratisch, hat vier Stockwerke und erscheint eher wie ein Turm. Unten wird gebacken, die Düfte strömen marketingwirksam durch das Mauerwerk hindurch. In der ersten Etage wird verkauft, darüber kleine gemütliche Etagen mit Räumen zum Speisen, mit Wi-Fi, Leseecken und Besuchern, die überwiegend aus dem Westen stammen und in Büchern blättern. Wir packen alles auf ein Tablett, um uns auf der Dachterrasse in die Kissen zu fläzen. Zeit für Tagebuch, Nachrichten in die Heimat, wundervolle Blicke in alle Himmelsrichtungen und Internet.

Ole schaut auf und grinst:
»Heute ist Rosenmontag ...«
»Dann *loss mer singe*.«
Und so geschah es, dass auf dem Dach eines Turmes in der heiligen Stadt zwei Kölsche Jungs die Lieder sangen, deren Klänge die

Toten auf ihrem Weg in die Unendlichkeit begleiten sollten. Noch heute wird erzählt, dass die Mantras der Jeckerei die Götterfüße kitzelten, bis sie zu schunkeln begannen und den Menschen auf der Erde zwei Geschenke übergaben. Sie sollten Humor und Frohsinn haben, so sie denn nur das Göttliche dieser Gabe erkennen wollten.

Auf dem Weg zurück zu unserem Hotel setzen wir uns ans Wasser, um die kleinen wackelnden Lichter zu bewundern, die den Ganges entlangschwimmen. Manche kentern, wenn die Wellen eines größeren Bootes sie verschlucken, andere schaffen es weiter. Ein paar Meter entfernt sitzt ein junger Inder, und als wir ins Gespräch kommen und ich ihn auf den Sinn der Lichter anspreche, beginnt er Abschnitte aus den Veden zu zitieren. Hammer, dass ein junger Typ Teile der alten Schriften auswendig kann! Daraufhin schmettert er einen zehnminütigen Monolog aufs Parkett, der mich aus den Socken haut. Ich staune mal wieder, wie sehr die neuen Medien mein Erinnerungsvermögen zerschießen und wie klug die Menschen in diesem Land sind. Wir loben seine Gedächtniskraft, er bedankt sich mit einer kleinen Verbeugung, und da fällt mir ein, dass auch wir umfangreiche Verse und Textpassagen zitieren können. Ich biete ihm eine Kostprobe an, während Ole neben mir vom Glauben abfällt, weil er weiß, dass ich nicht ein Gebet auswendig kann. Der Inder ist gespannt, Ole sogar noch mehr:

Ich hole tief Luft ...

»♪ *Ihrefeld, Raderthal, Nippes, Poll, Esch, Pesch un Kalk. Üvverall jitt et Fans vom FC Kööhhllle. Ov vür ov zoröck, neues Spell heiß neues Jlöck ...*«

Ole steigt mit ein, der Inder ist bewegt. Stundenlang könnten wir weiter trällern, vor allem Ole, weil er jedes Karnevalslied im Schlaf beherrscht. Ich bin nicht ganz so versiert, aber gemeinsam beeindrucken wir den jungen Inder mit dem Rezitieren der »heiligen

Schriften«, indem wir zum zweiten Mal an diesem Tag die Kölschen Lieder singen.

Klang und Rhythmus, Fröhlichkeit im Vortrag, gewagte Intonation, fremder Duktus und unser Gekicher hinterlassen großen Eindruck. Diese Mantras müssen Zauberkraft beinhalten. Auf die Frage nach Göttern und Sinn erklären wir, dass es eher ein Volksfest ist als eine Religion. Dennoch gibt es wie in den Göttergeschichten rund um Shiva, Ganesha, Hanuman und Co. eine Bedeutung. Unser junger Freund fragt nach einem Beispiel. Anstatt ein Lied herauszupicken, entschieden wir uns für die größte jemals niedergeschriebene Weisheit in der europäischen Staatengemeinschaft:

Das Kölsche Grundgesetz ...

§1: Et es wie et es!

§2: Et kütt wie et kütt!

§3: Et hätt noch immer jot jejange!

§4: Wat fott es, es fott!

§5: Et bliev nix wie et wor!

§6: Kenne mer nit, bruche mer nit, fott domet!

§7: Wat wellste maache!

§8: Maach et jot, ävver nit ze of!

§9: Wat sull dä Quatsch?

§10: Drinkste eine met?

§11: Do laachs do dich kapott!

... ist Buddhismus und Hinduismus pur.

Wir sind uns bei jedem Paragraphen mit dem Inder einig.

Die Götter in Indien tragen einen Affen- oder Elefantenkopf, die in Köln sind mit Pappnase unterwegs. Inhaltlich gibt es keine Differenzen. Das erscheint verrückt, der Vergleich respektlos, aber vielleicht auch gerade nicht. Köln und Varansi liegen nicht weit auseinander.

Religionen können unterschiedlich präsentiert werden, mit der Drohfaust auf den Tisch, in kriegerischen Mythen oder romantischen Geschichten, im friedlichen Aschram, in tiefer Stille oder schunkelnd in einer Kneipe. Es sind die Menschen, die etwas daraus machen.

Nach einer schönen Stunde zu dritt kommt die Zeit der Trennung. Ich fühle, wie gern Ole unseren neuen Freund umarmen möchte, aber dieser hier ist zu sehr Inder. Die respektvolle Distanz ist kein Zeichen von Ablehnung oder mangelnder Sympathie, sie ist Gewohnheit. Jeder Jeck ist anders. Wir verneigen uns mit »Namaste« und wandern auseinander.

Am nächsten Tag besichtigen wir die Universität, ein riesiges Gelände, und speisen mit den Studenten, für die wir eine Attraktion sind. Dann fahren wir lange mit den Fahrradrikschas durch die Gegend, das Leben plätschert so dahin.

Nach dem Abendessen gehen wir die Ghats entlang, wo wir einem freundlichen jungen Mann begegnen, der uns für kleines Geld eine Fahrt in seinem Kahn anbietet. Wir verabreden, ihn um fünf Uhr morgens wiederzutreffen, um den Sonnenaufgang auf dem heiligen Fluss zu feiern.

Das Licht einer Laterne führt uns auf den Steg. Das Ruderboot aus schwerem Holz ist bemalt mit kräftigen Farben. Weiß und Grün und Rot.

Es ist stockdüster und kühl, wir drücken uns in dicke Jacken. Meine habe ich am letzten Tag in Goa gekauft. Eine graue Winterjacke für umgerechnet 15 Euro, ausgerüstet für den Norden und den Himalaya. Der Kahn gleitet durch das zähe schwarze Nass. Kein Laut umgibt den Frieden dieser Augenblicke. Die Stille des Stroms ist voll mit Zauberkraft. Das Boot knarrt, von hier wirken die schwach beleuchteten Stufen, die Tempel, die heilige Stadt, die über den Ufern thront wie ein Märchenbuch. Der Himmel färbt sich rötlich, spiegelt sich auf der glatten Wasseroberfläche, manche Momente sind wie im Traum. Als es heller wird, beginnt der Tag, die Sonne lacht, wir lachen, ich übernehme das Rudern, was unseren Kapitän vor allem sehr belustigt. Kein Wunder, denn eben noch wurde der Kahn von Götterhand bewegt, während sich nun ein Dilettant mit dem Vorankommen abmüht.

Ole grinst. »Andi, wann wirst du dich von deinen Sünden reinigen? Gerne werde ich diesen Akt mit einer Fotoserie dokumentieren.«

»Genau: direkt beim Marnika eine Runde baden und zum Schluss noch einen großen Schluck vom Leichenschmaus. Ne, ich warte noch, bis wir den Fluss ein bisschen weiter hinaufgereist sind. Es wird übrigens höchste Zeit für Rishikesh. Mooji kommt in ein paar Tagen. Wollen wir weiter?«

»Ja, weiter flussaufwärts, hinauf zur Quelle.«

Natürlich ist alles ausgebucht. Wir laufen in die Stadt, um einen Agenten zu finden, der uns ein Ticket aus der Stadt des Todes hinaus und in die Weltstadt des Yoga hinein besorgt. Ich frage nach der Verlosung, er wackelt mit dem Kopf. Es ist also abgemacht. Da er den Fahrpreis schon jetzt kassiert, wird er sein Bestes geben. Wir sollen morgen wiederkommen. Ole fordert eine Quittung und drängt auf Rechtssicherheit, die den Inder jetzt verunsichert. Ich drehe mich zu ihm um, lache und schüttele den Kopf: Das sei nur ein Spaß. Ich schiebe Ole aus dem Laden. Eine Quittung ist in diesem Land nichts wert. Aber das wohlgesonnene Engagement unseres Reisebüromatadors, das kann es richten. Es kann der Fahrschein werden, der uns zu den Füßen des Himalayas trägt. Alles, was wir brauchen, ist Vertrauen.

Wieder gewinnen wir in der Lotterie! Sind die Götter auf unserer Seite oder die spontanen Tickets einfach zu ergattern? Wir packen unser Zeug, die Reise geht voran.

Am Bahnhofsvorplatz hüpfen wir aus dem Tuk Tuk, schnappen unsere Reisetaschen und grinsen unseren Fahrer an. Ich liebe Tuk

Tuks. Günstig, flott und total nah dran. Der Souverän am Steuer war wieder eine Marke. Ein Fahrstil, der den Tod nicht fürchtet, Zuversicht, die dem Leben jedes Drama nimmt, und ständig einem Spruch parat.

Rein ins Getümmel, wir kennen die Stadt, das Spiel, den Bahnhof. Indien fordert uns zum Tanzen auf. Drinnen ist jede Menge los, aber kein bisschen Party oder Wiedersehensfreude, weil die zähe Reise noch vor den Menschen liegt. Es ist pickepackevoll, alle wollen irgendwohin, niemand weiß Genaues. Witzig, wenn man nicht gerade einen Zug erwischen muss.

Unserer fährt in einer Stunde, mitten durch die Nacht, wir eilen von einem Gleis zum nächsten. Ich bin immer zeitig da, Ole hält mich für unentspannt und lästert über mein Vertrauen. Ich lasse ihm den Spaß, bin aber auch nicht aufzuhalten. In zwei Jahrzehnten Reiserei habe ich noch nicht einen Flieger oder Zug verpasst.

Aber das ist Indien. Indien ist Indien.

Verzweifelt suche ich nach einer Uniform. Bahnhofsmitarbeiter, wenn alle Stricke reißen auch ein Kofferträger, denn die kennen sich manchmal sogar noch besser aus. Ich spreche mit ein paar Leuten, die meinen energischen Nachfragen alle mit diesem romantischen Kopfwackeln begegnen. Süß, ich lächele, titsche innerlich im Dreieck. Hier und jetzt ist keine Zeit für jecke Spielerei und zwar genau so lange, bis ich auf meinem Sitzplatz hocke.

Ich erinnere, wie ich mit einem Billigflieger nach Berlin zu einer Lesung wollte, als von Streiks des Bodenpersonals die Rede war. Jeden Tag studierte ich die Informationen und Flüge im Internet. Alles kein Problem, hieß es dort, mein Flieger ginge. Am Abend vorher rief ich die endlos teure Hotline an, um einen echten Menschen am Apparat zu haben, die Beruhigung war's wert: Alles ginge klar. Glück, Freude, das wird spitze. Zur Absicherung rief ich ein paar Stunden später am Abreisemorgen beim Frühstück dann noch mal an. Meine Freundin hielt mich für verrückt, jeder Spirituelle

hätte mein Vertrauen angezweifelt. Nach dreißig Minuten Warterei erwischte ich dann einen Mitarbeiter der Airline im Chatfenster:
»Ja, der Flug geht planmäßig ...«
»Spitze, danke«, also auf zum Flughafen ...
»... nur nicht nach Berlin, sondern nach Leipzig.«
»Äähh, und wie komme ich dann nach Berlin???«
Das sei eine gute Frage, und nach etwas Puls und Hasstiraden saß ich in meinem Auto, um mich durch die Staus der Nation von Köln in die Bundeshauptstadt zu kämpfen. Ging gut, weil früh am Ball und spontan flexibel.

Deshalb bin ich zeitig da, deshalb frage ich lieber zehnmal nach.

Egal, das ist alles lange her, jetzt und hier heißt es, den Zug nach Rishikesh erwischen. Zugfahren in Deutschland ist eine Krux. Auch in Indien braucht man Reaktionsgeschwindigkeit und Laufstärke, um in allerletzter Sekunde den geänderten Bahnsteig zu erreichen. Ich glaube daran, dass unser Zug pünktlich abfahren wird. In 39 Minuten. Eher früher. Deshalb meine Hetze. Ole geht von zwei Stunden Verspätung aus und trabt entsprechend unmotiviert durch die Gegend.

Natürlich sind es die Kofferträger, die den Überblick haben und uns helfen. Gleis 9. Dort angekommen entspanne ich, denn es gibt ein Geschenk des Himmels, eine Anzeige mit englischen Schriftzeichen, und da steht auch noch Rishikesh drauf. Adrenalin und Hektik bekommen eine Pause, Zeit, sich die wunderschönen Menschen anzusehen.

Zehn Minuten vor Abfahrt werde ich nervös, zappele hin und her, zeige mein Ticket herum und frage immer wieder nach. Ich hab zu viel erlebt. Busbahnhöfe, Flughäfen, Deutsche Bahn. Ole ist total entspannt, fotografiert eine Kuh, blickt mit landestypischer Gelassenheit auf meine Unruhe. Der Zug fährt ein, nur sechs Minuten zu spät, sogar ein offizieller Bahnhofsmitarbeiter taucht auf. Ich halte ihm meinen Fahrschein vor die Nase:

»Rishikesh?«
»Aaah, fast train, yes, but platform 6!«

In Indien geht immer alles gut. Aber jünger wird man davon nicht. Ich spare mir das »siehste«, denn in jedem Fall bin ich der Held. Wir schnaufen, als wir in die Sitze fallen und aus dem Fenster gucken, während der Zug langsam aus der Halle rollt.

DIE FÜSSE DES HIMALAYA

»*You say: All you want is freedom.*
I say: If you want nothing, you are free.«

Mooji

Was ein Gefühl! Wenn bei einem Ortswechseln neben dem kleinen Rucksack und dem fast zehn Jahre alten, verschlissenen Rollkoffer nicht noch drei Surfbretter an meiner Schulter hängen, lässt es sich entspannt marschieren. Die Luft ist frisch, jeder Atemzug ein Genuss.

Als das Tuk Tuk aus Haridwar rechts ranfuhr und an einer Pforte mit einer Eisenschranke hielt, ging es zu Fuß weiter, und mit jedem Schritt, den die Straßen und der Verkehr hinter uns blieben, näherte sich eine malerische Bergwelt, das gesunde Hinterland, das Indien, von dem ich so geträumt habe.

Jetzt liegt er vor mir. Hier, in der Nähe seiner Quelle, weiß er nichts von der verschmutzten Brühe, die durch Varanasi schleicht. All das liegt in weiter Ferne, hier fließt der Ganges unberührt und leicht vom Dach der Welt hinab und zu den Menschen.

Wir spazieren auf eine schmale Hängebrücke, ein leichter Schwindel surrt durch meinen Kopf. Mehr als zwanzig Meter unter uns plätschert das klare, blaugrün schimmernde Gebirgswasser des heiligen

Flusses, der von links durch eine schmale Schlucht in unsere Richtung fließt und rechts ein paar Hundert Meter später hinter einer Kurve verschwindet.

Die Lakshman Jhula ist 137 Meter lang und einen Meter breit. Sie bietet gerade genug Platz für zwei Personen, aber bei Gegenverkehr wird es etwas ungelenk. Da zu dieser frühen Stunde viel Betrieb ist, sogar ein paar Jungs ihre Mopeds durch die Fußgänger bugsieren, erinnere ich mich an lange zurückliegende Stunden im Physikunterricht. Irgendwas mit Schwingungen und Brückenzusammensturz. Apropos Schwingung, Rishikesh ist ein Kraftort. Hier treffen sich die Pilgerwege. In den Himalaya, zur Quelle des Ganges oder um im heiligen Sanftmut von Rishikesh Yoga, Meditation und Askese zu praktizieren.

Am Ende der Brücke führt ein nicht asphaltierter Weg parallel zum Fluss an ein paar kleinen Läden vorbei. Menschen wandern ohne Eile, ein paar Kühe blicken in die Schaufenster.

Es gibt keine Autos, keine geteerten Straßen und keine Verkehrsgeräusche. Rishikesh ist in drei Teile untergliedert und beherbergt 70.000 Menschen. Hier im Zentrum herrscht entspanntes Treiben. Die Zeit tickt unbekümmert durch den Vormittag; Reisende mit Yogamatte, Inder auf dem Weg zur Arbeit, Geschäfte, in denen Souvenirs, Teppiche, Gewürze, ayurvedische Medizin oder Schmuck angeboten werden. Die ersten Yoga-Shalas tauchen auf, und in den Auslagen hängen Bilder von Gurus, die auf dem Kopf stehen oder im Lotussitz versunken sind. Auf dem Boden an einer Wand sitzen ein paar Asketen vor ihren silbernen Almosenschalen.

Ein junger Mann in ordentlicher Kleidung, vielleicht der Bürgermeister, marschiert auf uns zu, breitet seine Arme aus: »*Welcome to Rishikesh. Are you here for Yoga or Mooji?*«

»*Both*«, sage ich und lächele.

Er verneigt sich und bietet uns eine Unterkunft an, die nur zehn Minuten entfernt ist. Da man es mit der Genauigkeit in Indien nicht so genau nimmt, vermute ich einen Halbmarathon. So schlimm ist es sicher nicht, aber Ole hat sein I-Phone zaubern lassen. Wir sind bereits vergeben. Ich bin dankbar, weil mir zu viele Reisestunden in den Knochen hängen, als jetzt noch mal kreuz und quer durch diesen Ort zu tigern. Der Mann versteht und wünscht uns frohe Tage und inneren Frieden. Wir verabschieden uns mit einer Verbeugung und latschen einen Hügel hinauf.

Auf der linken Seite sitzt ein Schneider in einem offenen Kabuff zwischen meterhohen Bergen aus buntem Stoff. Er näht, blickt kurz auf, nickt uns zu. Durch die kleine Nickelbrille auf seiner Nase nimmt er millimetergenaues Augenmaß, schiebt den Stoff durch die fußbetriebene Maschine, prüft, fährt fort, versinkt in seiner Aufgabe. Daneben eine Stube, in der Brot gebacken wird, auf der anderen Seite ein sehr kleines Lädchen, in dem es trotzdem alles gibt. Schreibwaren, Süßigkeiten, hohe Regale mit Konserven, Waschpulver, frische Lebensmittel, warme Kleidung, Taschenlampen, Schraubenzieher, Toilettensitze. 15 Quadratmeter Kaufland. Voll bis oben hin.

Immer wieder lädt ein Tor zu einem Aschram ein. Am Rand sitzen Asketen neben Kühen, während auf den Dächern ein paar Affen die Neuankömmlinge beäugen.

Im Hotel die Frage, wie lange wir bleiben wollen. Wir haben keine Ahnung. Ein paar Wochen, irgendwie hat Rishikesh uns schon erwischt. Das Zimmer ist der Hit. Zwei Betten und sogar ein Fenster, durch das Tageslicht strömt. Wir essen eine Kleinigkeit, schlafen zwei Stunden und laufen am späten Nachmittag in den Ort zurück, um eine Yogastunde zu besuchen. Da zu unserem Hotel eine Shala mit langer Tradition und noch jungem, aber herausragendem Ashtanga-Yogameister gehört, schlurfen wir dorthin. Wir schlüpfen in weite Hosen, dicke Pullover und stellen einen Unterschied zu unserer bisherigen Indienreise fest:

Die Barfußtage sind vorbei.

Wenn Flipflops Urlaub sind, sind nackte Füße Freiheit. Nackte Füße, nackter Busen, nackter Po: Es muss kein FKK sein, aber barfuß gehen ist ein Gefühl. Am liebsten immer und überall. Barfuß tanzen, schlendern, am Strand entlang, durch den Wald, die Stadt, auf feuchtem Moos, barfuß Freunde treffen oder zur Arbeit gehen – das ist wie nackt saufen in Nicht-so-krass. Barfuß laufen ist wie der Sonnenschein. Die Füße wollen atmen, sie möchten den Boden berühren, sie möchten mit der Erde in Verbindung sein. Meine jedenfalls. Das fühle ich im ganzen Körper. Aber jetzt ist das zu kalt, und wir greifen zu Flipflops und dicken Socken.

Noch nicht ganz der letzte Schrei in Mailand und New York, aber am frühen Morgen und beginnenden Abend an den Füßen der Reisenden in Rishikesh durchaus eine behagliche Variante.

DER KEUSCHHEITSGÜRTEL UND OB DIE SOZIALISATION ZUM WESEN PASST, IST REINES GLÜCK

Der Raum bebt vor Energie, die Atmung rauscht, Vinod treibt uns voran. Ähnlich wie Balu verfügt er über ein unfassbares Körperwissen, drückt und schiebt und schaukelt uns in Positionen, die eigentlich unmöglich sind. Nach neunzig Minuten Yogawahnsinn fallen wir in eine wunderbare Stille. Shavasana. Die regungslose Abschlussentspannung in Rückenlage ist die schwierigste Asana. Dann darf alles abfallen und Ruhe sich in Körper und Geist entfalten. Vermutlich wird nur dafür vorher die Energie so aufgepeitscht.

Ole mag Ashtanga nicht. Er bevorzugt Flow und sanfte Stile mit weniger Militär-Marsch-Marsch. Er wird sich morgen eine Yogaschule suchen, die besser passt. Die Auswahl an außergewöhnlichen Yogameistern in Rishikesh ist weltberühmt.

Nach einem Thali, dem landestypischen Abendessen, das auf einem Tablett serviert wird, auf dem Reis, Bohnen, Gemüse, Dal, Chapati und Curry zusammengestellt sind, wandern wir unseren Hügel hinauf. Auf einem kleinen, leeren Platz kurz vor dem Hotel genehmigen wir uns noch einen.

Der indische Herr sitzt auf einem Schemel, sein zerbeulter Chai-Wagen ist ausgestattet mit Löffeln, Kellen, Dosen. Ein schwerer Ofen aus Gusseisen dient als Herdplatte, um den Kessel mit der süßen Milch, dem Tee und den Gewürzen zu erhitzen. Die Bestellung ist Lächeln. Er kann ein paar Brocken Englisch, legt Feuerholz nach, alles hier ist guter Dinge. Er vertieft sich in den Produktionsprozess. Ich beobachte die Handgriffe, die Liebe zum Detail, zu diesem Getränk, und denke an Tapesh: *He is mastering something.*

Würde ich mir bei allem, was ich tue, diese Zeit und Muße und Liebe und Langsamkeit nehmen. Ich weiß nicht, was dann passieren würde. Aber noch viel weniger weiß ich, warum ich das nicht einfach mache. Einfach. Einen kurzen Augenblick fühle ich mich besessen. Von einem Schnell-schnell-Dämon, der mich in seinen Klauen gefangen hält, der unsere ganze Gesellschaft durch die Gegend hetzt. Jetzt und hier, oh, wie wunderbar, scheint er zu schlafen.

Wir setzen uns auf eine Bank, während unsere kalten Hände die dampfenden Gläser umklammern. Eine Kuppel aus tausend Sternen wacht über uns, die Luft ist klar, die Nacht schweigt.

»Ist das schön«, sagt Ole.

»Unfassbar«, sage ich, »man fühlt die Ruhe in jeder Zelle.«

»Die ganze Aufregung der Stadt ist weg. Und hör mal diese Stille ...« Ole atmet tief ein und mit einem rauschenden Seufzer wieder aus.

Wir lehnen die Schultern aneinander, jeder Ort in Indien lädt uns Menschen auf seine ganz spezielle Art ein. Goa, Hampi, Varanasi und nun Rishikesh. Es sind nur kleine Ausschnitte, die wir entdecken, aber überall ist die Magie. So nah und so direkt.

Neben uns döst ein junger Sadhu mit verdrecktem Gesicht und wilden Locken. Er erhebt sich, plappert auf Hindi los, leider können wir seine Geschichten nicht verstehen. Unser Chai-Meister erklärt, dass er einen Tee trinken möchte. Und das ist toll, dass das jetzt passiert, weil ich ihm ein warmes Getränk besorgen und meinem Guru mit dem Kochlöffel in der Hand eine weitere Bestellung ermöglichen will. Auch Ole und ich genehmigen uns noch einen. So können wir noch ein wenig länger hier sitzen.

Der Sadhu-Mensch quatscht wie ein Wasserfall. Seine Augen sind unruhig, sein Wesen aufgebraucht. Unser Übersetzer ist mit Zubereitung beschäftigt, wir lauschen, nicken höflich, verstehen aber nichts. Nur an einer Stelle, da machte es plötzlich Klick. Eigentlich macht es Klock-Klock, als ich begreife. Man hat von diesen Geräten ja schon gehört. Dass sie tatsächlich existieren, ist schwer zu glauben. Im Mittelalter, klar, oder in der Nachbarzelle des Grafs von Monte Christo. Aber im 21. Jahrhundert? Gerne würde ich einen genauen Blick darauf werfen, die Funktionsweise untersuchen, ein paar Fragen zum Benutzerhandbuch stellen.

Sein Keuschheitsgürtel ist eine Unterhose aus Eisen. Der Schlüssel ist verschollen, in einem Fluss ertrunken oder bei seinem Guru in Gewahrsam. Pinkeln geht durch eine Öffnung, keine Erektion hat eine Chance. Ich hielt SÜD (Samenüberdruck) für eine gesundheitsgefährdende Geschichte, vermute aber, dass sich der Körper auch mit diesen Umständen arrangieren kann. Detailfragen kriegen wir nicht erörtert, aber ich bin ebenso begeistert von seiner Hingabe, wie nicht interessiert an einem Exemplar. Vielleicht ist Sex oder das Verlangen danach die Ursache vieler Schwierigkeiten, vielleicht löst ein Keuschheitsgürtel jede Menge Probleme – aber es ist auch schad'.

Als ich am nächsten Morgen den Hügel hinunterwandere, ist kein Mensch weit und breit zu sehen. Alles ist so friedlich. Eine zarte

Dämmerung schleicht herbei, weite Ruhe gießt sich durch die frühe Stunde, durchdringt die Luft, erfüllt den Körper, erfrischt die Zellen. Über den Bergspitzen glänzt die Morgenröte. Ich fühle mich leicht, gelöst, als etwas in meine Nase dringt. Ich schnuppere, meine Mundwinkel sind voller Freude, das Glücksgefühl ist sofort da. Ich schlendere in die kleine Backstube, begrüße den freundlichen Herrn in weißer Schürze mit »Namaste«. Wir plappern ein paar Worte, denn wir sind die einzigen Menschen dieser frühen Stunde. Dann übergebe ich ein Geldstück, greife das duftende Brötchen mit dem Schokoladenüberzug und denke: Gott, ist alles gut.

Draußen seufze ich, will die Existenz umarmen, als etwas Schweres auf meine Schulter kracht.

SCHRECK!

SATAN!!!

UM GOTTES WILLEN!!!

Eine Tonne Adrenalin pumpt Todesangst durch meine Adern, denn etwas hat mich gepackt.

Ich drehe den Kopf zur Seite, starre in ein haariges Monster, das jetzt von meiner Schulter springt und im Flug nach meinem Brötchen greift.

Mein Puls hämmert, reflexartig drücke ich die Brötchenhand zu.

Wir stehen uns mit ausgestrecktem Arm gegenüber. Der Affe will mein Brötchen. Ich bin unsicher, wie gefährlich das Vieh ist, und was um alles in der Welt soll das jetzt? Das ist mein Brötchen, du Arsch!

Und das ist Rishikesh, Peace und Namaste. Das Tier ist etwa fünfzig Zentimeter groß, schaut tief in meine Augen, und ich starre zurück. Für eine ewige Sekunde bewegt sich keiner von uns beiden. Das gibt Aufwind, der Überraschungseffekt verschwindet, ich gewinne Mut und Selbstvertrauen. Ich atme, denn der ist eher süß als bedrohlich, kampflos gebe ich mich hier nicht geschlagen. So läuft das nicht. Auf keinen Fall! Da könnte ja jeder kommen. In diesem Moment fletscht der Affe mit einem langen Zischen seine Zähne, das brutale Geräusch jagt mir einen Schrecken in die Nieren, der meinen Griff lockert, und schwuppdiwupp ist er mit meinem Brötchen im Gebüsch verschwunden. Ich stehe in der Gegend rum. Über mir die Berge, ein Fetzen Papier weht in meiner Hand. Nützt ja nix, ich mache einen Schritt, dann noch einen und trotte davon. Während sich mein Herzschlag normalisiert, beginne ich zu reflektieren. Ich wurde gerade von einem Äffchen abgezogen.

Ole holt mich nach der Yogastunde an der Shala ab, wir suchen einen Frühstücksladen. Ich habe den morgendlichen Überfall ganz gut verdaut. Er dient nun der Belustigung. Wir schauen durch die Gegend, eine kleine Bude mit ein paar Bänken ist brechend voll. Die indischen Kids, die ihn betreiben, wuseln, lachen, wecken eine Erinnerung auf. *The place for happiness.*

Als das kleine Tablett mit den Leckereien durch die Menge in unsere Richtung balanciert, wird geschäkert und gegrinst, es ist sofort klar, dass wir den richtigen Laden gefunden haben.

Es stimmt mal wieder alles. Der Spirit, die Lebenslust, die Euphorie. Der Spaß dabei erinnert mich an einen Ort in mir, den ich kultivieren möchte. Die Jungs sind leicht und voll dabei. Das ist ihr Laden, ihr Leben, ihre Bestimmung. Jeder hat seinen Job, weiß, was er zu tun hat, zusammen wird das Ding geschaukelt. Und es gibt Humor. Es ist die Mischung, die mich verzaubert. Für mich sind die Jungs Vorbilder, die stärker sind und eindringlicher, als die weisen Sätze in den klugen Büchern.

Für mich sind sie Gurus.

Ein Guru ist jemand, der den Suchenden aus der Dunkelheit (Gu) ins Licht (Ru) führt. Wenn ein kleiner Funken von ihrem Feuer mein Herz berührt, wird das Leben heller. In diesem Laden tobt die Zuversicht. Echte Gurus, keine zwanzig Jahre alt. Oft sind es die einfachen Menschen, die ich so bewundere.

Den Tag über bummeln wir durch den Ort, lauschen großen Klangschalen, die Töne brummen bis in die Unendlichkeit, bewundern Statuen, Türgriffe, Kunstobjekte aus Bronze, Stahl und Eisen. Mittags ruhen wir im Hotel, weil frische Bergluft müde Männer müde macht. Außerdem ist das ja Urlaub.
»Faulenzen ist wichtig!«, sagt Ole.
Vielleicht ist er deshalb so ein Phänomen. An manchen Tagen komme ich nicht hinterher, weil Tatendrang und Lebenslust in ihm unerschöpflich sind. An anderen lässt er den lieben Gott einen guten Mann sein. Seine Überzeugung, Nichtstun zu dürfen, ist genauso überwältigend wie seine Kraft, das Leben auszuquetschen wie eine Zitrone.

Als wir in dicken Pullis und Jacken am späten Abend auf ein paar Kissen hocken, bestelle ich ein Thaicurry. Weil uns auf dieser Reise kein scharfes Essen aufgetischt wurde, wackelt mein Kopf von rechts nach links, als ich es wage: »*Yes, very spicy please!*«

An dem Tisch mit Menschen in Winterklamotten sitze ich 15 Minuten später wie ein Aussätziger halbnackt in einem pitschnassen T-Shirt. In meiner Fresse wütet ein Vulkan. Das Schlimme ist, dass ich auch nicht aufhören kann zu essen. Das ist Folter: superlecker, aber Feuerschmerzen, die sich in meine Schleimhäute brennen. Ihre Glut breitet sich in meinem Körper aus, Ole lacht sich kaputt, die Kellner sind besorgt, weil auf meinem haarlosen Haupt erbsengroße Schweißperlen kullern.

Auf dem Weg zurück zu unserem Hotel geht es mir besser, wir lauschen der Stille und hören darin plötzlich fremde Töne. Oder ist es Musik? Nicht die Wälder, die zu uns sprechen, sondern Rock.

Wir versuchen, eine Richtung auszumachen, gehen ein paar Schritte, könnte stimmen. Und warum jetzt nicht die Quelle der Besonderheit aufspüren? Wir geistern durch die Dunkelheit, und

Ole fällt es schwer, diese Vorteile anzuerkennen. Er ist durch und durch Freiheitspartisane. Jeder Mensch ist frei in all seinen Entscheidungen, dennoch sind wir uns im Grunde einig: Zwangsehe geht nicht. Da ist zu viel Gewalt im Spiel. Arrangiert, wenn beide es nicht anders kennen, hat Vorteile, kann schön werden, weil sich beide auf die Liebe konzentrieren und das zusammen schaffen wollen.

Wir schweigen eine Weile, lassen die kulturellen Unterschiede sacken. Ein paar Affen am Wegesrand sind noch wach. Die Menschen in der Welt haben viele Lebenswege erdacht, probiert, vorgeschrieben, gekippt und neu erfunden. Es gibt gesellschaftliche oder religiöse Regeln, um Dinge zu vereinfachen und es gibt Systeme, die die Freiheit des Einzelnen und seine uneingeschränkte Entfaltungsmöglichkeit auf die höchste Stufe stellen. Mit der Gefahr, sich darin zu verlieren.

Nicht wenige junge Menschen sind orientierungslose Handyzombies, leer, gefühlskalt, verzweifelt, unzufrieden, obwohl sie genug zu essen haben. Und gleichzeitig gibt es Lebensentwürfe, die zeigen, wie vielfältig die Möglichkeiten sind und wie eingeschränkt unser Blickwinkel ist, weil wir nur eine Sozialisation erfahren haben. Welche das ist und ob sie zum Wesen passt, ist reines Glück.

SEX MIT SOCKEN

Nach der Ashtanga-Stunde am Morgen quatsche ich mit Sean, einem großen Kalifornier mit dickem Vollbart, und Xzarissa, die aus Kanada stammt. Wir wollen zusammen üben. Sie wohnen im gleichen Hotel, und da sie am Teach-Training unseres Yogameisters teilnehmen, nutzen sie die Zeit bis dahin zur Vorbereitung. Wir verabreden uns für den Nachmittag im Yogaraum unter dem Dach in unserer Unterkunft.

Am späten Vormittag laufe ich mit Ole über die Lakshman Jhula auf die andere Seite von Rishikesh. Hier gibt es Autos, Straßen, Verkehr und irgendwo einen Aschram, in dem in zwei Tagen der weltberühmte Satsang mit Mooji beginnt. Wir nehmen ein Tuk Tuk, steigen nach circa zwei Kilometern aus und gehen den Rest zu Fuß. Ich kann Ole überreden, sein Smartphone in der Hosentasche zu lassen, frage Shop-Besitzer, ältere Frauen, Wegelagerer nach der Richtung. Auch die Einheimischen haben gehört, dass *er* kommt. Jede Begegnung bringt uns näher zum Ziel, und so bewegen wir uns in konzentrischen Kreisen, bis wir zu einem großen Tor gelangen, das einen Spalt weit offen steht.

Als wir eintreten, stürzt ein Inder in einem weißen Gewand auf uns zu. Er begrüßt uns, spricht mit gedämpfter Stimme, aber seine Vorfreude ist nicht zu fassen. Der eckige Kiefer mit dem breiten Grinsen, die großen Zähne und glänzenden Augen lachen wie ein Kind. Abgesehen von der sprudelnden Aura ist sein Körper ruhig wie ein Fels und seine Gestik ehrfürchtig. Der Typ ist ein Erlebnis. Demut, aber aus den Augen hinter der runden Brille strahlt ein Liebesvulkan.

Der Aschram steckt in den Vorbereitungen. Helfer tragen Blumentöpfe, Hinweisschilder werden angebracht, alles soll perfekt sein. Ich bin sofort im Film, und ja, wir sind hier richtig, übermorgen um neun Uhr geht's los, seid früh da und schaut euch schon mal um, ihr könnt so lange meditieren, wie ihr möchtet. Und dann: umarmt er mich.

Ein Inder.

Wunderbar. Hier ist Anmut, Hingabe und Respekt, *und* hier sind die Herzen offen.

Wir stolpern weiter, der Typ wirkt nach, der große Buddha höchstpersönlich wird uns übermorgen hier begegnen. Eine Menge Leute schleichen herum, blicken neugierig auf das, was wird, machen sich mit den Örtlichkeiten vertraut, die er besuchen wird.

Wie ein Sog werden wir in die große Halle gelenkt. Direkt am Eingang sind Hunderte Schuhe aufgereiht oder in den Regalen abgestellt. Dabei beginnt das Happening erst in zwei Tagen. Hinter einem riesigen Vorhang ruht der mächtige Vortragssaal.

Dort stehen über tausend Stühle, einige besetzt, Stille, Ruhe, Frieden, vorne in der Mitte Teppiche und flache Sitzkissen, um möglichst vielen Menschen Platz zu bieten. Dahinter eine Bühne mit einem bequemen Sessel – darauf wird er sitzen und zwei Bilder, eins von H. W. L. Poonja und eins von Ramana Maharshi. Wir lassen uns auf zwei Stühlen nieder, atmen Atmosphäre, bleiben eine halbe Stunde, etwas Seliges liegt in der Luft.

Auf dem Rückweg essen wir eine Kleinigkeit und lassen den Vormittag sacken. Der Typ am Eingang war Lichtblick und Galionsfigur, die Zuversicht in diesem Aschram ist überwältigend.

Ole denkt nach. »Der war auf Koks!«

»Auf Mooji-Koks«, sage ich.

»Bin gespannt, wie Mooji den noch toppen will.«

Mooji. Alles über diesen Mann ist ein Superlativ. Allein sein Page haut uns aus den Socken. Der vor uns liegende Satsang dauert vier Wochen. Jeden Tag drei bis vier Stunden, Fragen und Antworten, Präsenz und Verstehen mit dem Herzen, was im Idealfall zur Erleuchtung führt. In Rishikesh ist man Heilige gewöhnt, aber Mooji ist einzigartig.

Nachmittags treffe ich Sean und Xzarissa in dem Yoga-Raum unterm Dach. Wir üben ein paar Asanas aus der Ashtanga-Serie, dann schlägt Sean Acro-Yoga vor. Für mich das erste Mal.

Er liegt auf dem Rücken und streckt seine Beine in die Luft, ich liege darauf und schwebe. Xzarissa steht bereit, damit ich mir das Genick nicht breche.

Sean ist Acro-Yogalehrer. Er gibt genaue Anweisungen, streckt die Hände aus, ich greife sie, verlagere mein Gewicht, stehe mit den Schultern auf seinen Händen, er purzelt mich zurück auf seine Füße, dreht mich um 360 Grad, nennt das wackelige Gebilde: Waschmaschine.

Besser, wenn man schwindelfrei ist. Dann ist Xzarissa an der Reihe und begeistert. Niemand kommt auf die Idee, den über hundert Kilogramm schweren Kalifornier auf den Füßen zu balancieren.

Wir hocken uns zusammen auf den Boden. Kaffeeklatsch und Seele baumeln lassen.

Xzarrisa ist Anfang 30, bildhübsch mit braunen Locken und dunkler seidener Haut. Sean ein Berg von einem Kerl mit gemütlichem Bauch und Kulleraugen.

»Du rotierst gerne«, sagt Sean zu mir, »und dann drehst du am Rad.«

Er schaut zu Xzarissa, grinst, ist jetzt in seinem Element.

»Beim Yoga bleibt jeder auf seiner Matte, ganz bei sich ... Aber so was habe ich noch nicht gesehen.«

Er strahlt vor Freude.

»Das sah soooo komisch aus!!!«

Mir schwant, von wem er spricht ...

»Diese Verzweiflung in deiner Aura.«

»Das ist gemein!«, ruft Xzarissa mit übertriebener Empörung.

»Als du in der Stunde heute Morgen versucht hast, in der Rotation deinen großen Zeh mit der Hand um deinen Rücken herum zu greifen, da war das Ziel so nah und doch so fern.« Wenn er kichert, wackelt sein Bauch wie Götterspeise.

»Immerhin diente es der Belustigung«, entgegne ich.

»Ich konnte nicht mehr weiter üben!«

Xzarissa schmunzelt.

»Selbst beim Mittagessen habe ich mich ständig noch besickt.«

Es gibt eine Erklärung. »Eine Verschiebung in der Erdanziehung! Die Corioliskraft hat gegen mich gewirkt.«

Xzarrisa gleitet in die Rotation, führt ihren Arm hinter den Rücken und greift den großen Zeh mit einem Lächeln. Sean imitiert mit wildem Wippen und Zornesfalte meine Versuche, und wir brechen alle drei in ein riesiges Gelächter aus.

»Du musst Youtube-Videos drehen!!!«, ruft Sean und ringt nach Luft. Es macht so viel Spaß, ihm dabei zuzusehen.

Und in diesem Moment fällt es mir auf: Ich lache so viel in letzter Zeit. Da ist so viel Freude. Seit Rishikesh? Seit Varanasi? Oder seit den dunklen Tagen in Goa, in denen ich durch ein Tal geschritten bin? Hinter den Wolken scheint die Sonne.

»Ich kann keinen Handstand«, klagt Xzarissa. »Mir fehlt die Kraft.«

»Vielleicht bist du zu schwer?« Sean zieht die Augenbrauen hoch.

Xzarissa stützt die Hände in die Seiten, ihre schmale Taille bebt.

»Und hast du gesehen, was Vinod heute Morgen gemacht hat?«

»Hab ich gesehen und hab ihn dafür gehasst.«

Ich weiß genau, wovon sie spricht, ich war ja Teil des Phänomens: Als ich in der Yogastunde auf dem Rücken lag, Beine angewinkelt und aufgestellt und die Hüfte angehoben, kam Vinod vorbei und meinte, *ich* solle mich konzentrieren. Er legte seine Hände auf meine Knie, und plötzlich schaute er kopfüber auf mich herunter.

Sean gerät ins Schwärmen: »Es ist eine Sache, einen Handstand auf Andis wackeligen Knien zu machen. Es ist eine andere Sache, dabei einfach weiterzuunterrichten.«

Xzarissa nickt. »Seine Stimme war kein bisschen angestrengt. Woher nimmt man diese Kraft?«

»Wer als Säugling Yoga übt, dem geht es leichter von der Hand.«

»Wie war das denn für dich?«, fragt Xzarissa und schaut mich an.

»Ich war ganz bei mir, hab das quasi gar nicht mitgekriegt.« Der Moment war unbeschreiblich.

Sean versucht, Xzarissa mit dem Handstand zu helfen, und berichtet, dass ihm die Krähe zu schaffen macht. Beide fürchten das Teacher-Training, weil sie nicht wissen, wie hoch die Ansprüche sein werden. Sie möchten sich entwickeln, brauchen aber auch das Zertifikat.

»Ich muss unbedingt Geld verdienen«, erzählt Sean. »In Kalifornien gibt es viele Yogalehrer, nur Ashtanga ist noch nicht verbreitet. Ich hoffe auf eine Marktlücke, weil ich total abgebrannt bin.« Das Strahlen in seinen Augen verebbt. »Ich schlafe schlecht. Zu wenig Geld war immer ein Thema in unserer Familie.«

Ich klopfe ihm auf die Schulter.

»Mein Traum ist ein eigenes Studio in Vancouver«, erzählt Xzarissa. »Ich habe etwas gespart und möchte jetzt was Eigenes machen. Zum ersten Mal in meinen Leben unabhängig sein und selber etwas auf die Beine stellen. Mir wurde immer viel geholfen, deshalb habe ich Angst, allein nichts schaffen zu können.«

Wir schweigen, lassen Erinnerungen an und die Aussichten auf zu Hause wirken.

Wir sind drei Menschen, die auf unterschiedlichen Lebenswegen hier in diesem Yogaraum gelandet sind. Wir kennen uns nur im Jetzt. Wir sitzen zusammen, blicken uns in die Augen. Es ist nicht nur das Yoga, das uns verbindet, es ist das Menschsein. Es ist alles da: Die Körper sind gedehnt, die Laune ist entspannt, die Ohren offen. Wir rücken zusammen, jeder kann sich zeigen. Die anderen sind dankbar, wenn einer sein Herz hier öffnet. Egal was an die Oberfläche möchte. Vor allem weil wir uns nicht kennen, wird dieser Raum jetzt so besonders. Alles darf sein, nichts wird ihn verlassen. Es gibt Aufmerksamkeit, Zeit, Empathie, Interesse und Neugierde. Es gibt Ernsthaftigkeit und Schabernack.

Xzarissa steckt in einer Fernbeziehung. Sie ist mit einem Reisefotografen zusammen, sie sehen sich immer wieder lange Zeit nicht. Er ist toll, aber die Phasen zehren an ihr.

»Ich vermisse den Sex.«
Eine Pause entsteht, wir gucken uns an.
»Jaaaa, ich vermisse auch das andere, die Gespräche, seine blauen Augen, aber auch die Nähe ...«
Wir verstehen, umarmen sie mit den Augen. Ihre Offenheit tut ihr genauso gut wie uns.
Ich bin der einzige Single in unserer Runde, und als die beiden mich anschauen, erzähle ich etwas, was ich noch nie erzählt habe: »Mir fehlen die Stiefel meiner Ex-Freundin.«
Die beiden gucken wie ein Omnibus.
»Immer wenn sie sich ein neues Paar gekauft hat, hat sie mich ohne ein weiteres Kleidungsstück darin empfangen, um sie einzuvögeln.«
»Ein schönes Ritual!«, bestätigt Xzarissa, und das tut aus dem Munde einer Frau jetzt mal besonders gut. Dass Sex so sein darf.
»Als verständnisvoller Lebenspartner habe ich sie immer unterstützt, wenn ein neues Paar zur Debatte stand.«
Die beiden loben meinen Support.
»Ich war fast mein ganzes Leben allein, das war früher einfach, aber nach dieser Erfahrung, seit der ersten Beziehung, fehlt mir etwas. Und das ist nicht der Sex. Nicht nur. Das Leben mit jemandem zu teilen, sich zu unterstützen, den anderen zu sehen, auch hinter die Maske zu gucken, miteinander zu reden, nichts zu tun, Pläne zu schmieden. Da zu sein, wenn der andere durch emotionale Täler wandert. Schwach sein zu dürfen. Ich liebe das gemeinsame totale Erleben.«
Die beiden hören mich, sehen mich, verstehen, wie ich fühle, ohne in Bedauern auszubrechen. Es ist Mitgefühl da, aber kein Mitleid. Ihr aufmerksames Schweigen trägt den Augenblick. Trägt mich. Auch sie fühlen Einsamkeit an manchen Tagen, und so fühle ich mich gut aufgehoben.
Sean schweigt, dann deutet sich ein Grinsen an.

»Was?«, fragt Xzarissa.

»Sex mit Socken.«

Er lacht. Sein Freund und er, sie waren nicht mehr ganz nüchtern, wollten miteinander schlafen. Er zögert, ist erleichtert, dass die Homosexualität hier keinen Unterschied macht. Als sie sich pudelnudel bis auf die Socken gegenüber standen, brachen sie in heilloses Gelächter aus.

»Wir haben die Strümpfe angelassen. Es sah so lustig aus. Der Sex war grandios, obwohl wir ständig lachen mussten ...«

»Nicht ›obwohl‹, ›weil‹«, johlt Xzarissa.

»Und das war wie Andis Einlage heute Morgen. Unser Kichern hörte auch nicht mehr auf, als wir danach geschmust und am nächsten Morgen gefrühstückt haben. Zusammen lachen hat eine ganz besondere Kraft und Intimität für uns.«

Xzarissa seufzt, ihre Augen füllen sich mit Tränen.

»Die Welt will immer so ernst sein. Es ist toll, wenn man jemanden hat, mit dem man darüber lachen kann.« Sie schluchzt.

Ich will die beiden drücken. Sean lächelt zu ihr hinüber, sie ist berührt, ich reiche ein Papiertaschentuch. Wir könnten ewig hier auf unseren Matten sitzen, erzählen, Freundschaft fühlen. Der Raum ist voll davon.

»Für uns wurde ›Sex mit Socken‹ ein Symbol, das Leben nicht so ernst zu nehmen, Unsinn zu machen, weil die Zeit knapp ist und am Ende nichts bleibt. Es ist eine Erinnerung, wie wir mit dem Leben umgehen möchten.«

Sean grinst in lebhafter Erinnerung, ich schaue Xzarissa an, ihr Gesicht blüht auf. Die Bilder erwachen, dann tanzen sie in unseren Köpfen: Wir lachen uns kaputt.

»›Sex mit Socken!‹«, proklamiere ich. »Ich fordere eine staatliche Initiative. Pflicht, und zwar einmal in der Woche.«

»Jawohl!«, ruft Xzarissa. »Und wenn alles ernst ist und grau und mit dem Leben nicht zu spaßen, dann fünfmal in der Woche.«

Beim Abendessen sind wir zu viert. Ole, Sean, Xzarissa und ich. Ich kann nicht glauben, wie viel Freundschaft hier versammelt ist. Und Heiterkeit. Wir teilen unsere Indien-Storys. Ole gefällt die Idee von Sex mit Socken, wobei er auch die Sache mit den Stiefeln im Grundgesetz verankern möchte. Während wir zusammen speisen, spaßen und gackern, schüttelt das Lachen alles von mir ab. Der Andi-Drang verschwindet, die Sorge, nicht gut genug zu sein, verhallt, und stattdessen ist *sie* wieder da. In jeder Zelle. Tiefe Dankbarkeit. Für diesen Abend, für diese Menschen, für dieses Leben.

Als wir einen letzten Chai trinken und die Nacht genießen, sage ich zu Ole: »Es sind die Menschen, die mir alle Schwere nehmen. Manche Menschen verwandeln meine Unsicherheit in etwas Schönes. Ich liebe sie, ich vermisse sie, es sind die offenen Begegnungen, die so sehr mein Herz berühren.«

Er nimmt mich in den Arm.

MÄNNER IN UNTERHOSEN

Ich eile den Hügel hinab. Müdes Tageslicht schleppt sich über die Berge, heute ist der Tag. Ich lasse die Backstube rechts liegen, ohne Brötchen bin ich für die Affenbande gänzlich uninteressant. Die Kühe blicken sich nach mir um, nichts kann mich mehr aufhalten. Nur wenige Menschen sind unterwegs, einige murmeln Gebete in die Morgendämmerung. Vor mir taucht er auf, gebieterisch und würdevoll: der heilige Fluss.

Als ich die Treppen zum Wasser hinunterschreite, sehe ich ein paar Männer, die in Baumwollunterhosen in das eisige Nass waten und den Kopf untertauchen. Dreimal, dabei spritzen sie mit den Armen Wasser durch die Gegend, eilen zurück zu ihren Sachen und ziehen sich an. Ein Handtuch kommt nicht zum Einsatz. Niemand hat eins dabei. Vergessen? Oder man trocknet es nicht ab, weil das Wasser heilig ist.

Die Lakshman Jhula liegt fünfzig Meter entfernt, die Temperatur im Freien beträgt acht Grad, die des kühlen Nasses mit Sicherheit nicht mehr. Es ist ein Vorteil, wenn im Kopf kein innerer Kampf mehr wütet, weil etwas entschieden ist. Heute, jetzt und hier werde ich in diesen Fluss steigen, um mit dem heiligen Bad meine Sünden abzuwaschen.

Ich ziehe meine Sachen aus, tapse voran, rechts und links thronen prächtige Gipfel, die Luft ist klar, dann setze ich den dicken Zeh ins Wasser.

UUUHHHHH!

Die Eiseskälte umschlingt meine Unterschenkel, das Blut in mir gefriert. Ich will einen Kampfschrei durch die Bergwelt donnern, aber das hier läuft in Stille ab. Ich pumpe Sauerstoff in meine Lungen, mache einen Schritt voran, die Knie sind geschafft, die Oberschenkel kein Problem, aber die Hüfte lässt mich innehalten.

Auch ein Herzinfarkt ist möglich.

Quatsch!

Ich hole Luft, spanne die Muskeln an, hechte hinein und kreische alles, was ich in mir habe, in den Tiefen des Ganges aus mir hinaus. Als mein Kopf aus der Dunkelheit zurück an die Wasseroberfläche dringt, ist nichts mehr, wie es war. Ich lache, tauche wieder unter und noch mal. Pure Lebendigkeit rauscht durch meine Adern. Das eiskalte Wasser erfrischt, der Kreislauf jubelt, mein Körper strotzt vor Unverwundbarkeit. Ich blicke zum Himmel, sehe Wolkenfetzen, die Gebirgsketten, wohlgesonnenes Wasser streichelt meinen Bauch. Herrlich. Ein Traum. So ein Ganges-Bad ist übermenschlich.

Die Überlegung blitzt auf, auf die andere Seite zu schwimmen. Ich verwerfe die Idee, weil das mit der Unsterblichkeit vielleicht nicht stimmt. Die anderen tauchen unter, wir lachen, treiben auf dem Rücken, die Welt ist wunderschön.

Ich wate aus dem Wasser, bin neugeboren, aber nur kurz, weil an Land die klirrende Kälte ihre unbarmherzigen Klauen wetzt. Ich danke den indischen Göttern für mein Handtuch, wickele mich ein, betrachte diesen Morgen. Ein junger Inder steigt aus dem Fluss, er tropft, sieht dabei so glücklich aus, wie ich mich fühle. Er hockt sich neben mich, wir frösteln.

»*Beautiful*«, sage ich.

»*Isn't it?*«

Zwei erwachsene Männer in nassen Unterhosen. Nie war Kälte süßer, nie wurde zufriedener gebibbert. Wie Brüder schauen wir dem vorbeiziehenden Wasser hinterher.

Und da gehen sie nun dahin ...

»*All our sins are gone now?*«

»*Sure.*« Er ergänzt, dass das nicht so wichtig ist, denn die Sünden liegen in der Vergangenheit. Das Bad im Ganges richtet uns auf, es bringt uns zurück zum Licht.

Er erklärt es so: Wir wandeln auf einem Steg der veränderlichen Lebenszuversicht. Auf der einen Seite liegt die Depression. Alles ist grau, bleibt miserabel, wird sich nicht mehr richten. In der Mitte befindet sich die Hoffnung, die glaubt, dass es schon wieder wird. Sie ist schwaches Vertrauen. Auf der anderen Seite wartet golden unser Urvertrauen. Der Kanal ist offen, Wissen und Energie können fließen. Wer mit dem Urvertrauen in Berührung ist, dem fällt das Leben leicht. Mit den schlechten Taten, den Sünden, verlieren wir unser Vertrauen. Das Leben wird kompliziert und schwierig. Zweifel tauchen auf, die Zuversicht verschwindet. Wir verlieren das Urvertrauen, rutschen den Steg hinab. Das Bad im Ganges reinigt uns von den Einflüssen der schlechten Taten. Wir werden aufgerichtet, manche kehren zur Hoffnung zurück, andere sind erfüllt von Urvertrauen.

»*And it is crazy cold*«, sage ich.

»*Yes!!!*«

Wir lachen. Ich klopfe ihm auf die Schulter, schaue auf die andere Seite des breiten Flusses und wieder zurück, beobachte, wie die runden Steine vor unseren Füßen umspült werden, atme Frische ein, Entspannung aus, als die Frage auftaucht, was *Dankbarkeit* mit *Vertrauen* zu tun hat. Aber nur eine Sekunde lang, denn jetzt und hier ist jede Frage überflüssig.

»Diese Frage hast du im Ganges gefunden?« Ole ist begeistert.

»Ja, Sünden weg, was blieb, war diese Frage.«

Ole schlürft seinen Tee. Dankbarkeit und Vertrauen.

»Wenn man darauf vertraut, dass alles einen guten Weg geht und alles einen Sinn hat, dann ist alles gut. Und wenn man dafür dankbar ist, ebenso.«

»Aber es ist nicht dasselbe?«

»Dankbarkeit ist ruhiger, sie ist wertschätzend. Vertrauen ist ein lebendiges Ausliefern. Ein frischer *Mut* ...«

»Mut ist das souveräne Spiel mit Angst«, kommentiert eine Stimme von der Seite. »Hi, ich bin Natascha, das ist Tom.«

Wir kennen die beiden vom Sehen. In den letzten Tagen haben wir öfter am selben Tisch gesessen.

»Angst ist mangelndes Vertrauen«, schaltet sich nun auch Tom ein.

»Alter, hier haut jetzt jeder einen raus«, sagt Ole. »Ich bin Ole, und der sündenreine Mann neben mir heißt Andi.«

Die Teetassen schwingen in die Luft und vereinen uns zu einer Runde Philosophen.

»Vielleicht ist Mut der kleine Bruder von Vertrauen.«

Natascha hat so eine poetische Ader.

»Mut ermöglicht intensive Erfahrungen, und alle Erfahrungen vergrößern das Vertrauen.«

Das ist Ole. Jede Erfahrung ist ein Gewinn.

»Wenn sich Vertrauen einstellt, dann verschwindet die Angst«, sinniert er weiter.

»Ich weiß nicht, ob mit Vertrauen die Angst verschwindet. Vielleicht wird sie nur sanfter«, murmelt Natascha.
»Ohne Angst kann man nicht mutig sein.« Das habe ich von Osho.
»Und was ist überhaupt mit Liebe?«
»Genau, die Liebe fehlt uns noch. Und was bringt uns zum Glück?«
»Loslassen«, sagt Tom und verdreht die Augen.
Ich schmunzele. »Man könnte noch das Ego in die Runde werfen und natürlich: das wahre Selbst.«
»Ihr geht auch zu Mooji«, ruft Natascha.
Wir nicken.
»Wie wäre es denn mal mit einer Unterhaltung über das Wetter?«
»Da bin ich sofort dabei«, schießt Tom hervor, »denn Oberflächlichkeit ist die neue Tiefe.« Er grinst seine Freundin mit so einem Siehste-Ausdruck an.
»Wieso das?«, fragt Natascha.
»Oberflächlichkeit hat nur ein Imageproblem. Die Spirituellen sind durchdrungen von einem Tiefgründigkeitszwang, einer Problematisierungsobsession, und ratet mal, woher die kommt?«
»Vom E-g-o«, quaken Ole und Natascha im Chor.
Alle lachen. Wir sind jetzt voll dabei.
»Ich möchte es mit Udo Lindenberg beschließen«, sage ich. »Er rät, ›das Sichverlieren im Dauergesuche aufzugeben‹.« Das darf ein paar Sekunden sacken. »Und zu Hause wartet schon lange jemand, der dich liebt.«
Wir jonglieren mit den Begriffen. Es sind weniger die Ergebnisse, die eine Rolle spielen, als das Miteinander. Das Zusammensitzen und das Interesse aneinander. Die beiden kommen aus Berlin, wohnen dort in einer Hütte ohne Strom und gehen hier in Rishikesh jeden Morgen um halb vier Uhr zum Kundalini-Yoga.
»Habt ihr dabei silberne Mützen auf?«, fragt Ole.
»Ein Kapuzenpulli ist okay.« Tom grinst.
»Kundalini-Yoga ist mir zu krass.«

»Dann fehlt dir das Vertrauen«, sagt Natascha mit einem Lächeln in meine Richtung.

»Ihr müsst da zwanzig Minuten die Arme hochhalten«, wendet Ole ein.

»Ja, ein paar Übungen werden lange gehalten, aber eigentlich singen wir die meiste Zeit.«

»Singen???« Tom haut auf den Tisch. »Das trifft nicht ganz den Kern. Höllenqual schon eher.«

»Kundalini belebt ...«, hält Natascha dagegen, doch Tom redet sich in Rage.

»Belebt ist gut! Halb vier aufstehen, lieber tot als aufgeben, Schmerzen akzeptieren, vorbeiziehen lassen wie warmen Regen. Ein Wunder, dass da keiner Amok läuft!«

Natascha boxt ihn in die Seite.

»Okay, okay, es energetisiert. Die Wirkung ist stark, irgendwann später am Tag wird man dann müde.«

»Schwach«, sagt Ole und lacht.

Was die Menschen alles machen.

»Zum Glück geht morgen Mooji los. Die perfekte Ausrede. Ich habe gehört, das soll richtig anstrengend sein, obwohl man ja nur sitzt.«

Natascha stimmt zu: »Ich weiß nicht, ob wir weiter Kundalini machen können. Man muss sich seine Kräfte einteilen, und Satang ist auf jeden Fall intensiv.«

SATSANG

Satsang bedeutet »Gemeinsame Wahrheit« und ist eine Form der Meditation. Anhänger des S. versuchen, durch Hören, Reden, Nachdenken und Versenkung in die Lehre nach der höchsten Einsicht zu streben. Gesprochenes spielt eine untergeordnete Rolle, dennoch gibt es einen Guru, der als erleuchtet gilt und Antworten auf die Fragen der Schüler gibt. Im Mittelpunkt steht nicht die Vermittlung von Wissen, sondern das unmittelbare Erleben von Präsenz.

Heute geht es los. Um halb acht Uhr platzt der Frühstücksladen aus allen Nähten. Die Jungs freuen sich über unseren Besuch. Wir klatschen ab, nehmen dasselbe wie jeden Tag und drücken uns zu Natascha und Tom an den Tisch.

»Da hat aber jemand nicht so richtig ausgeschlafen«, sagt Ole.

Ihre Augenringe sprechen klare Worte: Die beiden sind schon eine Weile wach.

»Ja«, murrt Tom, »ich hoffe, dass ich nachher nicht einschlafe.«

»Das ist ganz egal, Mooji berührt dich auch im Schlaf.« Natascha wippt mit den Beinen und beäugt die Arbeitsabläufe hinter der Theke. »Wir haben dich heute früh vermisst«, sagt sie in meine Richtung.

»Ich bleibe beim Ashtanga. Vormittags Mooji und heute Abend um sechs dann auf die Matte.«

Tom guckt neidisch, ist aber auch froh, den harten Teil schon hinter sich zu haben.

Natascha schaut auf die Uhr, dann durch den prall gefüllten Laden und sieht die Jungs Obst zerschnippeln, Tee kochen, Orders weitergeben. »Ich hoffe, die kriegen das hier auf die Kette.«

Wir müssen in spätestens zwanzig Minuten los. Ich prüfe, wer seine Bestellung schon hat und wann wir an der Reihe sind. Ole hat die Ruhe weg, er überblickt das chaotische Gedränge und die Lebendigkeit. Der Tag steckt voller Überraschungen. Jeder hat seinen Weg, der Welt entgegenzutreten. Dann landet der Tee auf unserem Tisch, die Obstsalate kommen gleich.

Um kurz nach acht eilen wir über die Brücke. Dieser Morgen ist, als wenn wir alle noch mal in die Schule müssten.

An der Straße flitzen Tuk Tuks auf und ab, ewig viele Leute sind unterwegs. Eine Motorradrikscha knattert direkt auf uns zu und reißt wenige Zentimeter vor unseren Zehen das Lenkrad herum. Tom schreit auf, weil sein Fuß überfahren wurde, und grinst, weil nur Spaß. Wir quetschen uns zu viert auf die Rückbank, nennen es ein bisschen Liebe schon auf dem Weg.

Als wir den Aschram um Viertel nach acht betreten, sind in der Halle zwei Drittel der über tausend Stühle bereits besetzt. Wir finden Plätze auf der linken Seite mit guter Sicht auf das Podest. Immer mehr Menschen strömen herein, belegen Sitzgelegenheiten oder setzen sich auf mitgebrachte Kissen, richten sich ein, schließen die Augen. Ehrfürchtiges Flüstern geistert durch den Raum.

Graue Menschen und Jungspunde, Große und Kleine, Damen in schicken Outfits, durchtrainierte Frauen in Trainingsanzügen, Hippie-Typen mit Rastalocken, Männer mit Bart und Inder im traditionellen Gewand. Manche tragen Wickelhosen oder Yogaklamotten, andere Jeans und Alltagskleidung. Ich sehe braune Augen und grüne und blaue und lange Haare und kurze. Suchende, die alle eins gemeinsam haben. Hoffnung. Hoffnung, dass Mooji das schon richten wird, dass er uns helfen kann, wir aufwachen, er uns durchrüttelt, befreit, auf den Weg bringt und uns begreifen lässt, was sich mit

Worten nicht beschreiben und erst recht nicht mit dem Gehirn verstehen lässt.

Um kurz vor neun betritt eine Frau die Bühne und verliest das Organisatorische. Obwohl verschiedene Kameras installiert sind, sind Fotoapparate oder Handys verboten. Während des Satsangs nicht reinrufen, bitte mit einem deutlichen Handzeichen melden und mit der Frage nicht nur warten, bis Mooji dazu einlädt, sondern bis das Mikrofon aufgestellt ist. Es gibt auf jeder Seite eins. Nur auf ausdrückliche Aufforderung die Bühne betreten, draußen befindet sich eine Spendenbox, denn die Veranstaltung ist kostenfrei, aber natürlich mit jeder Menge Aufwand verbunden. Bitte in jedem Fall den Anweisungen der über fünfzig Helfer folgen. Es gibt eine Liveübertragung ins Internet, jeder Anwesende ist einverstanden oder soll sich einen Platz in den hintersten Reihen suchen. Dann fügt sie ein paar Worte über Mooji hinzu ...

Ich hatte ein kurzes Video von ihm gesehen und dann erfahren, dass er nach Rishikesh kommt und unsere Route kreuzt. Da ich nicht an Zufälle glaube, wollte ich ihn sehen. Nun erfahre ich, dass er in einem Atemzug mit Buddha genannt wird und vielleicht der größte lebende Heilige ist! Zum Abschluss betont die Frau, wie glücklich wir uns schätzen können, ihn zu erleben. Nicht viele Generationen bekommen die Gelegenheit, solch einer Ausnahmeerscheinung zu begegnen.

Alles ist so groß auf dieser Reise.

Plötzlich stehen alle auf, recken die Hälse in die Luft.

Er betritt die Halle durch einen Seiteneingang, begrüßt ein paar der Helfer und schmunzelt. Eine Allwissenheit umgibt ihn, aber auch kindliche Neugierde.

Er ist nicht besonders groß, aber massiv wie ein Baumstamm. Vielleicht 1,70 Meter, aber über achtzig Kilogramm. Dunkle Haut und Rastalocken. Ein Brummbär. Regeln, Vorschriften und Ehrfurcht verflüchtigen sich, er bringt Heiterkeit in den Raum. Sein

Gang ist einer, der sich mit der Schwerkraft ein Späßchen erlaubt, weil sein wuchtiger Körper mit federleichten Schritten die Stufen hinaufspaziert. Ich mag ihn auf der Stelle. Er sieht aus wie eine Mischung aus Bob Marley und Bud Spencer, spricht ein paar Begrüßungsworte, schaut durch die Reihen, dann in die Kamera zu den Millionen Echtzeitzuschauern, die sich über den Globus verteilen, und lehnt sich zurück.

Die Augen sind gutmütig. Sein Alter? Der graue Bart lässt über sechzig vermuten, das muntere Gesicht sieht aus wie Mitte dreißig. Seine Haut ist glatt und rein, er ist umgeben von Tiefe und Lebendigkeit, es macht Spaß, ihn anzuschauen. Vielleicht ist Spaß nicht das richtige Wort, es fasziniert. Nein, es entspannt.

Er hat lange Rastalocken, die hinter seinem Kopf zusammengebunden sind, schnappt sich das Headset von einem Beistelltisch, fummelt damit in aller Ruhe rum und ist irgendwann bereit. Um uns Schweigen, er ist der totale Mittelpunkt. Alles, was er tut, ist interessant, verspielt, man will es nicht verpassen. Gleichzeitig, so sieht es aus, kriegt er von seiner Wirkung und Bewunderung nichts mit, weil die vergänglich ist und die anwesenden Menschen viel interessanter sind. Er freut sich auf die kommenden vier Wochen, wünscht sich »*burning questions*«, die Höhere der zwei Kategorien »*knowledge questions*« und »*burning questions*«. Natürlich habe auch die Wissensvermittlung eine Berechtigung, aber er möchte hören, was in uns brennt.

»*So give me some burning questions*«, sagt er, macht eine Faust dabei und lächelt. Sofort gleiten Hände in die Luft.

Mooji spricht klar, ohne nachzudenken, ohne Skript und Vorbereitung, jedes Wort trifft haargenau ins Ziel. Er verwendet verschiedene Beschreibungen, aber im Grunde genommen, sagt er die ganze Zeit dasselbe.

Es geht ums Erkennen des True Self, da *wir* uns die ganze Zeit im Ego verlieren. Was wir für uns selbst halten, der Mensch, die Persönlichkeit, der Charakter, die Gefühle, der Körper, all das ist nur ein minimaler Teil von dem, was wir in Wahrheit sind. Wie ein Tropfen im Ozean oder sogar noch weniger, eine Illusion.

Wohlbefinden, Freiheit und Frieden sind Qualitäten, die nicht mühsam errungen werden müssen, sondern bereits da sind. Durch die Aufspaltung in ein Ich und die Welt entsteht eine wirklichkeitsverzerrende Perspektive, die die ursprüngliche Verbundenheit verschleiert. Wir sind nicht der Tropfen, sondern der Ozean.

Mit dem Ich oder Ego, dem ständig plappernden Gedankenapparat, geht das ganze Chaos los. Wenn wir uns davon befreien, die Illusion erkennen, dann stellt sich von ganz allein der natürliche Zustand ein. *Pure joy. Timeless.* Nichts kann das beeinträchtigen. Das True Self ist ohne Anfang, ohne Ende, ohne Angst, ohne Sorge, ohne Verlangen, ohne Gier, und wenn man den heiteren Mann da oben so betrachtet, wird dieser spirituelle Singsang plötzlich ganz schön realistisch. Er hat es erkannt. Es ist simpel. Wir haben Tomaten auf den Augen.

Sein Weg verlangt keine spirituelle Praxis, keine jahrelange Askese, keinen Zehn-Punkte-Plan. Er verläuft im Jetzt und lässt sich sofort beschreiben: Eine radikale Beobachtung, was »Ich« überhaupt ist, soll das Subjekt aus der beschränkten Sichtweise herauslösen und in das True Self verwandeln. Der Tropfen fällt in den Ozean. Und der Ozean fällt in den Tropfen. (Ich bin nicht Andi. Ich bin die ganze Welt. Die ganze Welt ist in mir.)

Die Menschen kommen mit Problemen, mit Fragen, schildern Erlebnisse, suchen Hilfe für die weiteren Schritte.

Mooji findet Anknüpfungspunkte, holt die Leute dort ab, wo sie sind, nimmt sie mit und motiviert sie, alles zu vergessen. Niemand wird auf später vorbereitet, niemand bekommt etwas zum Üben. Mooji will jetzt sofort, dass wir die Erfahrung machen.

Stärker als alles, was er sagt, ist das, was gerade hier in dieser Halle spürbar wird.

Mooji weist immer wieder darauf hin, nicht nur auf Worte zu hören, sondern Satsang zu fühlen. Es treten Russen ans Mikrofon, die kein Wort Englisch sprechen. Alles, was sie hier bekommen, sind Worte in einer fremden Sprache. Und das, worauf es ankommt: die Präsenz, das Subtile, das gleichzeitig überwältigend ist.

Bei der ersten Frage wünscht sich eine junge Frau die Erlösung. Ein Ende des Leids, ein Aufwachen. Sie möchte dorthin gelangen, wo Mooji ist. Er antwortet, dass es besser ist, das Ich zu vergessen. Es gibt nichts zu verändern, zu erreichen, es geht darum, dem beschränkten Verstand die Erklärungsgewalt abzuerkennen, um in der Stille im Inneren etwas zu finden. Den Gedanken nicht mehr zu vertrauen, ihnen keine Beachtung zu schenken, damit geschehen kann, was schon da ist: reines Bewusstsein. Direkte Erfahrung löst alles auf. Das geht ganz von selbst. Wenn man alles Wissen fallen lässt, geschieht es.

»Ja, aber die Gedanken kommen immer wieder zurück.«

»Das ist der Kampf mit dem Ego. Beobachte. Lass los. Alles, was du denkst, ist gar nicht wichtig. Du brauchst es nicht: Was – ist – jetzt – gerade – da?«

Und auf einmal hält die junge Frau inne, ihr Gesicht entspannt.

Es ist verrückt, denn was bleibt von uns über, wenn alle Gedanken aufhören? Wenn alles, was wir wissen, verschwindet, unser geistiges Fundament keinen Bestand mehr hat. Können wir dann noch weiterleben? Wenn wir nichts sind?

Mooji verkörpert genau das. Er ist so sehr im Moment, und alles, was er sagt, ist nicht das Ergebnis eines Vorgangs, sondern fliegt ihm zu. Aus einem unendlichen Fundus jenseits des Gehirns. Ohne jede Anstrengung. Er schmunzelt.

»And no problem: When you find this, you can still answer your e-mails, write your messages and go to work. You can use your mind, whenever you like.«

Ich atme aus und schaue zu Ole, der links neben mir sitzt. Er ist hypnotisiert. Ich bin für eine Sekunde irre gut gelaunt, ohne zu wissen, woher das kommt. Da ich nichts verpassen will, setze ich mich wieder aufrecht hin. Die Konzentration kehrt zurück, meine Aufmerksamkeit taucht ein in das Meer, das diese Halle füllt.

Der nächste Teilnehmer berichtet, dass die spirituelle Praxis ihn in tiefe Trance versetzt, aber nicht dauerhaft. Mooji antwortet, dass alles flüchtig ist. Eine Illusion. Wir sind nicht der Körper, die Gefühle, die Gedanken, die Trance. Wir sind das, was all das wahrnimmt. Das Bewusstsein selbst. Etwas, das keinen Anfang hat und kein Ende. Etwas, das nicht verletzt werden kann und keine Sorgen hat. Wir sind nicht der Film, sondern die Leinwand. Das ist es, was alles wahrnimmt: das True Self oder die Leinwand, auf der der Lebensfilm abläuft.

»Can we perceive the pure consciousness that perceives everything?«
Er schaut durch die Reihen.
»Close your eyes for a moment and look. Can we perceive the pure consciousness that perceives everything?«

Die nächste Person wünscht sich einen Tipp, wie der ständige Gedankenstrom mal aufhört.

Mooji antwortet mit einer Frage. Woher stammt der erste Gedanke? Was ist die Quelle des ersten Gedankens? *»Don't answer, look ...«*

Die Gesichtszüge des Fragenden werden weich; er wirkt überrascht. Vielleicht weil vor dem ersten Gedanken nichts ist. Nichts, wohin man den ersten Gedanken zurückverfolgen kann. Vielleicht weil Gedanken keinen Ursprung haben. Es gibt nichts, woher sie kommen. Es gibt sie nicht, sie sind eine Illusion.

Dann meldet sich eine Frau mit Tränen in den Augen. Verzweiflung hält sie gefangen, ihre innere Stimme kritisiert ihre Arbeit.
Mooji guckt betroffen, mitfühlend, aufmerksam.
Und dann: kichert er.
Er kann seine Fassung nicht halten, versucht, sich zu konzentrieren, aber kriegt dieses Lachen nicht mehr unter Kontrolle.
Unglaublich. Taktlos!
Aber es ist anders. Es steckt an. Mooji versucht, sein Lachen zu halten, aber es platzt aus ihm heraus. Niemand kann diesem so mitfühlenden Mann böse sein, trotzdem ist die Frau am Mikrofon verwirrt. Sie fühlt sich missverstanden, ihr Problem wird nicht gewürdigt.

Mooji schüttelt sich und sagt schließlich: »*Many people know that voice ...*«

Er versucht, etwas hinzuzufügen, möchte der Frau Mut machen, aber er kann nicht anders. Tausend Menschen gucken nach vorne, einige schmunzeln. Auf der Bühne reines Vergnügen: Moojis Bauch wackelt, und er schafft nur noch halbe Sätze.

»*... it is the same guy*«, ruft er, und damit bricht die ganze Halle zusammen.

Ich wische mir die Tränen aus den Augen und ringe nach Luft. Wir haben alle, jeder Anwesende, diese Stimme im Kopf. Ich kenne sie, auf einmal kann ich nur noch über mich lachen.

Das größte Wunder ist die Frau am Mikrofon, sie schüttelt den Kopf, strahlt Heiterkeit und Freude aus, denn ihr Problem ist so groß, wie sie es macht. Diese Stimme ist ein Witz. Sie ist nicht real. Sie ist ein Pustekuchen, der uns in die Mangel nimmt. Es ist diese Stimme, die die Welt in Atem hält, und wenn man mit genug Abstand darauf schaut, macht sie uns gemeinsam zu einer großen Herde Clowns. Das Leben ist eine Komödie, und gemeinsam über uns zu lachen, ist der schönste Sinn.

Es dauert zehn Minuten, bis wir uns gefangen haben. Der Schwall aus fröhlichem Humor legt sich zur Ruhe. Mooji wischt sich Schweiß von der Stirn und ist bereit für neue Fragen. Satsang ist spontan, überraschend, echt, emotional, unfassbar komisch und unendlich weise.

Nach zwei Stunden macht es plötzlich Klick. Ich bin in einem Zustand, ein paar Augenblicke, in dem ich Mooji genau verstehe. Alles ist klar und angenehm. Leicht, still, richtig. Alles, was vor mir, in mir, über mir abläuft, alles, was ich bin, ist noch nicht mal eine Nebensache. Mein Bewusstsein schwebt in eine andere Präsenz, schwebt durch den Raum, wird der Raum, jeglicher Ballast, jede Idee verliert ihr Gewicht. Andi ist Geschichte, die Freiheit grenzenlos.

Erleuchtung!

Ich hab's geschafft. Erklärungen rasen durch meine Synapsen, umarmen den Zustand. Ich begreife sofort, was mit mir geschieht: Satsang. True Self. Das ist das Erwachen, du wirst ein Heiliger sein, neben Mooji Platz nehmen. Frei von Gedanken ... nun gut, außer all diesen. Der Zauber verschwindet, als wäre er nie dagewesen. Ist Erleuchtung die Illusion, oder ist das Erkennen der Illusion die Erleuchtung?

Ich muss sofort meine Gedanken zum Schweigen bringen. Zurückkehren! Aber weil das »Ich« der Ausgangspunkt ist, bin ich im alten Hamsterrad der Unmöglichkeit gefangen. Wie ein Maschinengewehr feuert mein Denkapparat drauflos: Lass die Gedanken einfach ziehen, hör auf, es zu wollen, lass es geschehen, kehre zurück zu dem, was dich vor ein paar Sekunden durchdrungen hat! Werde der Raum!!!

Klappt aber nicht.

Denn das habe ich begriffen, und das ist das Schwierige daran: Man kann es nicht wollen. Weil da niemand ist, der es wollen kann. Ich kann nur abwarten, ob es noch mal passiert.

Ich lehne mich zurück, höre zu. Mooji spricht beeindruckende Worte, ich träume davon, mich noch mal finden zu lassen.
Der Zustand, in dem Mooji lebt, ist überragend. Leicht, heiter, intelligent, zeitlos, unendlich sorgenfrei, ehrlich, vergnügt: Er ist nicht von dieser Welt, und genau deshalb ist er vollkommen da. Er ist präsent. Er ist präsenter als jeder andere und trotzdem ohne Antrieb. Alles geschieht von selbst.
Das ist Krux: Je mehr mein »Ich« es wünscht, umso unerreichbarer ist es, das »Ich« loszuwerden.

Nach einer weiteren Stunde begreife ich, wie sehr ich an meinem Ich hänge. Es klebt an mir wie eine lästige Gewohnheit. Es ist alles, was ich bin. Ich? Genau, das ist derjenige, dem ja gerade die Luft ausgehen soll. Es ist einfach nur unmöglich. Und noch schlimmer: Auch das ist nur der Geist, auch das sind nur Gedanken, die uns von der Befreiung abhalten möchte. Meine Hirnwallungen drehen sich im Kreis: Alles ist so klar, so einfach, so unmöglich, so bekloppt, und dann atme ich aus. In diesem Moment verstehe ich genau, was es nicht ist.
Vielleicht ein Anfang.

Wir latschen zurück, schweigen, probieren gar nicht erst, mit all den Menschen über die Tuk Tuks herzufallen, sondern laufen den Fluss entlang.
»Alter, bin ich durch«, sagt Ole.
»Lass uns eine Mittagsruhe einlegen«, antworte ich.
Wir haben nichts getan. Gemütlich gesessen und dreieinhalb Stunden nur zugehört. Satsang. Der erste Tag. Und sogar das Energiebündel an meiner Seite muss die Segel streichen.

In diesen drei Wochen ist mein Tagesablauf strikt getaktet. Morgens Obstsalat, von neun Uhr bis ein Uhr zu Mooji, dann Mittagsruhe und abends zum Ashtanga. Vielleicht passieren weniger Geschichten, aber die Präsenz und Aufmerksamkeit ist so groß, dass sich alles sehr nah, direkt und intensiv anfühlt. Wir kommen Tag um Tag wieder, um diese kurzen unbeschreiblichen Augenblicke zu spüren, die subtil beginnen, dich plötzlich überwältigen und im selben Moment verschwinden.

Mooji verkörpert, was wir alle suchen.

Jedes Wort von ihm trifft es genau, kein kleinster Widerspruch. Er spricht klar und nähert sich immer wieder von anderer Seite ein und derselben Sache. Hundert Stunden vor laufender Kamera, ohne Probe, ohne Skript und Vorbereitung, total gelöst und stimmig. Immer wieder entstehen diese verwirrenden Augenblicke, Sekundenbruchteile, die eine geheime Kraft haben. Den Rest der Zeit höre ich einfach zu. Zwischendurch ist es zum Schreien komisch. Jeden Tag vergieße ich mindestens einmal Tränen vor Lachen. Mooji hat so eine Art. Er sagt etwas, horcht auf, wundert sich und kichert, als hätte ein Fremder ihm einen Witz erzählt. Sein Lachen ist unbeschreiblich. Die ganze Halle johlt mit.

Nach dem Satsang kann man sich draußen aufstellen, um ihm zu begegnen, während er in sein Zimmer geht. Er blickt den Menschen in die Augen, berührt oder umarmt sie. Die Leute sind dankbar, viele vergießen Tränen. Mooji ist heiter, gerührt und voll da. Dramafrei und total präsent. Als er mich in seine Arme schließt, spüre ich, wie unglaublich zentriert dieser Koloss ist. Sein Herz ist offen, seine Liebe für die Menschen strahlt. Als er sich von mir löst, bleibe ich ein paar Augenblicke still. Sanft verwirrt. Dann ist er verschwunden. Zurück bleiben seine Jünger, die morgen wieder auf ein Wunder hoffen.

Ole entscheidet eine Woche vor Ende des Satsangs, in einen Aschram zu fahren, um eine Meditationstechnik zu vertiefen. Wir verbringen unsere letzten gemeinsamen Abende in Rishikesh, kaufen

Klangschalen und finden einen Gebetsraum, in dem 24 Stunden lang jeden Tag der Woche gebetet wird. Wir sind Teil eines Riesenfests, bei dem endlos lange Tische mit Speisen für alle aufgebaut werden, schlendern durch die Massen, an den Kühen vorbei und driften noch mal durch dieses Indien. Das jährliche Yogafestival beginnt am Folgetag, führt Meister aus der ganzen Welt zusammen, es gibt tolle Stunden, aber nichts, was für uns an die Intensität des Satsangs heranreicht. Mooji wird natürlich auch von den Yogis verehrt und zu einer Ansprache in einem großen Festzelt am Ganges eingeladen.

Die Nacht vor seiner Abreise verbringt Ole auf dem Klo. Der Arme – aber es gibt nichts, was ich tun kann. Am nächsten Morgen ist er verschwunden. Auf dem Stuhl, an dem sein Rucksack lehnte, liegt ein kleiner Zettel: »Feel Glück!«, steht darauf. Seine Reise führt weiter in den Himalaya. Zum Aschram und von dort nach Dharamsala zum Dalai Lama.

Mir bleiben noch drei Tage, bevor ich nach Delhi fahren muss, um nach Hause zu fliegen. Plötzlich ist das Ende nah.

Nach dem Satsang kaufe ich an einem der Tische ein Buch von Mooji und bitte einen der Helfer um einen Zettel für eine kleine Notiz, denn Mooji schreibt auf Wunsch etwas hinein. Es ist ein Geschenk für Ole, der in zwei Monaten Geburtstag hat.

Am nächsten Tag findet kein Satsang im Aschram statt, da Mooji im Rahmen des Yogafestivals spricht. Es gießt wie aus Eimern. Ich kämpfe mich zum Aschram, um das signierte Buch abzuholen, und danach durch den Regen zu dem gewaltigen Festzelt am Ganges, in dem Mooji erwartet wird. Ich bin total durchnässt, als ich ankomme, finde aber einen Stuhl und sehe, wie er vorne zwischen den Yogameistern Platz nimmt. Er ist heiter und vergnügt und verzaubert jeden, weil er so antriebslos leidenschaftlich ist. Ohne Absicht. Voll da. Er spricht über Yoga, das auch dazu dient, die Illusion zu erkennen. Die Dualität abzustreifen. Verrückterweise scheint er auch alles über Yoga zu wissen. Die Botschaft bleibt dieselbe. Es ist schon alles da. *Self-inquiry.* All die Geschichten und Konzepte mal in Ruhe lassen und hinschauen, was da sonst noch ist. Wie immer sind die Worte, die ihm zufallen, ein Erlebnis. Als wenn er ein Medium wäre und das Universum durch ihn zu uns spräche.

Zum Schluss geht er von der Bühne. Die Leute springen auf und jubeln. Er läuft – statt, wie geplant, durch den Seitenausgang – mitten in die Menschenmassen. Alles ringt sich um ihn, eine Welle aus Personen türmt sich auf, denn die Gelegenheit, den Guru aus nächster Nähe zu erleben, zu berühren, zu fühlen, ist einmalig. Er wandert gelassen durch das Meer aus Leuten. Er ist der Fels in der Brandung, das Zentrum von allem, ein Heiliger, der immer zu Hause ist. Und er liebt die Menschen. Als er näher kommt, öffnet sich trotz des chaotischen Auflaufs wie durch ein Wunder ein Korridor, durch den er wandelt. Tränen laufen über seine Wangen, er ist im Rausch, die Anziehung ist unerträglich. Ich dränge mich in die erste Reihe. Er ist mit Hunderten beschäftigt, jeder bekommt die volle Dosis. Seine Aufmerksamkeit. Seine Liebe. Er dreht sich in unsere Richtung, streicht mit seiner Hand über meine Wange. Eine Gänsehaut durchdringt mein Herz. Mooji umarmt meine Nebenfrau, alles ist wie im Film. Die Leute bleiben überwältigt zurück. Was ist hier geschehen? Er schlendert zu den Helfern, die ihn in einen kleinen Bus verfrachten.

Ich laufe durch den Nieselregen nach Hause, Tropfen kullern meine Haut hinab. Ich ziehe frische Klamotten an und schaffe es rechtzeitig zum Ashtanga. Es ist unbegreiflich, was dieser Satsang mit mir macht: Mein Gedankengeplapper ist noch da. Ich bin also nicht erleuchtet und begreife immer mehr, warum es dazu auch nicht kommen wird. Aber das ist okay.

Das letzte Abendmahl der drei heiligen Könige.

»Zwei Könige«, sagt Xsarissa, »und eine Königin!«

Sean grinst, wagt aber keine Gegenrede. Vermutlich nur weil er sich gerade eine Kartoffel in den Mund gestopft hat. Es herrscht Frieden, das gelb leuchtende Curry schmeckt fantastisch, scharf, meine Kopfhaut sieht aus wie Morgentau.

Wir quatschen über dieses und jenes, ich erzähle von Mooji und seinem Gang durch die Menge. Xsarissa hat zwei Stunden beim Schneider verbracht und sich verliebt Er ist zwar 35 Jahre zu alt, aber zuckersüß. Er wollte ihr zum Schluss ein Gewand nähen. Für eine Tasse Tee.

Sean bedauert, dass er sich für Yoga entschieden hat, anstatt eine Schneiderlehre zu besuchen.

Ich erzähle, dass ich von einem Kalb angegriffen worden bin. Das Jungtier wollte seine gerade im Ansatz erkennbaren Hörner an mir ausprobieren, sprang in meine Richtung und rammte mich. Mehrmals und immer wieder. Irgendwie konnte ich mir das Vieh vom Halse halten. Als Geschichte ist das ganz lustig, allerdings gehe ich jetzt deutlich nervöser an den großen Rindern vorbei, die bis gestern Friedensapostel waren.

Xsarissa lacht: »Man muss vertrauen.«

»Bis so ein ausgewachsener Bulle mal wegen einer Fliege im Ohr mit seinen Hörnern zur Seite schwingt, während du vorbeispazierst«, ergänzt Sean. »Schlendern durch Rishikesh, voll im Flow und auf dem Weg zum Yoga, und zack, aufgespießt und tot.«

»Das Beten hat dir nicht gutgetan«, sage ich mit einem Grinsen.

Sean war in dem 24-Stunden-Gebetsraum und hat irgendwann ein bisschen mitgesungen, aber da haben sogar die Inder mit den Augen gerollt, und er hat sich verdrückt.

Es ist so schön, zusammenzusitzen. Sean hat ein Yogastudio zu Hause kontaktiert, er kann dort Ashtanga unterrichten. Xsarissa hat ihrem Freund geschrieben, sie möchte mit ihm durch Indien reisen. Ich will unbedingt wissen, wie es mit den beiden weitergeht. Ich selbst will mein zweites Buch zu Ende schreiben. Es wird »Boarderlines – Fuck You Happiness« heißen. Sean ist begeistert von dem Titel, und Xsarissa schlägt vor, dass wir uns in genau einem Jahr wieder hier in diesem Restaurant in Rishikesh treffen. Wir lieben die Idee, aber wissen, dass daraus nichts wird. Das Leben holt die Menschen ein und kommt mit neuen Etappen und Entwicklungen. In einem Jahr ist alles anders. Wir haben nur das Jetzt. Das ist traurig, aber auch die Magie.

Als wir bezahlt haben, ist klar, dass es das gewesen ist. Sean und Xsarissa werden mir fehlen. Vergänglichkeit, sie ist grauenvoll, aber auch das, was jeden Augenblick so wertvoll macht.

Wir laufen die paar Schritte zum Hotel, drücken uns im Flur, keiner findet gute Worte. Verabschiedungen sagen immer zu wenig. Deshalb mag ich sie nicht. Alles war richtig, wie es war. Wir verschwinden in unsere Zimmer, so als ob die Klassenfahrt jetzt zu Ende ist.

Ich packe ein paar Sachen zusammen. Morgen schaffe ich es noch zum Satsang, und danach muss ich, so schnell es geht, zum Bahnhof flitzen. Ich lege mich ins Bett. Die Ereignisse der letzten Tage, Wochen, Monate pulsieren in meinem Körper, wachen auf, springen kreuz und quer durch mein Gemüt. Ich stehe auf und krame mein Tagebuch hervor. Der Stift schwankt über einer leeren Seite. Was um alles in der Welt soll ich da jetzt hinschreiben? Alles hängt mit allem zusammen. Alles ist so viel und doch so einfach. Das Chaos vibriert, aber auf eine schöne Art. Es will nichts. Es ist nur da. Umgeben von Dankbarkeit, durchdrungen von einem leeren Sinn.

Diese Momente sind ein Teil von mir. Ich finde keine gut gegliederte Conclusio, aber fühle sie. Ich bin das Leben, es nimmt mich mit. Bewundernswert. Alles war so viel Glück.

Das verspielte Suchen ganz zu Anfang, das Öffnen unserer Herzen, das Annehmen meiner Traurigkeit – auch der Kummer ist ein Teil von mir –, das Aufblühen durch die Akzeptanz. Das Eintauchen in Land und Leute, der Austausch, der geschah, die Menschen, die mich verzaubert haben. Alles blitzt in der perfekten Reihenfolge auf, aber die spielt keine Rolle. Der Moment ist klar. So wie jetzt, wo alles durcheinander klirrt und ein Geheimnis offenbart. Der Stift zuckt. Ich könnte es versuchen und lächele, weil ich schon wieder etwas schaffen will. Ich schreibe nichts, lasse alles in mir sprudeln. Minutenlang. Ich genieße es, nichts auf das Papier zu bringen. Nicht zu müssen. Alles ist schon da. Ich liege auf dem Bett, nichts geschieht, kein Wort will passen, und das sagt einfach alles.

Irgendwann gehe ich pinkeln, werfe mich anschließend zurück auf die Matratze, nehme den Stift, setze an, und vor dem ersten Buchstaben muss ich lachen. Und ich lache weiter und weiß gar nicht so genau, worüber. Der Moment ist klar. Alles andere ist eine Komödie. Alles ist gut und das Beschreibenwollen nur eine Manie. Ich will die besten Worte finden, aber bleibe still, denn es ist unmöglich. So als ob man Zeit wiegen möchte oder eine Suppe mit einer Gabel isst.

Ich werde trotzdem etwas schreiben! Auch wenn ich dadurch das Heilige verliere und das böse Nachdenken bemühe.

Der Stift zögert, gleich werden Worte fließen. Mit Zuversicht. So einfach geht das, einfach schreiben. Ist die Magie verschwunden? Nein, sie ist anders. Meine Laune lacht sich ins Fäustchen: Der Indientrip ist genau zu dem geworden, was ich erwartet hatte.

Alles geht seinen Weg. Von der ersten Sekunde bis zur letzten, geschrieben von einem göttlichen Drehbuchautor, der nichts dem Zufall überlässt, obwohl für uns natürlich alles Zufall ist. Und was mir alles zufällt! Was mich in dieses Leben und genau jetzt in diese Unterkunft gesteuert hat ...

Die Regentropfen an der Scheibe draußen kennen nur eine Richtung – die richtige. Ich sitze in einem engen Zimmer, und trotzdem ist da so viel Raum. Mehr als genug, ich befinde mich in seiner Mitte. Dieser Raum ist immer da. Keine Ahnung, was das zu bedeuten hat. Eine Intuition wohnt in meinem Bauch, ich sollte auf sie hören, und ein Einverstandensein lächelt in meinem Kopf, ohne den tieferen Sinn zu begreifen. Es ist in Ordnung, nicht durchzublicken. Es ist das Marinieren im Unbekannten, das eine besondere Würze bringt. Das ist vielleicht totaler Quatsch, und wie gerne würde ich nun eine große Erkenntnis aufs Papier bringen. Alles in mir schreit danach, während etwas schmunzelt. Es ist so unbeteiligt. Kein Drama, kein Happy End. Keine Erklärung, keine Erkenntnis. Einfach so. Nur dieser Raum. Und dafür bin ich dankbar.

Und da ist es, was ich aufschreibe. Auf die Mitte der großen, leeren weißen Seite. Kein Inhalt, keine Lebensweisheit. Zwei Wörter nur: Danke, Indien!

***

Der Bus röhrt durch den frühen Abend. Kilometerweites Land saust unter dem Gefährt hindurch, während ich und ein paar Inder in Richtung Hauptstadt brettern.

Mir bleiben ein paar Stunden in Delhi, bevor ich mich in die hygienisch-reine Scheinwelt des Flughafens verziehe.

Wir haben die Städte ausgelassen, die Schmelztiegel Indiens. Dort, wo alles aufeinander trifft. Die Tradition, die Moderne, die Armut. Wir haben im Süden und im Landesinneren einfache Menschen getroffen, aber vom großen Elend sind wir verschont geblieben. In Mumbai leben über eine Million Menschen in Dharavi, dem größten Slum Asiens. Eine Million Menschen im Müll, im Dreck, ohne Strom und sauberes Wasser. Umgeben von Krankheit, Hoffnungslosigkeit und der Angst, selbst dieses Zuhause zu verlieren.

Wir haben einen kleinen Ausschnitt kennengelernt, aber Indien hat so viele Gesichter, dass ein paar Monate nicht genug sind, um einen Eindruck der Vielfalt zu gewinnen. Wie im Leben.

Es gibt immer noch etwas zu entdecken! Ob uns das der Wahrheit näher bringt? Vielleicht. Aber alles bleibt immer nur ein Ausschnitt. Und die größte Wahrheit ist vielleicht, dass es keine gibt.

Spiritualität hat mit Vertrauen zu tun. In was man sein Vertrauen legt, ist eine persönliche Angelegenheit. In den Augenblick, das Leben, die Götter, den Job, die Projekte, die Freunde, die Familie, die Zufälle, die Aktienkurse oder das Schicksal. Mit Vertrauen und Zuversicht in das, was da ist, und das, was verborgen ist, wird das Sein charmant. Widerstandsloser. Ereignisreicher. Es gibt helle Tage und dunkle. Gefühle, die mich jubeln lassen, andere die mich zu Boden ringen. Es flutscht oder auch nicht. Synchronizitäten tauchen auf, kleine Wunder geschehen, und der Lauf der Dinge kann mit Zuversicht nur gewinnen.

Vielleicht will ich herausfinden, was das Leben ist, und wenn ich dem Leben vertraue, wird es sich offenbaren. Dabei will ich den Humor nicht verlieren, denn eins ist es bestimmt nicht: eine ernste Angelegenheit.

Nach fünf Stunden schleppe ich mich vom Busbahnhof eine kleine Straße entlang. Der Rollkoffer stört. Er nimmt mir die Freiheit, mich zu bewegen, die Freiheit, durch die engen Läden zu streunen oder loszusprinten, wenn ein Überfall droht. Ich könnte Souvenirs kaufen. Nur was? Was sonst könnte ich noch erleben in dieser großen Stadt? Ich schaue auf die Uhr. Die letzten drei Stunden in diesem Land für ein Museum zu opfern kann ich mir nicht vorstellen. Ich hocke mich in ein Restaurant, mein Gepäck sitzt auf dem Nebenstuhl.

Ich schaue die Straße entlang. Geschäfte, ein paar verranzte Hostels, die der Ausgangspunkt sein könnten einer wilden Nacht. Durch die Straßen Delhis irren, Verrückte treffen, Alkoholrausch mit Weltfremden. Meine Reise ist zu Ende. Natürlich beginnt damit sofort

die nächste. Jedes Ende ist ein Anfang. Blabla und trallala. Aber es stimmt. Jeder kann jeden Tag so viel erleben, wie er will. Ich esse, zahle, kehre um, laufe zum Busbahnhof zurück und halte ein Taxi an. Die nächste Etappe soll beginnen.
»*To the airport please.*«

13 Stunden später schleppe ich mich aus dem Flugzeug und laufe ferngesteuert in den Transitbereich mit den Duty-free-Läden auf zwei Etagen. Dubai. Rolltreppen, grelle Lichter, Sonderangebote, Parfüms, Zigaretten, Schnaps, Elektroartikel und jede Menge Gold. Alles zu viel. Ich latsche zum Gate, lasse mich in den Sitz fallen. Noch eine Etappe. Rishikesh liegt knapp zwanzig Stunden hinter mir und in einer geht es weiter. Gate 9, ich will nur nach Hause.

Leute trudeln ein und setzen sich dazu. Ich bin zu fertig, um mir ein Bild von den Mitreisenden zu machen, schlafe ein, wache auf, döse, suche eine Uhr, noch zwanzig Minuten, die Augenlider schwer wie Bl...

Etwas schüttelt meine Schulter.
»*Sir. Sir.*«
Ich öffne die Augen. Ruhe, leere Sitzreihen, ich habe keine Ahnung, wo ich bin. Die freundlichen Augen von einem Mann in Uniform schauen zu mir hinunter.
»*Wake up, wake up.*«
Ein Indian-Airways-Logo sitzt auf seiner Brust.
»*Your plane is gone.*«
SHIT!
Mein Kopf sinkt auf meine Brust. Deshalb ist keiner mehr da. Ich habe verpennt, das Boarding verschlafen, irgendein Angestellter hat mich entdeckt. Zu spät. Was mache ich denn jetzt???
»*Everybody is gone.*«

Ich bin zu schwach, um das zu verkraften. Kacke, es ist drei Uhr morgens. Mir schwant, dass jede Menge Schwierigkeiten auf mich warten. Ticketschalter finden, eine Geschichte ausdenken, um vielleicht kein Neues kaufen zu müssen, irgendeine bezahlbare Verbindung nach Deutschland suchen, stundenlange Warterei, und wieso lacht der Typ so gut gelaunt?

»*Sir, your plane is ready for take-off now.*«

Er hilft mir auf, ich grinse ihn an: du Drecksau.

Er lacht, »*This way, please*«, und schaut zu seiner Kollegin hinüber, die mir aufmunternd zunickt. Auch sie hat jede Menge Freude.

Der Schweinehund hat gewartet, bis der Letzte im Gang zum Flugzeug verschwunden ist, um mir dann einen Schrecken einzujagen. Wunderbar. Welch großartiger Humor, und er hat mich gerettet. So viele Probleme lösen sich auf, einfach so, ich sage, »*Goodbye, my friend*«, und kriege das Grinsen nicht aus dem Gesicht. Er ebenso wenig. So trennen sich unsere Wege, aber das Lächeln bleibt noch eine Weile.

TEIL III

IMMER WIEDER STERBEN

»Im Leben ist die Anzahl der Begegnungen begrenzt. Jede einzelne ist wertvoll.«

Yann Arthus-Bertrand, *Human – Die Menschheit*

DIE REISE NACH DER REISE
ODER INDIEN IST ÜBERALL

Ich schließe die Türe hinter mir und lasse meine Taschen zu Boden sinken. Die Stille in meiner Wohnung ist überwältigend, die neue Umgebung fast verstörend. Mein Reisezeug liegt in der Ecke, ich stehe daneben. Der Trip ist zu Ende, der nächste beginnt. Jetzt. Hier. Ich schmeiße die Waschmaschine an, sie wird den Dreck der vergangenen Monate beseitigen. Saubere Klamotten sind eine Wohltat, auch wenn eine Stimme in meinem Hinterkopf fürchtet, etwas zu verlieren. Die Erfahrungen, die Erlebnisse, die Zeit stecken in dem Kleiderhaufen, der nun in der Trommel verschwindet und in knapp zwei Stunden rein und fein auf einem Wäscheständer hängt. Als wenn nichts von alledem geschehen wäre.

Das Programm beginnt mit glucksenden Geräuschen. Ich drehe mich um, lasse den Raum wirken, entdecke meine Wohnung neu. Wahnsinn. Ich bin daheim. In meiner Wohnung. Große Fenster, Aussicht auf den Dom in weiter Ferne. Ich liebe diesen Ort. Er schenkt mir Rückzug, ein Zuhause, ein Nest, das ich ein Leben lang vermisst habe.

Während die Waschmaschine arbeitet, blicke ich mich um. Die kleine Wohnung ist voller Annehmlichkeiten. Die warme Dusche, das frisch bezogene Bett, der große Kühlschrank, das bequeme Sofa, das stabile Wi-Fi, die Anbindung an das deutsche Telefonnetz, meine Musik, meine Bücher. Sie nehmen mich auf. Sie schenken Möglichkeiten, während ich mich auf die Alltagsdinge stürzen kann. Alles ist da, ich atme, fühle. Neuanfang.

Indien ist in mir. Und das ist gut. Ich spüre Präsenz und Neugierde auf das Leben, auf Freunde, auf Ereignisse. Auch Arbeit. Ich spüre Vertrauen. *Trust!*
Wie geht das jetzt weiter? Was werde ich in den kommenden Tagen alles tun?
Langsam, Andi. Nichts überstürzen, vielleicht erst mal Kochen. Nudeln.
Und S-a-l-a-t.
Irre!
Indien ist ein Zauberland, aber in diesem Moment ist Deutschland abenteuerlich. Neu.
Es gibt eine Magie, die mir im heimischen Alltag abhandenkommt. Ich muss herausgerissen werden, um das Besondere in Deutschland zu finden. Es liegt nur an mir – oder in mir –, wie offen, wie humorvoll, wie risikobereit ich dem Leben entgegentrete. Jeder Tag ist neu. Immer wieder sterben. Auch hier. Oder vor allem hier, weil mich Heimat manchmal einlullt, aber das Leben hier genauso viel Spiel bereit hält wie überall.

Auf dem Rückweg habe ich mit einem Inder gesprochen, der zum zweiten Mal seinen Sohn in Deutschland besuchen wird. Er berichtete mit großen Augen von den Prostituierten in Aachen, von Aldi, dem Kölner Dom, der Skyline von Frankfurt und diesem verrückten Karneval. Deutschland ist das Zauberland, Indien ganz normal. Nur eins sei ähnlich: Die Deutsche Bahn ist nicht so zuverlässig.

Natürlich vermisse ich die Götterwelten, die Rituale und Zeremonien, das zarte nichtssagende Kopfschaukeln, die festliche bunte Kleidung, den Drum-Zirkel, die Geheimnisse, Yoga, die Tantra-Kurse, die Unvorhersehbarkeiten, den Dreck, die Zugfahrten, den Ganges, die neuen Orte und unbekannten Aussichten ... Aber nach drei Monaten, in denen ich mich in eine neue Kultur eingefunden und an eine bestimmte Art von Überraschungen gewöhnt

habe, ist die Heimat spannend. Voller Ideen, neuer Projekte und einer Andersartigkeit, die mich jetzt kitzelt. Leben.
Natürlich liegt das auch daran, dass ich nicht zurück in die Mühle der Erwerbstätigkeit geschmissen werde. Ich habe freie Zeit. Das Sabbatjahr endet erst im Sommer.
Mein Handy summt, es will sich aktualisieren. Wie ähnlich wir uns sind.
Wen rufe ich zuerst an? Mit wem wann treffen? Was ist mit diesem Berg von Briefen? Ich muss sofort in einen disziplinierten Schreibzyklus gelangen. Das zweite Buch, »Boarderlines – Fuck You Happiness«, hat allerhöchste Priorität. Ich muss mit dem Verlag telefonieren, die überfällige Steuererklärung auf den Weg bringen, in der Schule anrufen, wegen der Einsatzplanung in ein paar Monaten. Bis dahin könnte ich noch mal nach Mexiko reisen. Wellenreiten. Gott, wie ich das Meer vermisse. Die Ehrenfeld-Clique muss bis zum Wochenende warten. Aber dann hoch die Tassen und den ganzen Haufen wiedersehen, drücken, liebhaben, und ab aufs Tanzparkett. Hoffentlich sind alle da. Ich weiß ja gar nicht, was hier passiert ist.
Am Donnerstag treffe ich Jens. Ups, das ist ja morgen. Endlich wieder Donnerstag. Schabernack mit dem besten Freund. Heute Abend will ich zum Training meines Surfvereins. Schön, die Jungs und Mädels wiederzusehen. Ich hoffe, der Jetlag hält sich in Grenzen. Verdammt, ich muss zur Oma fahren, meine kleine Schwester besuchen, Mama und Papa, so gut es geht, berichten. Ich bin hundemüde. Das Schlafzimmer schreit, sieht so gemütlich aus. Liegen klingt nach Nirwana. Nur kurz ins Bett. Besser nicht, sonst finde ich den neuen Rhythmus nicht. Ich muss schnell fit sein, also kämpfe ich mich nach draußen an die frische Luft, gehe einkaufen, schleppe Sachen und Zeug zurück. Der Kühlschrank ist voll, die Wäsche durch, also aufhängen, flott ein paar SMS verschicken, dann mal die ganzen Postfächer im Internet abarbeiten. Meine Atmung ist flach, ich setze mich. Mein Kopf sinkt auf den Tisch, bettet sich in mei-

ne Arme. Nicht schlafen! Vielleicht meditieren, also auf die Couch, aber der Gedankensturm plappert ohne Unterlass und verlangt, jetzt keine Zeit zu verschwenden.

Auf, auf, denn ich müsste mal den Staubsauger bemühen. Die Gunas schaffen es in meine Wahrnehmung. Von Sattwa ist gerade keine Spur. Alles Rachas, der Andi-Drang schlägt mit voller Wucht zurück. Und was ist mit Tamas? Noch keine zwölf Stunden zu Hause und schon im Dauerlauf. Noch eine Stunde bis zum Sport, was kann ich bis dahin erledigen? Die Post!

Das wird sich gut anfühlen: einen Haufen Zeug schaffen, unwichtige Umschläge in den Müll, ein Haken auf der Liste, darauf kann ich aufbauen und morgen nach dem Frühstück die nächsten Punkte angehen.

In den Briefen geht es um Kulturförderabgabe, unbezahlte Rechnungen, Bücher an die Blogger schicken, VG-Wort-Vergütungen, irgendwelche Probleme mit dem Haus und einer Eigentümerversammlung, die Beiträge der privaten Rentenversicherung sollen angepasst werden, ... Nach dreißig Minuten blicke ich auf eine DIN-A4-Seite, vollgeschrieben von oben bis zum unteren Rand mit To-Dos. Ich atme tief und seufze: Packe ich alles, eines nach dem anderen. Ich fühle den Raum, sitze in seiner Mitte. Alles ist gut.

Beim Sport erlebe ich große Wiedersehensfreude, aber auch Überforderung, weil alle wissen wollen, wie Indien ist. Wo fange ich nur an? Tausend Momente wünschen Erwähnung, zu viel für die kurzen Pausen zwischen den Stationen. Das muss verschoben werden. Auf ganz bald. Also erst mal Zirkeltraining, denn nach all dem Sitzen ist Bewegung gut. Mein Kreislauf ist nicht sicher, aber ich überstehe die neunzig Minuten. Mein Körper rebelliert mit Übelkeit, ich fahre schnell nach Hause. In der Wohnung ist es still. Einen Moment sitze ich auf der Couch. Spüre es. Stille. Sattwa. Sattwa ist wie Erlösung.

Dann springe ich auf, muss ja kurz was essen, die nassen Sportklamotten in die Wäsche, die Spülmaschine anschmeißen, duschen, Zähne putzen (ich brauche neue Zahnpasta) und gehe ins Bett. Ich muss schlafen, denn morgen gibt es viel zu tun.

Ich weiß, es ist verrückt, aber ich kann nicht anders. Vielleicht werde ich mitgerissen, vielleicht ist Deutschland schuld, aber eigentlich kenne ich das Phänomen. Es liegt in mir. Dieser Drang, alles zu schaffen, dieser Wille, alles perfekt zu machen, ist ein Teil von mir. Er stammt aus dem tief sitzenden Gefühl, nicht gut genug zu sein. Vielleicht ein verbreitetes Phänomen in der modernen Leistungsgesellschaft. Natürlich ist das nicht gesund, aber seit ich bei einem großen Guru auf Hawaii jenen lebensverändernden Moment wahrer Selbstliebe erfahren habe,[4] kann ich akzeptieren. Der Andi-Drang hat auch etwas Gutes, denn häufig ist er voller guter Absicht. Durch ihn habe ich viel erreicht und meinem Leben viel ermöglicht.

Trotzdem finde ich keine Ruhe. Die »Boarderlines«-Fortsetzung muss bis zum Sommer fertig sein. Ich träume von einem Buch, das die Menschen glücklich macht, und werde alles daran setzen. Ein Buch, das lustig und lebhaft ist. Eins voller Emotion, mit Höhen und Tiefen, und eins, das allen, in denen eine ähnliche Unsicherheit schlummert wie in mir, das Gefühl gibt, nicht allein zu sein. *Fuck you happiness.* Die Imageoptimierung, die Selbstverwirklichung, die Suche nach dem Glück kann der Zufriedenheit auch im Wege stehen. Wir sollten sanfter mit uns umgehen. Gelassener werden, vor allem ich. Das Buch soll Gemütsruhe schenken und am wichtigsten: ein Lachen. Das ist mein Wunsch. Er ist riesig, fast beängstigend und wunderschön. Dafür werde ich alles geben.

Dazwischen tonnenweise Alltagsmüll, Unmengen Pflichten, Termine, Treffen, To-Dos, die sich wie Ertrinken anfühlen, weil alles zu lang dauert, weil mich alles vom Schreiben abhält. Der Wahn baut

---

4 Andreas Brendt, »Boarderlines – Fuck You Happiness«, Conbook, 2016, S. 400 ff.

sich auf. Zwischendurch nehme ich mir immer wieder fünf Minuten, um zu sitzen. Meditation. Stille Momente, Präsenz, den Raum fühlen, aber auch das Feuer und die Unruhe in meiner Brust. Alles darf sein, dann springe ich auf und mache weiter. Immerhin mit einem Schmunzeln über mich selbst.

Nach einer Woche in der Heimat melden sich die Zweifel.
Was, wenn das Buch nichts wird???
Ich kenne sie, sie erzeugen Scham und Scheu und Ängstlichkeit. Die Hater werden ihre helle Freude haben. Sie haben mein erstes Buch verrissen, zum Glück sind es nur ein paar, und all die anderen überwältigten Leserrückmeldungen haben gezeigt, dass mein Schreiben sie berührt. Also dranbleiben. Indien war voller Vertrauen. Dass nun die Zweifel mit voller Wucht zurückschlagen, ist natürlich. Sie geben nicht auf, sie wollen das alte Terrain zurück. Sie wollen gehört werden, sie lechzen nach Aufmerksamkeit.

Zweifel sind ein Hirngespinst, sie bekämpfen unser Leben. Großartige Erkenntnis, aber die Zweifel tun trotzdem weh. Ich muss den Mut finden, mich ihnen zu stellen. Jeder soll stolz sein, der mit seinen Zweifeln ringt. Verdammt, niemand sollte Zweifel haben!!!

In Indien konnte das Vertrauen wachsen, der Rest ging dann von selbst. Der Glaube an Magie wird auch dieses Buch beflügeln. Apropos Indien, Yara vom Massagekurs hat mir eine E-Mail geschrieben: Ihre Freundin Silvia kommt alle zwei Wochen für das Wochenende nach Köln, wohnt in einer leeren Wohnung von Bekannten, die gar nicht weit von meiner entfernt ist, und außerdem ist sie der Hammer. Ich muss sie kennenlernen.

Na gut, alles, was nach Indien duftet, kriegt eine Chance. Unter Yaras Zeilen steht eine Handynummer. Ich schreibe eine SMS:
»Ich bin's, Andi, wer bist du?
PS: Yara gab mir deine Nummer.«

Sofort ist ein Prickeln da. Ungewissheit. Keine Ahnung, was das jetzt soll, wer sie ist, wieso und weshalb, aber nach fünf Minuten summt mein Telefon. Eine Antwort. Und damit geht es los.

Wir finden es beide amüsant, verkuppelt zu werden, ohne uns je gesehen zu haben, aber wenn Yara sich etwas in den Kopf gesetzt hat, darf man das nicht aufhalten. Ich lade Silvia zum Abendessen in einer Woche ein, sie freut sich, fragt, was sie mitbringen soll. Ich sage, nichts, nur gute Laune, wobei ich schlechte Laune manchmal sogar noch spannender finde. Darauf folgen fünf Smileys, und am Samstagabend klingelt es um halb acht an meiner Tür.

Das wird sie sein.

Ich drücke die Hauseingangstür auf, wusele in der Zeit, die der Fahrstuhl in den 5. Stock braucht, wie immer hektisch durch die Gegend. Beim nächsten Mal wird das ausgehalten, da stelle ich mich in die Wohnungstür und meditiere. Aber jetzt flott: Noch eine Kerze anzünden, die Lichterkette auf dem Balkon einschalten, zwei Weingläser auf den Tisch und die Musik wechseln.

Dann höre ich ein Geräusch, die Aufzugtüre, ich wirbele herum, eile zur Tür, um den blinden Passagier zu grüßen. Sie steht vor mir, grinst. Ich grinse zurück. Die Zeit steht still, nur ein paar Sekunden lang. Yara hätte ihren Spaß.

»Ich heiße Andi.«

»Ich bin Silvia.«

Die Umarmung ist wie selbstverständlich, Jacke auf den Bügel, ich mache was in der Küche und sage ihr, sie soll erst mal eine Runde durch die Wohnung drehen. Das gibt uns beiden Raum. Sie kann sich ein Bild der Lage machen, ankommen, *mi casa, su casa,* und mir nimmt es den Druck, für den perfekten Gesprächseinstieg zu sorgen. Sie liebt die Wohnung, die Einrichtung, die Terrasse, den Ausblick und bewegt sich frei herum. Ich glaube, Bewegung tut uns Menschen gut. Auch Bewegung bricht das Eis. Dann schenke ich

Wein in zwei Gläser, wir quatschen über Yara, die verrückte Nudel, und ich wusste gar nicht, dass Silvia auch in Indien war.

Was für ein Wesen! Was für Augen! Das Gefühl ist von Anfang an vertraut, und nach dem zweiten Glas Wein ist es nicht mehr subtil. Ich lächele, während wir quatschen, quatschen, quatschen, denn das ist eine Weile her. Ich bin verliebt.

Wir müssen nicht lange über die Frage streiten, ob wir eine zweite Flasche öffnen. Sie ist begeistert von dem vegetarischen Geschnetzelten, wir sind voll auf einer Wellenlänge, erzählen uns von Indien, berichten von unserem Leben, dem Suchen, dem Finden, dem Verzweifeln und dem Lachen. Dazu leckeres Essen, Rotwein, Kerzenschein. Irgendwie ist alles wie in Indien. So nah, so klar, so offen und so selbstverständlich. Die Magie geht weiter, natürlich, denn es war Indien, das meine Kanäle geöffnet hat. Und es ist Indien, das mir diesen Engel geschickt hat.

Sie kommt nach Köln wegen einer Fortbildung, arbeitet in einer Casting-Agentur, die sie demnächst übernehmen will, stammt aus Eschborn bei Frankfurt, hat zwei Hunde und lebt mit Aisha, der Schwester von Yara, zusammen. Ihre Mutter ist schwer krank, der Vater hat sich aus dem Staub gemacht. In Indien war sie nur in Goa, weil sie ausspannen musste. Der Agenturwahnsinn kostet jede Menge Kraft, aber ihr Herz brennt für diesen Laden. Es stehen jede Menge Veränderungen an. Manchmal fürchtet sie, dass sie das nicht stemmen kann, hat Zweifel, aber wenn die Shootings, die Projekte, die Kampagnen ein Erfolg werden und alle Beteiligten begeistert sind, dann spürt sie, dass sie nichts anderes machen möchte.

Ich erzähle vom Schreiben, den guten Momenten und den furchtbaren Tagen, dem Flow, den plötzlichen Ideen und den Schreibblockaden. Wie gerne ich selbst lese, wie wunderbar die Vorstellung ist, ein Buch zu schaffen, das Tausenden schöne Stunden beschert. Unsere Zweifel und unsere Begeisterung sehen sich so ähnlich. Ihre

Augen sind dunkel, ich kann darin versinken, und mit jeder Minute traue ich mich länger, hineinzuschauen. Ihr Lächeln ist ein Traum, die Haare irgendwie besonders. Und das sage ich ihr. Warum nicht? Die guten Dinge rauslassen, weil es kein Schleimen ist, keine Taktik, kein Annäherungsversuch. Es ist das, was ich sehe. Es ist toll, sie ist toll, sie soll das wissen.

Sie fragt, was ich meine.

Ich strauchele: »Na, die Haare, wie die sind ...«

Ein Mann in Erklärungsnot spricht für Mut und Offenheit. Und für Humor, denn wir genießen es, den ganzen Abend nicht so ernst zu nehmen. Ihr Lächeln berührt, es strahlt, es erfüllt den Raum, dieses Lächeln sieht aus wie Glück. Ein ehrliches Kompliment darf nie zurückgehalten werden, denn es tut mir gut, dass es ihr gut tut.

Unser Leben ist anstrengend, manchmal hart, immer zu viel. Sie ist eine Kämpferin, aber eine, die auch Narben kennt, und eine, die wissen möchte, was da noch ist. Der Blick nach innen ist eine aufregende Reise, Vertrauen der Schlüssel zur Magie. Wir sind beide Vegetarier, mögen dieselbe Musik, lieben die Natur, sind fasziniert von Meditation und all den fernöstlichen Ideen, sprechen gerne über das, was da ist. Über Gefühle, während die Gesellschaft sich davor versteckt. Der Abend mit dieser Frau fühlt sich wie Freiheit an. Irgendwann sind wir blau, schwingen uns auf die Fahrräder, düsen ins Underground. Wir haben vergessen, wer auf die Idee gekommen ist. Es muss ein Bauch gewesen sein. Ihrer oder meiner, tut nichts zur Sache.

Als wir ankommen, ist die Hölle los. Der Kultladen ist wie immer brechend voll. Es ist wild, draußen, drinnen, auf der Tanzfläche, gute Menschen und ein bisschen dreckig. Wir tigern an die Bar, ich ordere zwei Bier und Silvia zwei Schnaps. Herrlich. Die Musik ist ein bisschen zu hart, aber es gibt genug zu gucken. Wir laufen durch die Räume, enden wieder an der ersten Bar. Ich sehe nur noch sie, das zuckerrübensirupsüße Gesicht, die langen Haare, ich möchte sie küssen. Nur wie? Fragt man höflich, küsst man einfach, ich bin zu betrunken, um das Richtige zu tun. Was hat Oscar in der Männerrunde geraten? Ich grinse. Hätte ich da mal besser zugehört!

Sie schaut mich fragend an, ich hebe die Schultern, denn dieser Gedanke bleibt bei mir. Dann blickt sie durch mich hindurch, durch die Hülle in die Seele. Wir küssen uns. Das Leben will nicht mehr aufhören. Wir radeln nach Hause, lachen, schmusen, Kleidungsstücke fliegen zu Boden, samtweiche nackte Haut, Küsse wie Honig, Kurven, Atemstillstand, Berührung, alles wird immer schöner, immer wahnsinniger, immer zärtlicher, sinnlicher, aufregender, heißer immer immer immer mehr.

Ich wache auf, öffne die Augen. Ein Meer aus ebenholzfarbenem Haar schlummert auf meinem Kopfkissen, die dazugehörigen Schultern sind wunderschön. Ihr Rücken verschwindet unter der Decke. Ich hebe sie leicht an und schaue den nackten Körper entlang: Ihr Po ist nicht zu fassen. Ich lege das Plümo über ihre Schultern, schwinge mich aus dem Bett, springe unter die Dusche, putze die Zähne und lege mich zurück zu ihr, fühle ihre Haut, schmiege mich an sie. Ich spüre ihre Wärme, möchte jeden Millimeter berühren. Sie räkelt sich, genießt meinen kühlen Körper, dreht sich zu mir, öffnet die Augen und lächelt in meine.

»Du hast geduscht«, sagt sie vorwurfsvoll und lässt ihre Hand meinen Bauch entlangstreichen. Sie schließt die Augen: »Du riechst gut.«

Ich küsse ihren Nacken, drücke sie an mich: »Du auch.«

Sie riecht nach Alkohol und Feierei, aber der Silviageruch überwiegt. Er ist wunderbar.

»Lass mich kurz ins Bad.«

»Ich weiß nicht, ob ich das verkrafte.«

Sie schmunzelt, rollt sich auf mich, sitzt auf mir. Ich betrachte sie von oben bis unten: Ihre Hüfte bewegt sich langsam, ihre traumhaft schönen Brustwarzen schauen zwischen den langen schwarzen Haaren hervor.

»Was müsste ich tun, damit du mich ins Bad gehen lässt?«
Ich antworte nicht. Weniger Erklärungsnotstand, mehr Atemstillstand.

Sie legt ihre Hände auf meine Brust, beugt sich zu mir hinunter und küsst mich. Erregung erwacht – ich fühle ihre Hitze, mein Puls schlägt schneller. Sie reibt sich an mir, richtet sich auf, schließt die Augen, atmet stoßweise: Sie ist reine Schönheit. Ihr Körper bebt, sie reibt ihre Lenden auf mir, ihre Brüste schaukeln, ich streichele ihre Hüfte, ihre Oberschenkel, greife ihre Füße, berühre ihren Bauch, ziehe sie zu mir herunter, fühle sie auf mir, beiße sie in den Nacken, sie stöhnt in mein Ohr, eine Gänsehaut schießt durch meinen Körper. Sie richtet sich auf, packt meinen Schwanz, er dringt in sie ein, sie reitet auf mir, alles ist surreal, zärtlich, sinnlich, leidenschaftlich, nicht von dieser Welt ...

Der Kaffee brodelt, während ich Teller bereitstelle, Tomaten schneide und Eier in die Pfanne werfe. Ich höre sie in der Dusche, kann nicht glauben, dass sie hier ist, kann nicht glauben, wie sie den Raum verändert. Die zähe Stille ist verschwunden, Sonnenschein strahlt durch die Fenster, alles ist klar, die Aussicht fabelhaft.

Ich schalte das Radio ein. Sie tapst mit einem Handtuch bekleidet aus dem Bad zurück ins Schlafzimmer. Ich betrachte sie. Sie ruft etwas, will bei den Vorbereitungen helfen. Ihre Stimme hat so einen natürlichen, süßen Klang.

»Alles unter Kontrolle, lass dir Zeit.«
Wir essen zusammen, dann muss sie los, weil sie bereits zwei Stunden zu spät dran ist. Ach ja, sie ist in Köln wegen einer Fortbildung.

Als die Tür hinter ihr zufällt, bleibt eine Leere zurück. Unglaublich, wie viel Silvia hier war. Unglaublich, was mit ihr verschwunden ist. Was jetzt fehlt. Ich räume auf, weiß nichts mit mir anzufangen, bemerke, dass ich grundlos grinse. Nein, nicht grundlos. Mir ist ein Engel begegnet.

Abends telefonieren wir, sie ist hundemüde, musste ja noch bis nach Eschborn fahren, dann mit den Hunden raus und muss morgen früh spätestens um halb acht in die Agentur, weil die Projekte warten. Es entsteht eine Pause, ich weiß nicht, was ich sagen soll. Silvia hilft mir aus der Patsche: »Andi, es war wunderschön bei dir.«

Montag. Tausend Dinge warten auf ihre Erledigung. Dabei soll ich doch ein Buch schreiben. Lesermails, Verlagsfragen, Steuerberater, Freunde, Sport, Verabredungen, Einkaufen, Aufräumen, Reparaturen, und während all diese lebenswichtigen Dinge anklopfen, schwirrt Silvia durch meinen Kopf. Wir haben verabredet, dass wir abends telefonieren. Wie bringe ich die zehn Stunden bis dahin hinter mich. Okay, ran an die Buletten! Heute muss geschafft werden.

Es ist wunderbar, ihre Stimme zu hören. Auch sie blickt voller Zärtlichkeit auf unser Wochenende zurück, aber etwas ist anders. Etwas ist im Weg. Silvia hat 14 Stunden am Stück gearbeitet, ich irgendwie auch, wir sind zu müde für Romantik. Morgen geht es weiter. Und sie freut sich auf das Wochenende, denn wir wollen uns wiedersehen.

Das Wochenende. Ich würde alles hinschmeißen, sofort zu ihr fahren, das Leben genießen und diesen Traum zurückholen, aber das ist unmöglich. Frühestens geht Freitagabend. Wir verabschieden uns mit lieben Worten, ich fühle, wie in mir Widerstand erwacht.

Oder ist es die Zurückweisung?

Es ist wie eine Erinnerung, wie ein Schmerz, der Schutz verlangt. Die Enttäuschung saugt die Kraft aus meinen Gliedern. Ich muss

Silvia aus meinem Kopf verbannen. Mindestens bis zum Wochenende. Kann jetzt weder so viel Begeisterung gebrauchen noch die Unsicherheit, die alles aus der Bahn wirft. Ich habe schließlich auch zu tun. Ich versuche schnell zu schlafen, liege wach, mag den Zustand nicht.

Am folgenden Morgen Glücksgefühl und alles wieder gut. Vielleicht habe ich von ihr geträumt. Das Aufstehen ist leicht, ich frühstücke, schreibe, komme mit dem Herzensprojekt voran, erledige mittags ein paar Sachen. Später gehe ich laufen, beim Kaffee sind Zweifel da. Sie lassen das Buch links liegen, sie haben neues Terrain gefunden.

Was soll das alles? Diese natürliche Schönheit am Wochenende, die Seelenverbundenheit, das liebevolle Lachen, dieses abgebrühte Miteinander in der Zwischenzeit.

Ich setze mich auf die Couch und beobachte, wie sich die Zweifel in mir Raum verschaffen. Wie dieser Mechanismus durch mein Wesen treibt. Wächst. Wie Schleim, wie Kopfschmerz, wie Ungeduld. Interessant. Dann verliere ich die Untersuchungsneugierde und habe einfach schlechte Laune.

Das Abendtelefonat ist friedlich. Sie ist müde, ich kurz angebunden. Aber wir verstehen, dass dies die Jobsituation ist. Das hat mit uns nicht viel zu tun, am Wochenende wird alles gut. Trotzdem finden wir keine Euphorie, beenden das Gespräch nach ein paar Minuten und wünschen uns süße Träume. Wenigstens das.

Mittwoch. Die Nacht war kacke. Ich stürze mich in Arbeit, das ist eine gute Sache. Wenn mir kleine Abschnitte oder Kapitel gelingen, stellt sich Zufriedenheit ein. Das Buch, ein langer Weg, aber es wird. Mittags tauchen Fragen auf. Fragen, die ich nicht stellen darf, weil sie sie in die Enge treiben würden und ihr so schon alles viel zu viel ist. Bin ich gut für sie, will sie mich, wird das was mit uns? Ihre Prioritäten sind klar. Sie steht kurz davor, eine Agentur zu kaufen. Das ist der wichtigste Zeitpunkt in ihrer Karriere. Passt da ein Andi rein? Und ich? Ich wollte zurück nach Mexiko. Wellen und meine Hütte am Strand, in der mir das Schreiben immer noch am besten gelungen ist. Zwei Monate Surfspaß und dann den Rechner zuklappen, weil das Buch fertig ist ... Mein großer Traum.

Abends sprechen wir. Ich komme auf die Idee, schon morgen zu ihr zu fahren. Kann ja überall arbeiten. Ihr ist das zu viel, und das schafft ein negatives Gefühl in uns beiden. Ich sage, dass ich das verstehe, dass man manchmal Raum braucht, sie sagt, das ist es nicht. Wir finden die Worte nicht, die Verständigung wird kühl. Mir geht es nicht um einen Tag, in diesem Wortwechsel vermisse ich die Liebe.

Zum Schluss sagt sie, dass sie jetzt gerne mit mir schlafen würde. Ein schöner Satz, der uns entspannt. Gott, mit ihr zu schlafen ist wunderbar. Mein Kopf springt an, die Bilder tanzen, aber ich halte mich zurück. In nur zwei Stunden wäre ich bei ihr, aber ich wünsche ihr guten, wohlverdienten, wichtigen Schlaf. Und schöne Träume. Sie schickt mir durch die Leitung einen dicken Kuss und eine ewige Umarmung. Dann legen wir auf, jeder bleibt allein zurück.

Ich finde keine Ruhe, wälze mich von links nach rechts und frage mich, ob ich dieses Gefühlschaos will. Die Unsicherheit, die Zweifel, ob sie will und ob ich eine Fernbeziehung überhaupt kann.

Um vier Uhr wache ich auf, und erst zwei Stunden später schlafe ich wieder ein. Das nervt!

Am Donnerstag ist klar, dass wir uns am nächsten Abend sehen. Meine Vorfreude wagt sich hervor. Mal ist sie da, mal wird rebelliert. Ich will ihr keine Last sein, ihren Träumen nicht im Weg stehen, kann selbst a... Das Handy summt. SMS. Sie sehnt sich nach einer Umarmung, nach tausend Küssen, Wein, nackter Haut und wildem

Sex, ist voller Vorfreude und dankbar, dass wir uns gefunden haben. Das Wochenende ist nur für uns. Der Rest des Tages ist Supersonnenschein.

Zumindest in der Liebe. Der Alltag hält mich erneut vom Schreiben ab. Alle wollen etwas, ich kann mich so schlecht ausklinken. Oder konzentrieren. Ich renne und mache und tue und fürchte, mit dem Buch heute keinen Schritt voranzukommen. Nach zwei Stunden habe ich nur eine halbe Seite zustande gebracht. Ich spreche mir Mut zu. Egal wie wenig, das Buch ist in Bewegung, wird jeden Tag wachsen. Die Richtung stimmt, und das ist wichtiger als die Geschwindigkeit.

Abends telefonieren wir. Silvia ist hundemüde, ich bin zahm, will sie nicht mit meinen Sorgen bedrängen. Gegen zwölf Uhr schlafe ich ein. Um drei wache ich auf, an Schlaf ist nicht zu denken. Gegen fünf entscheide ich, dass ich um sieben zur dynamischen Meditation gehe.

Als ich um halb neun zu Hause ankomme, bin ich gelöst. Etwas musste raus, jetzt geht es mir besser. Ich trinke Kaffee, höre Radio, räume auf und setze mich sofort an den Rechner. Dann das Wunder. Ich bin voll da, die Worte fließen, ein gutes Kapitel gelingt. Erleichterung, Entspannung aber auch Erschöpfung. Um elf Uhr öffne ich die Augen, mein Kopf liegt neben der Tastatur. Ich richte mich auf, schleppe mich zum Bett, lege mich kurz hin und wache drei Stunden später auf. Verdammt. Ich finde den Antrieb nicht, mich noch mal dranzusetzen, dusche, packe ein paar Sachen und springe um fünf ins Auto, denn ich darf sie um sieben Uhr in der Agentur besuchen.

Sie zeigt mir die Räumlichkeiten, das Fotostudio, die offenen Arbeitsplätze, die Küche. Wir trinken einen Sekt, der prickelt genau wie wir, und verabschieden uns ins Wochenende. Ich fahre hinter ihr her (sie fährt einen Lada), und nach einer Viertelstunde stapfen wir die Stufen zu ihrer Wohnung hinauf.

Ich stelle meine Tasche in die Ecke, bewundere die von ihr golden gestrichene Wand hinter dem Bett. Ich schaue sie an. Sie fragt, ob ich etwas trinken möchte, ich kann nicht anders:
»Ich möchte dich küssen.« Vier Wörter, ein Wagnis, sie stehen in der Luft, vibrieren, sie antwortet nicht, marschiert auf mich zu, schaut so glücklich, als wenn endlich klar wird, was das Wichtige war, das wir vergessen haben. Sie umarmt mich, wir küssen uns und versinken ineinander. Erleichterung fließt durch meine Adern, die Verbundenheit tut gut. So gut, dass wir jetzt nicht ins Bett stürzen müssen, sondern uns haben, quatschen, Rotwein trinken, lachen.

Was ist das mit uns? Sobald Nähe entsteht, sind alle Fragen verschwunden. Die Fragen der letzten Woche, die Fragen auf der Autofahrt, die Ratlosigkeit, als ich in diese Wohnung getreten bin. Während ich ihr Lächeln bewundere, kommt mir der Gedanke, dass ich mit diesem Engelsgeschöpf Liebe machen darf. Und werde. Ich schmunzele vor Glück. Sie sieht mich an, steht auf, nimmt meine Hand und zieht mich ins Schlafgemach. Sie ist eine Göttin der Liebe, eine, die Gedanken lesen kann, irgendwie ist alles so, als ob wir uns seit hundert Jahren kennen. Gleichzeitig sind wir wie Kinder, die sich neu entdecken. Es gibt nichts, was im Wege steht, nichts, was kompliziert ist, was geplant oder geregelt werden muss. Das Leben ist wie Urlaub.

Als sie in meinen Armen liegt, sagt sie: »Ich fühle mich so glücklich bei dir.«

Ich streichele ihren Kopf, die Nasenspitze, die Wangen, betrachte ihre Augen, fühle mich, fühle sie, lasse los, tauche ein in den Moment der Zweisamkeit.

Als sie sich anzieht, nehme ich sie noch mal in die Arme, packe ihre Hüfte, fühle diese Kurven. »Du bist toll«, hauche ich in ihr Ohr. Sie lacht mich an. Wir gehen in die Küche zurück und trinken Wein. Aisha, ihre Mitbewohnerin, kommt dazu und lächelt, weil der Taumel des Glücks in jeder Faser sitzt.

Wir kochen zu dritt und öffnen eine zweite Flasche Wein. Ich fühle mich hier wie zu Hause. Später gehen wir mit den Hunden, Suri und Blacki, raus, die kühle Nacht, die frische Luft ist wunderbar, mit Silvia zu spazieren wie ein Traum. Wir legen uns schlafen, die Woche war hart, jetzt ist Erholung angesagt.

Am Morgen hüpft Suri zu uns ins Bett, alles um mich herum ist Liebe. Ich will Frühstück machen und fahre Brötchen holen. Als ich zurückkehre, sitzen Silvia und Aisha am Tisch. Sie strahlen mich an – was die wohl besprochen haben? Wir speisen, trinken Kaffee, gehen mit den Hunden im Wald spazieren. Danach zurück ins Bett, bis wir vor Erschöpfung keuchen und in einen Schlummerschlaf fallen. Am Nachmittag schlendern wir durch Frankfurt den Main entlang. Wir trinken Bier in der Sonne und überlegen, was wir mit dem Samstagabend anstellen.

Wir feiern die ganze Nacht, lieben uns im Morgengrauen und hängen den ganzen Sonntag in den Seilen. Wir schleppen uns mit den Hunden durch den Wald, wo wir die Stille der Natur genießen. Ab dem späten Nachmittag nähert sich mit Drohgebärden das Ende dieses Liebestraums. Die neue Woche rückt an, Pflichten, Termine, eine andere Welt. Also Sachen packen, Verabschiedung, und plötzlich befinde ich mich allein in einem Auto auf einer dunklen Autobahn.

Das Hin- und Hergezerre zwischen den Welten katapultiert mein Wesen von einem Extrem ins nächste. Die Seele reist langsamer, hinkt hinterher und verliert den Halt. Ich versuche, mich fallenzulassen, nicht an dem einen zu hängen, sondern den Fluss des Lebens zuzulassen. Immer wieder sterben. Jeder Moment ist neu. Ein Abenteuer, eine Überraschung, Zufall, Magie, einzigartig. Natürlich hat mein Kopf jede Menge Einwände gegen die Freiheit des Augenblicks: Ihre Arbeit ist wichtiger als ich, sie verbringt den ganzen Tag mit irgendwelchen Fotomodels, ich bin eine Zwischenlösung. So wird die Woche schwierig, auch weil ich viel zu sehr in der Vergangenheit (dem letzten) und der Zukunft (dem kommenden Wochenende) hänge. Ich giere nach Sicherheit, nach Kontrolle und fürchte Schmerz. Das Schreiben lahmt, meine Freunde wollen alles wissen über das neue Liebesglück, von dem ich selbst keine Ahnung habe. Am Wochenende kommt sie wieder. Nach Köln. In mein Leben. Plötzlich ist da diese Verheißung, dieser Zauberzustand, der vor meiner Nase tanzt, um mir dann wieder weggerissen zu werden. Das Wochenende ist Magie. Wir leben wie im Traum. Am Sonntagabend kehrt eine traurige Leere zurück.

Der Wochenanfang besteht aus Schreibblockade. Nicht jetzt! Genau wie die Zweifel kommen Schreibblockaden im ungünstigsten Moment. Sie scheinen zu warten, zu schlummern und dann zuzuschlagen, wenn es keine Gegenwehr mehr gibt. Nur Aufgabe. Schreibblockaden sind so gemein, weil man nie weiß, wie lange sie bleiben und ob das Buch noch irgendeine Chance hat.

Wenn wir telefonieren, klingen wir nicht mehr wie liebende Kinder, sondern wie verzweifelte Lebenspartner, die vom Fortgang ihrer Arbeit berichten. Das gehört dazu, aber es ist auch Ablenkung, um die großen Themen zu umschiffen. Um uns schwirrt Angst.

Am Donnerstag führen wir ein langes, tiefes Gespräch. Alles ist da. Die Aufrichtigkeit, die Liebe, aber auch eine Ehrlichkeit voller Schmerz, weil es noch einen anderen Mann gibt, den sie nicht aus ihrem Kopf verbannen kann. Das Telefonat ist gut, weil es von Herzen kommt. Offenheit macht Liebe. Das Voreinanderverstecken ist manchmal leichter, aber ohne Intimität bleiben die Herzen kalt. So bin ich mehr in Verbindung, auch wenn diese Information viel mehr Feuer in mir entfacht, als es soll. Silvia ist voller Vorfreude auf mich, ich höre nicht mehr zu. Alles in mir will sich entziehen, will sich verstecken, will sie freilassen, will mich beschützen.

In den kommenden Wochen geht das Wechselspiel weiter. Überforderung und Zauber. Wenn wir zusammen sind, entsteht Präsenz und überwältigende Nähe. In vielen Momenten ist ein meditativer Zustand da und der Kopf still. Bis zum Sonntagabend. Dann gehen wir auseinander, die lähmende Leere kehrt zurück, während wir von der anderen Welt in den schwarzen Schlund gezogen werden. Alles ist vergessen. Die Liebe, die Augenblicke, das Leben.

Wenn wir getrennt sind, dann kracht's. Die Lebensplanung ist verwirrt, etwas steht in der Luft oder im Wege, was Unsicherheit schürt. Die Seele ist verunsichert, das Bauchgefühl im Eimer, sodass der Kopf übernehmen muss, um den Trümmerhaufen neu zu ordnen. Ohne Liebe ist die Organisation des Lebens einfacher. Doch kalt. Unsere Telefonate sind ohne Zauber. Ohne liebenswerte Leichtigkeit.

Wir straucheln, etwas wie ein Streit wächst heran. Statt der Liebe werden die Zweifel genährt, statt zusammen zu wachsen, ist die Richtung eine andere. Nur welche? Sie hat keinen Namen, und obwohl wir beide sie nicht mögen, breitet sie sich aus wie ein Geschwür.

Die Indienreise und ihr Zauber gehen zu Ende. Etwas läutet die nächste Etappe ein. Ich fliege nach Mexiko – für Silvia, die bald auch die Wochenenden wegen der Firmenübernahme braucht, und für mich, um in den Wellen mein zitterndes Herz zu heilen und um mir den Freiraum zu geben, mein zweites Buch zu schreiben. Silvia wird sich derweil den Verträgen und den Anwälten widmen. Natürlich ist das ein Weglaufen, aber wir hoffen, dass nach den Erledigungen die Anziehung stark genug ist, um uns in sechs Wochen wieder zusammenzubringen. Ich schließe sie in meine Arme. Sie küsst mich mit einer letzten aufbäumenden Leidenschaft, die durch die Haut geht. Es ist die unschuldige, blühende Einmaligkeit, die uns durchdringt. Ihre Augen wollen nicht, dass ich gehe – ihr Kopf fordert es. Wir zittern, lieben uns im Angesicht des Endes. Ohne einen einzigen Gedanken, voll im Moment, umgeben von Dankbarkeit, Kraft und animalischer Energie. Ich spüre ihre Liebe; die Augenblicke mit ihr sind wie der Sinn des Lebens, dem wir, weil wir beide blind sind, nicht genug vertrauen können.

¡VAS A MORIR!

Ich schlendere die staubige Straße entlang. Auf beiden Seiten leblose, zweistöckige Gebäude in blassen Farben, der Asphalt rissig, Köter streunen durch die Gegend. Es ist neun Uhr morgens, ich bin seit dreißig Stunden unterwegs. Die Luft ist stickig, drei Surfbretter hängen an meiner Schulter, ich mag das penetrante Geräusch des Rollkoffers nichts. Eine Einladung für Banditen. Michoacán ist wilder Westen, und der Schock, kurz vor dem Ziel zu erfahren, dass kein Bus in den Ort Rio Nexpa fährt, weil das dem Busfahrer zu heikel ist, wirkt nach. Ich bin um die halbe Welt gereist, um an meinem Lieblingsplatz zu schreiben und zu surfen. Ohne Ablenkung. Und nun, vierzig Kilometer vor meiner Hütte am Strand, wird mir der Weg dahin versperrt. Vielleicht fahren die Michoacanos, kleine Transporter, die Leute aufsammeln und durch das Land kutschieren.

Trotz des Rückschlags bin ich guter Dinge, denn ich bin in Mexiko. Die Wellenvorhersage sieht fantastisch aus, und irgendwie glaube ich nicht, dass man morgens um neun Uhr überfallen wird. Echte Bandidos kämpfen die ganze Nacht, saufen Tequila und kommen morgens nicht aus dem Bett. So die Theorie. Dann sehe ich einen Kleinbus mit neun engen Plätzen und frage den Fahrer, ob er nach Caleta de Campos fährt. Der Mann mit den goldenen Zähnen bejaht, wir quetschen die Surfbretter auf einen Sitz und mich daneben. Von Caleta de Campos sind es nur noch vier Kilometer. Das wäre sogar zu Fuß zu schaffen, aber jetzt erst mal warten, bis das Gefährt gefüllt ist. Es trudeln Menschen ein, die große Taschen, Hühner und Sombreros durch die Gegend tragen. Gegen halb zehn wird das

Radio eingeschaltet, fröhliche mexikanische Musik dudelt aus den Boxen, und wir rollen los.

Warum kein Bus fährt, habe ich nicht genau verstanden. Die Kartelle führen Krieg; sie metzeln Menschen in den Tod, oft mit Verstümmelungen, um ein Zeichen zu setzen. Der Staat schaut hilflos zu und hat in Michoacán entschieden, dass das Syndikat La Familia den Schutz der Bevölkerung übernimmt. Sie bewaffnen die Ortsansässigen, um die Straßen unter Kontrolle zu bringen. Wie das genau aussieht, kann keiner sagen, aber die Busfahrer sind nicht begeistert.

Wir rollen an ein paar Checkpoints vorbei, an denen weiße Bettücher mit Parolen gespannt sind, und circa zwanzig bis an die Zähne bewaffnete Typen herumlungern. Wir halten. Ein Mann mit Gewehr schaut sich im Wagen um, zwei weitere geben Feuerschutz. Als er mich sieht, das einzige Bleichgesicht in unseren Reihen, hält er kurz inne. Er will meinen Ausweis sehen, aber das ist nur pro forma, weil er weiß, dass ich keine Gefahr darstelle. Er nickt und gibt mir den Pass zurück. Nach der kurzen Inspektion ist alles in Ordnung. Die Gesichter entspannen, Passagiere und Wächter der Straße gehen freundlich auseinander.

Wir sind wieder auf dem Weg. Ich fühle, es wird gelingen. In gut einer Stunde werde ich in Rio Nexpa sein. Ein Lächeln wandert über mein Gesicht, die Volksmusik beim Fahrer dudelt los.

In Rio Nexpa laufe ich sofort zu Chicho. Meine Lieblingshütte ist frei, er freut sich mich zu sehen und übergibt mir den Schlüssel. Er lächelt, denn er weiß, dass ich als Allererstes ins Wasser springen werde. Wie immer.

Rio Nexpa ist mein zweites Zuhause geworden. Ich wachse das Brett, laufe den Sand entlang und springe in die Fluten. Nach knapp 35 Stunden auf Achse ist die Müdigkeit wie weggeblasen. Ich surfe eine gute Stunde, kehre zurück, esse eine Kleinigkeit und bekomme saubere Bettwäsche. Ich gehe in mein neues Heim und richte die

Holzhütte ein. Die Matratze wird frisch bezogen, das große, quadratische Moskitonetz verwandelt sie in ein Himmelbett. Mein Kulturbeutel hängt an seinem angestammten Platz, die Sonnencremes und sonstigen Hygieneartikel platziere ich auf einem Brett.

Meine Palapa steht im Sand und liegt zwanzig Meter von der Wasserkante des pazifischen Ozeans entfernt. Unten ist eine einfache Küche mit Gaskocher und Kühlschrank sowie eine Dusche und eine Toilette. Darüber, die kleine Holztreppe hinauf, liegt eine überdachte Terrasse, auf der eine Hängematte baumelt. Das Schlafzimmer dahinter umfasst etwa zwölf Quadratmeter. Mein Himmelbett, ein kleiner Plastiktisch mit Stuhl zum Arbeiten, auf der Rückseite ein Fenster zu den Hügeln, hinter denen die Sonne aufgeht, und wenn ich abends von der Veranda nach rechts schaue, kann ich dabei zuschauen, wie die Sonne ins Meer eintaucht. Dieses kleine Heim hat alles, was ich brauche und kostet, weil ich Stammgast bin und lange bleibe, 150 Pesos die Nacht. Das Leben im Paradies ist hier für weniger als sieben Euro zu haben.

Am nächsten Tag wird der Ablauf für die kommenden sechs Wochen eingeübt. Ich will keine Zeit verlieren. Vor dem Sonnenaufgang in die Wellen, dann ein kleines Frühstück, noch mal ins Wasser, ein üppiges Mittagessen, Ausruhen bis zwei Uhr und dann mit Kaffee an den Schreibtisch auf meiner Veranda. Mindestens drei Stunden. Gefolgt von einem Strandspaziergang, um Leute und Bekannte zu treffen, ein wenig zu quatschen und vor dem Sonnenuntergang zu Abend zu essen. Schließlich zurück an den Rechner. Eine Stunde oder so. Gegen neun Uhr abends ab ins Bett, vielleicht noch Lesen, aber auf jeden Fall früh schlafen. Am nächsten Tag dasselbe. Am übernächsten auch. Und immer so weiter.

Trotz Waffenpräsenz, Konfliktgerede und Militärtrucks, die die Straßen entlang patrouillieren und ab und zu sogar durch den kleine

Strandort Rio Nexpa tuckern, entscheide ich, nach Caleta de Campos zu trampen. Manchmal hinten auf der Ladefläche, manchmal auf dem Beifahrersitz etwas spanische Konversation probieren. Völkerverständigung. Die Leute sind überrascht, dass ich aus Deutschland stamme, lobpreisen mein Spanisch, obwohl das rudimentär ist, und sind stolz, wenn ich berichte, dass Rio Nexpa für Surfer einer der schönsten Orte auf der Erde ist. Sie lassen mich an der Landstraße raus, von wo ich in den kleinen Ort spaziere. Ich möchte Lebensmittel kaufen und eine Telefonkarte, um mit Silvia zu kommunizieren. Da ich kein Smartphone besitze und es in Rio Nexpa kein Internet gibt, sind unsere Möglichkeiten begrenzt. In dem kleinen Handy-Laden bekomme ich eine lokale Karte und hoffe, dass ich damit günstig SMS schreiben und vielleicht auch mal Silvias Stimme hören kann.

Im Supermarkt kaufe ich die üblichen Dinge zusammen: Müsli, Nudeln, Tomatensoße, Gemüse, Tortillas, Eier und jede Menge Obst. Ein paar Jungs von den Straßensperren hängen hier ab, um ein paar Sachen zu besorgen, bevor sie wieder zurückklatschen. Als ich zu den Auslagen mit den Früchten komme, bemerke ich, dass einer seine Knarre vergessen hat. Vergessen! Da liegt also auf den grünen Äpfeln eine herrenlose AK-47. Ein schnörkellose Gerätschaft, die wie ein Spielzeug aussieht, obwohl sie das glatte Gegenteil ist. Was tun? Aufheben, auf die Straße laufen, mit dem Maschinengewehr winken und rufen?

¡*Vas a morir!* (Du wirst sterben!)
Ach ne.
¡*Vas a sentir!* (Du wirst vermissen!), wäre richtiger.
Nö. Ich packe drei Äpfel ein und gehe zur Kasse.
Voll beladen mit Tüten, stelle ich mich an die Straße. Der Rückweg ist häufig etwas schwieriger. Ich könnte ein Taxi nehmen, aber die drei Euro spare ich lieber. Vermutlich weil ich ein Held sein möchte, denn vielleicht wird es dann auch wieder was mit Silvia.

Klar, oder?

Die Motivation ist verrückt, denn die Triebfeder ist meine Angst, nicht toll genug zu sein. Mir fehlt die Vorstellung, wie jemand den Andi lieben kann, wenn der keine besonderen Geschichten und Erfahrungen mitbringt und ab und zu dem Tod von der Schippe springt. Traurig? Vielleicht. Auf der anderen Seite hat mir dieser Minderwertigkeitsdüsenantrieb in den vergangenen zwei Jahrzehnten Unmengen an außergewöhnlichen Erlebnissen geschenkt. Gut, dass es ihn gibt. Ein verbeulter alter Pick-up-Truck hält vor meiner Nase, ein paar gutmütige dunkle Augen laden mich ein mitzufahren.

An den folgenden Tagen wechsele ich die SIM-Karten hin und her und versuche, Silvia zu erreichen. Irgendwann sprechen wir ein paar Minuten, aber es ist klar, dass die mexikanische Karte nicht für interkontinentale Verbindung geschaffen ist. Nach drei Minuten ist der Zauber vorbei. Ich bin traurig, denn das Universum will uns nicht. Wir schreiben ein paar SMS, aber es sieht so aus, als wenn wir diese Trennung aushalten müssten. Wir sind in verschiedenen Welten gefangen; was danach kommt, steht in den Sternen.

Das Meer rauscht, und ein sanfter, kühler Wind gleitet durch die Hütte und streichelt das Moskitonetz. Die Akustik ist friedlich, die Temperatur wunderbar. Nichts spielt eine Rolle. Die Welt ist rund, die Gelassenheit überwältigend. Draußen ist es stockdüster, durch die weit offene Tür glitzern Sterne zu mir herein. Ich kuschele mich in das Kopfkissen, spüre, dass der Wecker mir noch ein paar Minuten gibt. Die Muskulatur gelöst, meine Atmung leicht, der Körper ruht in wohliger Entspannung. So wie jeden Morgen. Pure Behaglichkeit. Einfaches Sein.

Die Melodie erklingt.

Ich erhebe mich, strecke und recke die müden Glieder und trinke Wasser. Ich stehe auf, ziehe meine Boardshorts an und laufe die

Holzstufen in der Dunkelheit hinunter. Unten tapse ich durch den lichtlosen Raum, weil der Schalter für die Glühbirne dummerweise am anderen Ende liegt. Ich gehe auf die Toilette. Dann bin ich bereit und schnappe mir mein Brett.

Es war wunderbar, im Bett zu liegen, es ist erfrischend, durch den einsamen Sand zu laufen und dabei hinter den Hügeln noch zaghaft erstes Tageslicht zu erahnen. Ich stretche und lockere meine Muskulatur, lasse den Blick über die Lagune und dann zum Pazifik gleiten, versuche, die Wellengröße auszumachen, und weiß, dass es wieder unglaublich wird. Heute sieht es nach guter Größe aus.

Ich paddele um die Wellen herum. Mein Blick wandert zurück auf schlafende Hütten, den Strand und die grünen Berge im Hinterland. Traumhaft. Jeden Morgen dasselbe. Jeden Morgen neu. Am Horizont erahne ich eine größere Welle und bringe mich in Position. Mein Herz schlägt schnell, es lacht, Fokus und Aufmerksamkeit erwachen. Und Vorfreude. Eine Wasserwand naht heran, erhebt sich – ich fange an zu paddeln, gerate ins Gleiten, hüpfe auf meine Füße und sause los. Immer schneller fliege ich die Welle entlang, frische Luft weht durch mein Gesicht, Kraft und Energie blühen in jeder Zelle. Das Leben ist spielerisch und nah. Ich fahre ganz nach unten, um dann eine steile Sektion anzuvisieren und mit Vollgas und aller Power einen Cutback in das Wellenface zu hämmern. Der Druck der Richtungsänderung fließt durch meinen Körper. Die Artistik ist nicht besonders schwierig, denn die Welle ist perfekt. Dann kommt die Inside, wo sich die Brandung steiler aufstellt. Ich bremse und bringe meinen Körper dicht an die Wand, meine Schultern nur wenige Zentimeter entfernt vom tiefblauen Wasser. Die Welle formt einen Zylinder, ihre Lippe fliegt über meinen Kopf, ich schieße durch einen Raum aus Wasser, das Rauschen in meinen Ohren durchdringt jede Faser. Die totale Harmonie, obwohl der Moment kritisch ist. Alles stimmt. Die Welle hat mich in ihren Schlund aufgenommen, sie ist perfekt. Ich gleite durch eine Röhre aus blauem Nass. Alles um mich herum bricht zusammen, aber es bleibt ein Ort, der voller Stille, voller Harmonie ist. Jetzt brauche ich Vertrauen. Der Blick ist nach vorne gerichtet, auf den Ausgang. Ich passe die Geschwindigkeit an, verlagere Gewicht auf den vorderen Fuß, aufs Gaspedal. Sssssuummm, zurück in die Welt. Luft strömt in meine Lungen, Lebendigkeit umgibt mich, gebarrelt, was ein Start in diesen Tag! Ich richte mich auf, steuere das Brett auf die Schulter und über den Kamm. Dann paddele ich zurück, dehne Muskeln und Sehnen, meine Zufriedenheit ist nicht zu fassen. Die nächste Welle läuft auf mich zu, ich bringe mich in Position. Nach vier langen Highspeed-Wellen im Halbdunkeln, erwacht eine feurige Glut hinter den verträumten Hügeln. Farben schwimmen in die Welt. Der Sonnenaufgang steht bevor – er wird den frühen Morgen verzaubern. Mal wieder perfekte Wellen, mitten in der Natur, am Ende der Welt. Ein Moment aus Gold. Wie oft habe ich *genau* das erlebt? Ich weiß es nicht, aber es bleibt einmalig.

Ich klappe den Rechner zu. Die Sterne glitzern um die Milchstraße. Surfen, schreiben, in der Hängematte liegen. Alles gelingt, die Zweifel sind verschwunden. Ich schlendere die Stufen hinab, um mir die Zähne zu putzen. Es ist ja schon fast neun Uhr. Ich öffne die Tür, schwaches Licht fällt in den dunklen Raum, und als ich zum Lichtschalter gehen möchte, huscht etwas vor meinen Füßen vorbei. Ein Skorpion. Ich springe zurück, sehe, wie er in einer Ecke verschwindet. Grundsätzlich kein Problem, die Tiere sind ja scheu. Allerdings werde ich ab jetzt nach dem Aufstehen und vor der Toilette am frühen Morgen etwas nervöser sein. Der stockdunkle Weg zum Lichtschalter hat sich verändert. Es ist verrückt, wie Erfahrungen, Gedanken, Erlebnisse und Kopfkino unser Leben beeinflussen. Manche Ereignisse haben keinen Sinn. Wäre ich nur eine Minute später angetanzt, wäre mein Paradies nicht von diesem giftigen Kleintier angekratzt. Nun habe ich einen Grund zur Sorge. Natürlich gibt es überhaupt keinen Grund zur Sorge, aber das Hirn denkt sich einen aus. Es warnt zu viel. Ich schmunzele über mich und muss auch das akzeptieren. Vielleicht nehme ich morgens jetzt die Taschenlampe mit. Meistens ist man ja zum Glück nicht hilflos. Für vieles im Leben gibt es Dinge, die man tun kann.

Während ich einen Becher Kaffee auf dem Plastiktisch platziere, um meinen Arbeitsplatz für den Nachmittag einzurichten, höre ich ein Brummen, das die Erde erzittern lässt. Ein Konvoi zieht durch den kleinen Strandort. Zwei Armeetrucks, auf deren Ladefläche jeweils zwanzig Soldaten in voller Montur sitzen. Camouflage-Anzüge, Helme, schusssichere Westen, Maschinengewehre und Munition. Dahinter zwei schwarze Jeeps, die aussehen wie Kriegsschiffe auf Rädern, da sie mit einer großkalibrigen Kanone ausgestattet sind. Hinter einer Schutzvorrichtung aus Stahl verbirgt sich der Schütze. Der Lauf der Waffe ist fast zwei Meter lang und könnte alles zerstören, was ihm in die Schusslinie gerät. Das fünfte Fahrzeug ist besetzt mit Vermummten, die wohl einer Antiterroreinheit angehören.

Was da hinter meiner kleinen Holzhütte entlangfährt, sieht aus wie eine Invasion von Außerirdischen. Rio Nexpa kann keiner Seele etwas zuleide tun; das Örtchen ist freundlich und heißt die Menschen aus der ganzen Welt willkommen. Es ist verrückt, dass hier kampfbereite Soldaten rumlaufen, um sich mit anderen Menschen, mit Verbrechern einen Vernichtungskampf zu liefern und Kugeln um die Ohren zu schießen. Nein, nicht fröhlich um die Ohren, sondern in den Schädel, damit Knochen zersplittern und das Blut spritzt, bis eine leichenblasse Gestalt auf dem dreckigen Boden liegen bleibt.

Vielleicht sind die Menschen in Mexiko so liebenswert und offen und wahrhaftig, weil der Tod keine abstrakte Idee ist, die nur die anderen betrifft oder in ferner Zukunft liegt. Im Angesicht des Todes macht es Sinn, zu leben. Und zu lieben. Und das Leben zu lieben und die Liebe zu leben.

Zwei Stunden später klappe ich den Rechner zu. Ich bin dankbar für die friedlichen Tage, das gelassene und stressfreie Arbeitsumfeld und die heilsame Natur, die so nah ist, dass sie mir innere Ausgeglichenheit schenkt. Es ist wunderbar, wie lange die Tage in diesem einfachen Ambiente sind. Der Lebensraum beschränkt sich auf ein paar Meter, fernab von Internet und Alltagswahn. Das macht ihn größer, schenkt ihm Weite. Weniger ist mehr. Und Nichts ist besser als alles, und das wird auch in dem neuen Buch ein großes Thema werden. Damit beschließe ich den Arbeitstag und hüpfe in den Sand.

Ich bin hellwach, möchte jeden Tag voll leben. Surfen, schreiben, Menschen begegnen. Präsent und bewusst sein und die bescheidene Einsicht in mir tragen, dass dieses Glück nicht selbstverständlich ist.

IMMER WIEDER LEBEN

Nach sechs Wochen naht meine Rückreise. Ich freue mich auf zu Hause. Das Buch ist vorangekommen, mit kleinen Schritten und mit großen, mal mit Schwierigkeiten und Herausforderungen, mal leicht und voll im Flow. Es ist bereit für die ersten Rückmeldungen von Freunden und die Arbeit mit der Lektorin. Die Wellen und der Spaß im Wasser waren total absurd. So gut. Mexiko ist so unfassbar gut. Von Silvia habe ich immer weniger gehört, und ich frage mich, was das zu bedeuten hat. Das Leben in der anderen Welt, die Komplikationen, die To-do-Listen – ich freue mich darauf, auch wenn ich weiß, dass es mich manchmal überrollt.

Obwohl ich vom vielen Surfen körperlich total hinüber bin, haben die vergangenen Wochen den Akku aufgeladen. Meine Seele ist bereit für neue Abenteuer, ich traue mich sogar an die Liebe ran. Trotzdem ist da auch Distanz. Aber das ist gar nicht so verkehrt, weil ich mit weniger Drama an die Sache gehe. Silvia ist ein Schatz, soweit ich mich erinnern kann. Ich kann aber, das haben die vergangenen Wochen mir gezeigt, auch ohne sie leben.

Nach dreißig Stunden bewundernswertem, reibungslosem Bus- und Flugverkehr, gibt es auf der letzten Etappe wieder mal Probleme. Die Deutsche Bahn bleibt sich treu: Mein Zug fällt aus.

Ich komme trotzdem zu Hause an, und während all die Dinge des deutschen Alltags an mir zerren, bin ich viel entspannter, weil mein Herzensprojekt, das neue Buch, mich weniger in die Enge treibt. Verrückterweise schreibe ich Silvia eine E-Mail. Vorsichtige Annä-

herung. Sie ist sehr beschäftigt: Ihre Mutter liegt im Sterben, sie hat Unterstützung, sie packt das, sie hofft, dass mir Mexiko gefallen hat. So in etwa sieht ihre Antwort aus.
Ich lese sie dreimal durch.
Als Allererstes kocht ein dringendes Bedürfnis in mir, sie zu unterstützen. Für sie da zu sein. An ihrer Seite, neben ihr, mit ihr, für sie, für mich, für uns. Wie immer das auch aussehen mag. Gott. Ihre Mutter liegt im Sterben. Die Vorstellung, dass dieser Engel mit so viel Kummer zu kämpfen hat, bricht mir das Herz.
Beim zweiten Lesen veränderten die Worte ihre Bedeutung. Sie braucht Raum. Und trotz meiner Traurigkeit möchte ich ihr diesen Freiraum lassen. Weil Liebe bedeutet, alles für den anderen zu geben. Und irgendwie ist klar, dass ein Andi für sie jetzt auch zu viel sein kann. Sie ist so ein Mensch, der sich um alle kümmern möchte, ein Mensch, der sich nicht in meine Arme fallen lassen kann.
Beim dritten Lesen mischen sich die Zweifel ein. Vielleicht sind es all die schwierigen Umstände, vielleicht ist es aber auch der Mann, von dem sie sprach. Der, der noch in ihrem Kopf herumspukt. Vielleicht steht er jetzt an ihrer Seite.

Mit jedem Lesen schwindet der Wunsch, sie anzurufen. Aus Respekt, aus Mitgefühl, aus Angst.
Also habe ich zurückgeschrieben.
Ich bin jetzt hier, vermisse dich und wünsche mir, dich neu kennenzulernen, für dich da zu sein, aber ich bitte dich zu warten, bis dein Herz vor Dringlichkeit klopft und du mich sehen, hören, spüren möchtest. Fühl dich nicht gedrängt. Du bist ein Engel. Alles wird einen guten Weg gehen, egal für welche Richtung du dich entscheidest. Ich wünsche dir Kraft für die schweren Tage und Glück im Leben.
Sie hat sich sehr bedankt.

Es ging schnell, es hat nur wenig Schmerz verursacht. Silvia hat sich nicht mehr gemeldet. Von Aisha, ihrer Mitbewohnerin, habe ich erfahren, dass sie eine schwere Zeit durchlebt. Und besser ohne mich. Vielleicht ist dieser Liebeskummer sanft, weil die Gründe nachvollziehbar sind und weniger mit meiner Unzulänglichkeit zu tun haben. Und weil es nur ein paar Wochen waren, die wir zusammen hatten. Vielleicht waren wir zu sehr in unsere Projekte verstrickt, vielleicht hätte Sex mit Socken uns geholfen.

Natürlich bin ich traurig, aber so darf das Leben auch mal sein.

Ein Gedanke allerdings macht mir zu schaffen. Er macht keinen Sinn.

Er ist sehr unweise, doch ist er da.

Das Gefühl, wieder bei null zu stehen.

Nach all den Jahren jetzt wieder allein zu sein, ohne Liebespartner, ohne Ausblick. Alles war für die Katz. Mein ganzes Leben. Es hat nichts gebracht.

Nichts von dem, was ich getan habe, was mich interessant macht, ist noch da. All die Heldentaten sind vergangen, die wilden Ideen, der Unsinn, die Projekte, die mich vielseitig und anziehend machen, sind Geschichte. Und keine Frau an meiner Seite. So viel, so viel umsonst.

Nach all den Reisen, den Erfahrungen, der Wanderschaft stehe ich wieder am Anfang.

Nichts gibt mir Halt, hält meine Hand, klopft meine Schulter. Keine Ehefrau, kein weises Verständnis, keine Überzeugung vom Lauf der Dinge oder eine letzte Wahrheit.

Was weiß ich über das Leben?

Sicher ist nur der Tod.

Ich blicke aus dem Fenster meiner Wohnung, atme tief ein und langsam aus und fürchte, dass mir die Kraft fehlt, weiterzumachen. Zu suchen, zu lernen, zu verstehen. Von vorne zu beginnen, Nervenkitzel erleben zu müssen, weil mich als Normalo niemand liebt.

Oder etwas zu schaffen, was bleibt. Und genau hier fallen sie mir wieder ein. So als ob seine Worte in diesem Moment zu mir fliegen, um zu helfen und um ihre ermunternde Bedeutung zu entfalten.

Immer wieder sterben.

Jeder Augenblick ist Neuanfang. Nicht auf Vertrautes bauen oder auf die Lorbeeren der Vergangenheit hoffen, sondern mit Zuversicht ins Unbekannte wandern. Ohne Erwartungen. Mitten hinein ins Hier und Jetzt. Es gibt nichts zu verlieren. Es gibt keinen Zwang. Alles ist schon da. Der Raum und ich in seiner Mitte. Ich kann in den Zauber des Moments eintauchen, experimentieren, spielen, mein Herz öffnen, alle Qualitäten, die in mir schlummern, ans Licht lassen. Die Stärken und die Schwächen. Das Souveräne und das Verletzliche. Ich kann Verbindungen zu den Menschen aufbauen, zu Freunden oder Wildfremden, ich kann Ungewohntes tun, meine Komfortzone verlassen, einen Streich aushecken, mich meinen Ängsten stellen oder Gott und die Spirituellen einen guten Mann sein lassen und entspannen. Faul sein, normal, voller Liebe und Tatendrang, unsicher, ängstlich, gelassen, leer, bewegt, inspiriert, weise und vor allen Dingen naiv. Ich kann auf Vertrautes bauen oder alles vergessen.

Was immer da ist, darf gelebt werden.

Ohne Erwartungen.

Ohne Urteil.

Immer wieder sterben.

Immer wieder leben. Jeder Moment ist für mich da.

Ich kann ihn intensivieren, kann Kraftorte besuchen und Verrückte. Ich kann mich zurückziehen und einbalsamieren, mir also Pause und Frieden und Stille und Gleichmut gönnen. Oder lachen, Sex mit Socken und mich im Humor entdecken.

Alles ist da.

Ich lebe.

Zum Glück.

Es zieht mich nach draußen. Ich gehe zur Garderobe, werfe mir eine Jacke über. Ganesha macht die Türe zu. Meine Füße schlendern die Treppen hinunter, dann hinaus. Ins Freie. Der späte Nachmittag empfängt mich in klarem, schönem Licht.

Die Erde ist rund.

Ich stehe auf ihrem Boden.

Mitten auf dem Bürgersteig in Köln Ehrenfeld. Meinem Tor zur Welt. Ich blicke die Häuser entlang, betrachte den blauen Sommerhimmel, spüre Bewegung.

Ein paar Schleierwolken fliegen Richtung Osten. *Immer wieder sterben.* Da ist ein Lächeln.

Die Luft ist frisch, und ich laufe los.

.

DANKSAGUNG

Der Tod ist ein Thema, das mich wenig interessiert. Ich finde das Leben spannender. Trotzdem hat er es in dieses Buch geschafft. Während ich diese Worte tippe, bin gespannt, ob ich die Kurve kriege. Zwei Zitate haben mich in den vergangenen Wochen beschäftigt.
1. Wir werden alle sterben. Aber bis dahin leben wir.
2. *Everybody wants to go to heaven, but nobody wants to die.*
Zum ersten: Scheiß auf die Routine, es lebe der Unsinn. Am Ende zählt nur, wie viel wir geliebt haben. Freunde, Abenteuer, Herzmomente. Wenn ich mir vorstelle, tot zu sein, rebelliert etwas in mir: Autounfall, Herzinfarkt, von jetzt auf gleich das Licht ausgeknipst, sodass sich diese Erde weiterdreht – nur ohne mich. Mensch, das wäre doch schad'! Bis dahin will ich voll dabei sein! Ich will jeden Tag nur leben.

Zum zweiten: Wir müssen uns öffnen. Das ist wie Sterben. Öffnen wird Schmerz an die Oberfläche lassen. Endlich. Das Unterdrücken sieht angenehm aus, aber es kostet Kraft. Verstecken, Schein wahren, Kontrolle halten. Klar, macht man so, ist kein Risiko, bloß niemandem zur Last fallen, und wer weiß, was passiert, wenn ich mich verletzlich zeige?

Jedes Mal in meinem Leben, wenn ich mich einem Menschen gegenüber geöffnet habe, lag ein Zauber in der Luft. Jedes Mal. Für beide!

Sinnsuche, Selbstverwirklichung, emotionale Achterbahn kann man machen, muss man aber nicht. Ich persönlich liebe Leichtigkeit, aber die wird mir erst möglich, wenn der Shit nicht mehr am

Boden klebt. Eingetrockneter Morast. Wenn da schleimige Geheimnisse lungern, wenn Wesensteile abgespalten sind, verborgen bleiben, überspielt werden, wenn ich eine Maske trage, dann wird Freundschaft und Begegnung nicht strahlen wie der Sonnenschein.

Wenn Gefühle geteilt werden wie Goldmünzen, wenn wir echt sind und uns zeigen, mitteilen, offenbaren, wird es emotional und schwer wie Blei. Zumindest ein paar Sekunden lang, bis die Nähe uns umarmt, und dann verflüchtigt sich das Drama. Gemeinsam wird es leicht. Es wird sorglos, womöglich sogar amüsant! Das Kinderlachen kehrt zurück und zeigt eine Veränderung: Wir sind frei, und als Erwachsene können wir noch mehr Unsinn machen.

Und das soll auch mit meinen Büchern geschehen. Sie sollen berühren und erheitern. Natürlich ist »Ganesha macht die Türe zu« nicht so abenteuerlich, wie meine ersten beiden Bücher mit all den fernen Ländern und Gefahren. Aber auch wenn der Blick nach innen wandert, kann man jede Menge erleben.

Es stimmt, in den letzten zwei Jahrzehnten ging es rund, und das wird nicht weniger. Die Unermüdlichkeit des Lebens reißt mich mit, und in den vergangenen zwölf Monaten habe ich Geschichten erlebt, die ich nie für möglich gehalten hätte.

Zum Glück gab es auch ruhige Phasen, die das dritte Buch ermöglicht haben. Ich danke allen, die mich dabei unterstützt haben. An erster Stelle stehen meine Freunde! Da fehlen mir die Worte. Die Zusammenarbeit mit Artur, meinem Lektor, war super, und der Conbook Verlag waltet im Hintergrund mit Gelassenheit und Vertrauen in den Autor. Linda hat mit Fleiß und Argusaugen Fehler eliminiert, Martin und Tim haben die ersten Rückmeldungen zum neuen Werk formuliert, und all die vielen Leser der ersten beiden Bücher stärken mich mit ihrer Begeisterung. Ohne euch hätte ich nicht die Kraft.

Zum Schluss: Wenn dir das Buch schöne Stunden beschert hat, freue mich riesig über einen Post mit ein paar lieben Worten in den sozialen Netzwerken. Oder eine Empfehlung im Kneipengespräch. Wenn du magst, denk an die Bücher, wenn du nach Geschenkideen suchst. Egal ob zu Weihnachten, zum Geburtstag oder am besten: ohne Grund.

Damit geht meine Reise weiter.

Und deine genauso.

Vielleicht werden wir uns über den Weg laufen, vielleicht schreibst du mir, vielleicht wird das Leben eine Wendung nehmen.

Bon voyage!

Andi

ÜBER DIESES BUCH

Dieses Buch ist keine journalistische Arbeit und keine wissenschaftliche Abhandlung. Es erzählt eine persönliche Geschichte. Sie beruht auf Erfahrungen und subjektiver Wahrnehmung. Manche Dinge musste ich verändern, um die Lesbarkeit zu fördern und einen Spirit zu transportieren. Zum Beispiel durfte ich Hindol Deb in Köln bewundern, und das hier beschriebene Konzert steht stellvertretend für verschiedene unglaubliche Konzertabende in Indien.

Neben meinen Erlebnissen gelangten auch Dinge in das Buch, die mich während des Schreibens in den letzten Monaten bewegt haben. Dazu gehört der Path of Love, den ich im Herbst 2018 besucht habe, und meine Zeit in der Kommune Osho Afroz auf Lesbos, wo ich einen Kurs zu Herzmeditation *(From Separation to Unity)* erfahren durfte. Dazu gehören Bücher wie »Panikherz« (das den auf Seite 113 f. beschriebenen Traum inspiriert hat und in dem ich das Udo-Lindenberg-Zitat auf Seite 215 gefunden habe) oder das ein paar Wochen zurückliegende Training in Estland *(Biodynamic Breath und Trauma Release System)*.

Da ich ein Gefühl vermitteln möchte, spielen Fakten oder historische oder religiöse oder spirituelle Hintergründe nur eine kleine Rolle für mich. Für die Interessierten habe ich ein paar Aspekte in diesem Buch sowie in einem kurzen Glossar (siehe Seite 278) beschrieben und dazu die folgenden Quellen genutzt.

QUELLEN

Hörbuch

Richard Freeman, »The Yoga Matrix. The Body as a Gateway to Freedom«, Sounds True, 2003.

Bücher

Thomas Bauer/Erik Lorenz (Hrsg.), »Indien, wie wir es sehen«, Drachenmond Verlag, 2013.

Benjamin von Stuckrad-Barre, »Panikherz«, Kiepenheuer & Witsch, 2016.

Websites

Wikipedia: https://de.wikipedia.org/wiki/Bindi,
https://de.wikipedia.org/wiki/Chakra,
https://de.wikipedia.org/wiki/Ganesha,
https://de.wikipedia.org/wiki/Guna,
https://de.wikipedia.org/wiki/Hinduismus,
https://de.wikipedia.org/wiki/Lotossitz,
https://de.wikipedia.org/wiki/Mala_(Gebetskette),
https://de.wikipedia.org/wiki/Nirwana,
https://de.wikipedia.org/wiki/Osho,
https://de.wikipedia.org/wiki/Prakriti,
https://de.wikipedia.org/wiki/Sadhu,
https://de.wikipedia.org/wiki/Sannyasin,
https://de.wikipedia.org/wiki/Sari_(Kleidung),
https://de.wikipedia.org/wiki/Sitar,
https://de.wikipedia.org/wiki/Shiva,

https://de.wikipedia.org/wiki/Yoga,
https://de.wikipedia.org/wiki/Zimbel

https://wiki.yoga-vidya.de/Askese, https://wiki.yoga-vidya.de/Guru

https://www.gesundheitstrends.com/a/fitness/was-ist-acro-yoga-8368

https://www.paranormal.de/yoga/weg/guru1.htm

https://www.oshouta.de/de/osho-uta-institut-fuer-meditation-und-spirituelle-therapie

https://www.urlauberinfos.com/urlaub-indien/reisen-hampi/

https://indiasomeday.com/de/youwanderwepay-dont-worry-be-hampi-zwischen-steinernen-tempelwagen-kiffenden-backpackern-und-hinduistischen-pilgern/

http://www.lilies-diary.com/reisetipps-fuer-hampi/

https://www.osho.com/de/meditate/active-meditations/dynamic-meditation

GLOSSAR

Acro-Yoga Akrobatik-Yoga, gegründet 2004 in San Francisco von Jenny Sauer-Klein und Jason Nemer. Beim Acro-Yoga werden Übungen des klassischen Yoga mit Akrobatik und Thai-Massage kombiniert. Man führt die Übungen in der Regel zu zweit aus.

Askese / Asket Askese bedeutet Verzicht oder Übung. Es ist eine spirituelle Praxis, zum Zweck der körperlichen und geistigen Reinigung. Enthaltsamkeit und Selbstdisziplin bzw. Selbstbeherrschung sowie der Rückzug in die Stille spielen dabei eine wichtige Rolle. Das Ziel ist, Gott näher sein zu können, oder auch, wie in Indien, Moksha (Befreiung) zu erlangen. »Wer stärker als die Dinge ist, der ist Asket.« (Indisches Sprichwort) »Der Baum der Enthaltsamkeit hat die Genügsamkeit zur Wurzel und die Zufriedenheit zur Frucht.« (Denis Diderot)

Astralreisen Bei einer Astralreise verlässt ein Teil des Bewusstseins den Körper (Außerkörperliche Erfahrung, AKP). PS: Willentliches Einüben von Astralreisen kann zu psychotischen Erfahrungen bis hin zu lebenslangen Psychosen führen.

Bindi Ein Bindi ist ein aufgemalter Punkt oder aufgeklebter Schmuck mitten auf der Stirn zwischen den Augenbrauen. An dieser Stelle wird das energetische dritte Auge vermutet. Es repräsentiert geheimes Wissen. Das Bindi steht auch für die Ehe bzw. das Verheiratetsein.

Chakra / Chakren Die Chakren sind im Yoga subtile Energiezentren. Sie gelten als Ursprung spiritueller Kraft im menschlichen Körper. Es gibt ihrer sieben.

Das dritte Auge Das dritte Auge ist ein mystisches und esoterisches Konzept eines spekulativen unsichtbaren Auges, das eine Wahrnehmung jenseits des gewöhnlichen Sehens bietet. Das dritte Auge ist der Sitz des geheimen Wissens.

Energiespende Eine Metapher für die freiwillige, aber gern gesehene bis erwartete Bezahlung (Geld) einer spirituellen Leistung.

Ganesha Der Gott mit dem Elefantenkopf wird als naschhafter, gnädiger, gütiger, freundlicher, humorvoller, jovialer, kluger, menschlicher und verspielter, schelmischer Gott vorgestellt, der oftmals Streiche spielt. Ganesha symbolisiert die Beseitigung aller Hindernisse und steht für einen guten Anfang. Er ist einer der wichtigsten, populärsten, zugänglichsten Götter Indiens, der fast an jedem Straßenschrein verehrt wird. Zusammen mit seinen Eltern Shiva und der Parvati verkörpert er das Idealbild einer Hindu-Familie.

Gunas (Sattwa, Rachas, Tamas) Nach Vorstellungen der indischen Samkhya-Lehre ist die Urmaterie (Prakriti) durch drei wesentliche Eigenschaften (Gunas) charakterisiert: Tamas (Trägheit, Dunkelheit, Chaos), Rachas (Rastlosigkeit, Bewegung, Energie) und Sattwa (Klarheit, Güte, Harmonie).

Guru Guru ist ein religiöser Titel für einen spirituellen Lehrer. Er führt den Schüler aus der Dunkelheit ins Licht. Der wahre Guru ist Gott selbst. Der menschliche Guru ist nur sein Werkzeug oder Vermittler.

Hinduismus Der Hinduismus, auch »Sanatana Dharma« (das ewige Gesetz), ist mit rund einer Milliarde Anhängern und etwa 15 Prozent der Weltbevölkerung nach dem Christentum und dem

Islam die drittgrößte Religionsgruppe der Erde. Seinen Ursprung hat er in Indien. Anhänger dieser Religion werden Hindus genannt. Im Gegensatz zu anderen Religionen gibt es keinen Religionsstifter, vielmehr entwickelten sich die religiösen Systeme über einen Zeitraum von circa 3.500 Jahren.

Illusion Als Illusion bezeichnen Anhänger bestimmter esoterischer Lehren die Vorstellung eines von seiner Umwelt unterschiedenen Individuums.

Lotussitz In dieser Sitzhaltung wird in den fernöstlichen Religionen seit alters her die Meditation ausgeübt; außerdem eine der klassischen Sitzhaltungen des Yoga. Dabei ruht der rechte Fuß auf dem linken Oberschenkel nahe der Leistenbeuge und der linke Fuß entsprechend auf dem rechten Oberschenkel. Die Fußsohlen zeigen nach oben. Man sitzt meist erhöht auf einem harten Kissen, die Knie befinden sich im Kontakt mit dem Boden. Dadurch ergibt sich ein sehr stabiles Dreieck als Sitzbasis, wodurch langes unbewegliches Sitzen, das ein Schlüsselpunkt aller Meditation ist, möglich wird.

Mala Die Mala ist eine im Hinduismus und Buddhismus gebräuchliche Gebetskette. Sie kann unterschiedliche Größen und Längen haben und besteht in der Regel aus 108 einzelnen Perlen und einer zusätzlichen größeren Perle, der »Guru-Perle«. In ihr läuft das meist mit Quasten geschmückte Perlenband zusammen. Die Mala wird zur Meditation bzw. zur Rezitation von Mantras genutzt, indem man sich Murmel für Murmel voran arbeitet und 108 Wiederholungen praktiziert.

Namaste Grußformel mit der Bedeutung: Das Göttliche in mir grüßt das Göttliche in dir.

Nirwana Buddhistischer Schlüsselbegriff, der den Austritt aus dem Kreislauf des Leidens und der Wiedergeburten durch Erwachen bezeichnet. Nirwana bedeutet »Erlöschen« im Sinne des Endes aller mit falschen persönlichen Vorstellungen vom Dasein verbundenen Faktoren wie Ich-Sucht, Gier oder dem Festhalten an weltlichen Dingen wie Eigentum, Lebenspartnern oder Gesundheit.

Osho »Rajneesh« Chandra Mohan Jain (1931–1990) war ein indischer Philosoph und Begründer der Neo-Sannyas-Bewegung. Er nannte sich Mitte der 1960er- bis Anfang der 1970er-Jahre Acharya Rajneesh, danach bis Ende 1988 Bhagwan Shree Rajneesh und von 1989 bis zu seinem Tod Osho.

Oshō Titel im Zen-Buddhismus, der eigentlich »Mönch« oder »Lehrer« bedeutet. Der Name wurde Osho von Schülern vorgeschlagen, weil er in verschiedenen Zen-Geschichten aufgetaucht ist, die Osho kommentiert hatte. Osho selbst erklärte einmal, der Name beziehe sich auf William James' Verwendung des Wortes *oceanic*. In der Literatur der Osho-Bewegung wird noch eine weitere Deutung vertreten: Die Silbe »O« stehe für Liebe, Dankbarkeit und Synchronizität und »sho« für ein sich in alle Richtungen ausbreitendes Bewusstsein.

Prakriti Prakriti ist in der indischen Samkhya-Philosophie die Urmaterie, aus der das Universum besteht. Prakriti ist die kosmische Substanz, die ursprüngliche, nicht verursachte Ursache phänomenaler Existenz, die formlos, grenzenlos, unbeweglich, ewig und alldurchdringend ist (*pra*: vorher, zuerst; *kri*: machen). Sie setzt sich aus den drei → Gunas (Tamas, Rachas, Sattwa) zusammen.

Prana Bedeutet im Hinduismus Leben, Lebenskraft oder Lebensenergie.

Sadhu Oberbegriff für jene, die sich einem religiösen, teilweise streng asketischen Leben nach den Regeln des → Hinduismus verschrieben haben.

Sannyasin Ein Mensch, dessen Leben von spiritueller Suche durchdrungen ist. Dies kann eine asketische Lebensweise bedeuten oder die Annahme eines neuen Namens, der ein zentrales Thema im Leben repräsentiert.

Sari Indisches Kleidungsstück für Frauen. Der Sari besteht aus einem fünf bis sechs Meter langen rechteckigen Tuch, das an einem Ende oft eine breite Schmuckborte von anderer Farbe aufweist. Man kann ihn in drei Zonen unterteilen: den Paluv, das Schulterstück, das am dekorativsten gestaltet ist, dann den Korpus des Saris, der sowohl schlicht als auch sehr dekorreich ausgeführt sein kann, und die abschließende Schmuckborte am fußläufigen Saum. Unter dem Tuch trägt die Frau einen langen Unterrock. Am Oberkörper trägt sie meist eine kurze feste Bluse namens Choli, die vorne zugeknöpft wird.

Shala Ein Haus, Raum oder Zimmer, in dem Yoga praktiziert wird.

Shiva Einer der Hauptgötter im Hinduismus. Er verkörpert und ermöglicht somit Schöpfung und Neubeginn. Er gilt als Vater von → Ganesha

Shiva und Shakti Bezeichnung von Männern (Shivas) und Frauen (Shaktis) in spirituellen Übungsformen.

Sitar Die Sitar ist eine gezupfte Langhalslaute in Indien und hat 18 bis 20 Seiten. Sie ist das bekannteste Melodieinstrument der klassischen nordindischen Musik und verfügt über einen charakteristischen obertonreichen Klang.

Sonnengruß Kurze Übungsabfolge im Yoga zur Aktivierung und Vitalisierung des Körpers.

Spiritualität Spiritualität beschäftigt sich mit Gedanken, Gefühlen und Emotionen und geht darüber hinaus. Ihre Anhänger wenden sich bewusst nicht wissenschaftlich erklärbaren Phänomenen zu, reisen im übertragenen Sinn zu sich selbst und blicken nach innen, um abstrakte Begriffe wie Liebe zu einer persönlichen Erfahrung zu machen. Diese Bewusstseinserweiterung soll die Nutzung des vollen Potenzials von Körper, Geist und Seele unterstützen.

SUP-Yoga Yogaübungen auf einem schwimmenden Stand-up Paddle Board (einem etwas größeren Surfbrett). Durch den wackeligen Untergrund wird der Gleichgewichtssinn stärker herausgefordert als bei anderen Formen des Yoga. Was kommt als nächstes? Dreirad-Yoga? Yoga unter Wasser mit Tauchflaschen? Hauptsache etwas Neues. PS: Bier-Yoga gibt es schon.

Tantra Verschiedene Strömungen innerhalb der indischen Philosophie und Religion, die auf der Annahme beruhen, dass die Wirklichkeit energetischer Natur sei, sowie ein Weg der Achtsamkeit. Tantra unterscheidet zwischen dem rechtshändigen Pfad (Meditation, Energiearbeit, spirituelle Verehrung) und dem linkshändigen Pfad (Sinnlichkeit, Leidenschaft).

Wu wei Der Begriff stammt aus dem Daoismus und wird erstmals im Daodejing erwähnt. Er wird definiert als Nichthandeln im Sinne von »Enthaltung eines gegen die Natur gerichteten Handelns«.

Yoga Eine aus Indien stammende philosophische Lehre, die eine Reihe geistiger und körperlicher Übungen bzw. Praktiken wie Yama, Niyama, Asanas, Pranayama, Pratyahara, Kriyas, Meditation und → Askese umfasst. Da jeder Weg zur Selbsterkenntnis als Yoga bezeichnet werden kann, gibt es im Hinduismus zahlreiche Namen für die verschiedenen Yoga-Wege, die den jeweiligen Veranlagungen der nach Selbsterkenntnis Strebenden angepasst sind. Die Grundlagen des Yoga wurden vor allem von Patanjali im Yogasutra zusammengefasst, auch die Bhagavad Gita und die Upanishaden informieren darüber. Die im Westen gelehrte moderne Form des Yoga entstand ab Mitte des 19. Jahrhunderts und ist oft gekennzeichnet durch eine Übernahme westlicher esoterischer Ideen, westlicher Psychologie, physischen Trainings und wissenschaftlicher Annahmen durch englischsprachige und westlich ausgebildete Inder. In diesen Fällen stellt moderner Yoga eher eine New-Age-Lebenseinstellung dar als eine Form hinduistischer Spiritualität.

Zimbel Kleines Musikinstrument, ähnlich dem Becken, das aus kreisrunden, aufgebogenen Metallplatten oder ausgehöhlten Metallgefäßen bestehen. Meditationslehrer verwenden die Zimbel, um anzuzeigen, dass die Meditation zu Ende ist. Meist erklingt die Zimbel dann dreimal.

Das Reisekultbuch über das Leben und das Meer

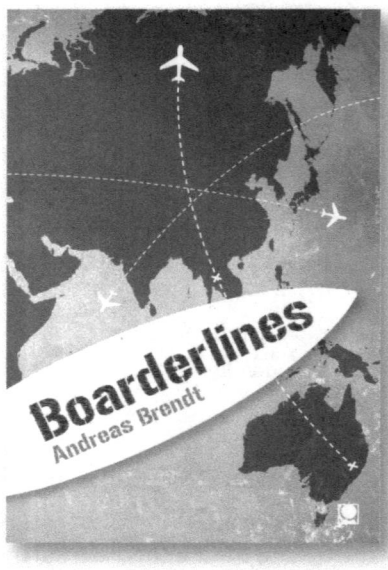

Andreas Brendt
Boarderlines

ISBN 978-3-943176-99-5
ISBN 978-3-95889-086-2

»Ein Buch mit großer Erzählkraft, Tiefsinn und einer Prise Humor.«
(Aachener Nachrichten)

»Ein Buch zum Runterlesen. Die Geschichten sind witzig und man erwischt sich sehr schnell dabei, seine Sachen packen und die Welt erleben zu wollen.« (Radio Köln)

»Ich hab selten beim Lesen so viel Fernweh gehabt.« (SWR 3)

Andi ist ein pflichtbewusster VWL-Student, dem eine lukrative Zukunft winkt. Doch dann entscheidet er spontan, sein Konto zu plündern und nach Asien aufzubrechen. Auf Bali wird er mit dem Surfvirus infiziert, und von nun an ist das Wellenreiten seine lebensbestimmende Leidenschaft, die ihn vor eine große Entscheidung stellt: Gibt er dem inneren Feuer Zündstoff oder ebnet er den Weg für die geplante Managerkarriere?

»Boarderlines« ist ein autobiografischer Reiseroman über die schönsten Wellen dieses Planeten, die Sinnsuche und die Sehnsucht nach Abenteuer. Über ein Leben zwischen Pistolen, Edelsteinen, Malaria, einer entlegenen Insel, gemeinen Ganoven, allwissenden Professoren und deutschen Bierdosen. Über Freundschaft und natürlich über die Liebe – zum Surfen, zu Menschen, zum Leben.

»Das beste Buch, das ich je geschrieben habe« (Andreas Brendt)

Andreas Brendt
Boarderlines – Fuck You Happiness

- ISBN 978-3-95889-117-3
- ISBN 978-3-95889-122-7

»*Fortsetzung des rasanten Surferromans: Mit viel Humor nimmt Andi den Leser mit durch die Höhen und Tiefen seines Lehrer-/Surfer-/Liebeslebens.*« (BÜCHER)

»*Offen, ehrlich, direkt, mal spannend, mal lustig, mal verzweifelt, mal traurig, mal voller Lebensweisheit. Ein absolut lesenswertes Buch.*« (Surf Magazin)

»*Mehr als ›nur‹ ein Surfbuch. Fazit: herrlich erfrischend.*« (Coastwriter Magazin)

Nach zehn turbulenten Reisejahren ist Andi zurück in der Heimat und stürzt sich in das Experiment Deutschland, um den Alltag als Lehrer zu proben. Doch dann kommt sie: Paula. Andis Welt steht Kopf und die Sehnsucht nach Meer wird unbezwingbar.

Gemeinsam brechen sie auf, finden das Abenteuer, leben die Liebe und lieben das Leben. Bis sie den Boden unter den Füßen verlieren und alles aus der Bahn geworfen wird. Plötzlich befindet sich Andi auf der abenteuerlichsten Reise seines Lebens – ohne davon zu ahnen.

Mut zur Lücke – der geilsten Lücke im Lebenslauf!

Er wurde angeschossen und ausgeraubt, durchsegelte einen Hurrikan auf dem Pazifik, war als Schmuggler unterwegs, wurde verhaftet und verdiente ein paar Dollar als Stripper in Las Vegas – Nick Martin hat in sechs Jahren knapp 60 Länder auf fünf Kontinenten bereist und damit mehr fürs Leben gelernt als mit jeder noch so steilen Karriere.

Aus all diesen Erfahrungen hat Nick ein besonderes Werk erschaffen: Gemeinsam mit der Berliner Autorin Anita Vetter hält er sein Leben in einem erzählerischen Bildband fest.

Nick Martin
Die geilste Lücke im Lebenslauf
6 Jahre Weltreisen

- ISBN 978-3-95889-249-1
- ISBN 978-3-95889-273-6